A HANDBOOK OF
HUMAN RELATIONS

人間関係ハンドブック

小山 望・早坂三郎 監修

一般社団法人 日本人間関係学会 編

福村出版

[JCOPY] 〈出版者著作権管理機構 委託出版物〉

本書の無断複写は著作権法上での例外を除き禁じられています。複写される場合は、そのつど事前に、出版者著作権管理機構（電話 03-3513-6969、FAX 03-3513-6979、e-mail: info@jcopy.or.jp）の許諾を得てください。

はじめに

　最近は核家族化，単身世帯の増加によって，地域や家族間のつながりが希薄になりつつある。2010 年の NHK スペシャルにおいて『無縁社会——"無縁死"3 万 2 千人の衝撃』が報道され，「無縁社会」という用語が使われた。その内容は，会社を退職し仕事を離れれば組織とのつながりがなくなり，また最近では家族との関係の変化や地域とのつながりも希薄になっていることなどから，孤立化し，最期は独りで死んでいく人が年間 3 万 2 千人もいるというものであった。人間は社会性の動物といわれており，誰ともつながりをもたず独りきりの生活では，社会に適応して生きていくことは困難である。孤独死を減らすためには，地域とのつながりをどう形成して維持していくかが，地域社会に突き付けられた課題と思われる。孤独死は都心部など地域のコミュニティが希薄な地域で起こるといわれているが，東日本大震災の被災地でも，地域コミュニティが分断された結果，仮設住宅の中で孤独に陥って亡くなる人もいる。岩手，宮城，福島の 3 県で仮設住宅での孤独死の人数は，震災後 5 年で 190 人に上り，うち 70％以上が男性であったという（2016 年 2 月朝日新聞デジタル調べ）。本学会も東日本大震災の被災地である宮城県南三陸町で 5 年間，仮設住宅を中心としたコミュニティ形成に関する支援活動を行ってきた。今後は，仮設住宅から高台の戸建て住宅や公営住宅団地に移った人の，地域での新たなコミュニティづくりが必要とされる段階にきている。

　本学会は 1993 年に誕生し今年で創立 25 年目を迎え，人間関係の危機からの回復や人間関係の創造を目指して，実践と研究を弛まず続けてきた。その成果は，機関誌『人間関係学研究』の発行や年次大会でのシンポジウムや研究発表に表出されている。

　本学会の特長は，会員の研究領域の学際性にある。会員の研究領域も教育・福祉・心理・医療・産業・地域社会など幅広い分野におよぶ。それに加えて，研究者や教育・福祉・心理・医療の実践家，企業に勤める会社員，市民など，学会構成員の多様性はほかの学会にはない特徴である。学会といえば，一般的には研究者が多い専門家集団のイメージがあるが，本会は創立以来開放的な雰囲気のもと多種多様な分野や職種の会員で構成されている。

　今年で 25 年目を迎える本学会の人間関係に関するさまざまな研究成果を 1 冊の本にまとめ，人間関係に関するハンドブックとして出版することを常任理事会で決定し，編集委員会（小山望，早坂三郎，川村幸夫，占部愼一，三好明夫，山本克司，森千佐子）を設けて，本書の企画・構成を検討してきた。

　本書の執筆者はすべて会員であり，その数は 50 名近い人数になった。

はじめに

全体は9章からなる。各章の構成を簡潔に紹介する。

第1章　人間関係の基礎的諸理論

人間関係に関する基礎理論や基本的人権，異文化，文学における人間関係について概説する。

第2章　人間関係の心理

自己理解や他者理解，対人関係の心理，家族・職場，地域の人間関係に関して，心理学的見解から概説する。

第3章　人間関係の発達

乳幼児から老年期までの人生のライフサイクルにともなう人間関係の心理について，発達心理学的見解から概説する。

第4章　教育と人間関係

学校教育の領域（就学前保育，小学校・中学校・高校・大学）における人間関係的な視点を取り上げ論述する。

第5章　福祉・医療の分野における人間関係

乳幼児から高齢者，障害者などへの福祉的支援について，人間関係的な視点を取り上げ具体例に基づく論述を行う。また医療分野におけるさまざまな問題（がん，グリーフケア，ターミナルケア，アルコール依存など）の実践例を取り上げて，人間関係を中心とした支援について論述する。

第6章　地域における支援活動

地域社会におけるコミュニティづくり，地域における人間関係づくりの実践などを報告する。

第7章　人間関係の改善に関するカウンセリング的アプローチ

心の問題や人間関係の修復・改善などに関するカウンセリング諸理論の紹介とともに，具体例をもとに実践や理論を報告する。

第8章　被災地における人間関係のアプローチ

東日本大震災の各被災地での人間関係づくりなどを含む学会員の支援活動の様子を，実践例をもとに報告する。

第9章　人間関係士

本学会の人間関係士資格の社会的意義と概要を報告する。

本書全体の監修は小山望と早坂三郎が行った。各章の編集責任者を示す。

1章　早坂三郎・山本克司

2章　杉山雅宏

3章　永野典詞

4章　占部愼一

5章　三好明夫・森千佐子

6章　田中康雄

7章　小山望

8章　河合高鋭

9章　杉本太平

　本書が会員のみならず，人間関係に関心をもつ多くの方々の実践に役立つことを願って
やまない。また，内容については読者からのさまざまな意見をお聞かせ願いたい。それは
今後の人間関係に関する研究や実践の発展につながることになるからである。

　最後に本書の企画から刊行までを積極的に参画して進めてくださった福村出版代表取締
役社長の宮下基幸さん，編集部の保科慎太郎さんと榎本統太さんに厚く感謝を申し上げる。

　2017年1月吉日

一般社団法人日本人間関係学会理事長　　小山　望

目　次

はじめに……3

第1章　人間関係の基礎的諸理論……11

第1節　人間関係における基本的人権……12

第2節　人間関係の構築とコミュニケーション……16

第3節　現代社会における人間関係の危機的状況と課題……20

第4節　人間関係と集団の基礎理論……24

第5節　異文化（国際交流）とのかかわり……28

第6節　文学における人間関係……32

第7節　世代間交流……36

第8節　利他的行動とレジリアンス……40

第2章　人間関係の心理……45

第1節　自己理解・他者理解……46

第2節　対人関係の心理……50

第3節　家庭の人間関係……54

第4節　職場の人間関係……58

第5節　地域社会での人間関係……62

第6節　生きがいと幸福感……66

第3章　人間関係の発達……71

第1節　乳幼児・幼児期・学童期の心理と人間関係の発達……72

第2節　青年期の心理と人間関係の発達……76

第3節　成人期の心理と人間関係の発達……80

第4節　高齢期の心理と人間関係，ボランティア活動……84

第4章　教育と人間関係……89

第1節　保育における人間関係とは……90

第2節　小学校における人間関係づくり

　　　　──新入生を対象とした教育実践と展望……94

第3節　中学校期の教育と人間関係……98

第4節　高校における人間関係……102

第5節　大学における教育と人間関係……106

第6節　大学におけるキャリア教育──大学生の社会的・職業的自立をめざす

　　　　インターンシップの効果と課題……110

第7節　新しい教育パラダイムと人間関係

　　　　──アクティブラーニングの特徴と可能性……114

第5章　福祉・医療の分野における人間関係……119

第1節　家庭・保育所における育児支援……120

第2節　学童期の児童に対する福祉支援……124

第3節　女性の健康問題に対する支援……128

第4節　障害児・者への支援……132

第5節　高齢者とその家族に対する支援……138

第6節　認知症の人と家族に対する支援……142

第7節　精神的な問題を抱えた人と家族への支援……146

第8節　がん患者・長期入院患者を抱えた家族への支援……150

第9節　アルコール依存症・薬物依存症の本人と家族への支援……156

第10節　地域における福祉支援について……160

第11節　児童虐待防止への対応……164

第12節　ターミナルケアへの対応……168

第13節　グリーフケアへの対応……174

第14節　多文化共生の包摂的な介護実践……178

第6章　地域における支援活動……183

第1節　近所付き合いの変化とライフスタイル……184

第2節　ヤングケアラーと地域支援ネットワーク……188

第3節　地域における高齢者のコミュニティづくり……192

第4節　ペットを介した地域支援活動……196

第5節　町でのコミュニティづくり……200

第6節　都会でのコミュニティづくり……204

第7節　地域支援活動に役立つ技法……210

第7章　人間関係の改善に関するカウンセリング的アプローチ……215

第1節　現代社会とストレス……216

第2節　カウンセリング理論……220

第3節　人間中心論的アプローチと事例……224

第4節　精神分析的アプローチと事例……228

第5節　認知行動療法……232

第6節　対話心理療法など……238

第7節　グループアプローチ……242

第8節　人間関係の改善のための関係学的アプローチ……248

第8章　被災地における人間関係のアプローチ……253

第1節　南三陸町への支援活動に関する考察──分断と格差について……254

第2節　宮城県石巻市網地島での支援活動……258

第3節　宮城県石巻市の被災企業との人間関係づくり……262

第9章　人間関係士……267

第1節　「人間関係士」とは……268

おわりに……273

索引……274

執筆者一覧……278

第1章

人間関係の基礎的諸理論

本章では、『人間関係ハンドブック』の基礎的内容として、「人間関係における基本的人権」をテーマに個人の尊厳と自由権、表現の自由と自己実現、そして自己決定権についての理解からはじめ、続いて人間関係とコミュニケーションの相補性、現代社会における人間関係の危機的状況、集団についての基礎理論、さらには異文化（国際交流）や文学における人間関係と世代間交流から人間関係の諸様相を客観視し、利他的行動の必要性の再認識をめざす。

第1章　人間関係の基礎的諸理論

第1節　人間関係における基本的人権

【キーワード】
個人の尊厳，基本的人権，自由権，自己決定権，人権調整，公共の福祉

1　個人の尊厳

　人間関係に携わる私たちは，日頃の業務のなかで，クライアントの「個人の尊厳」という言葉を耳にする。また，「個人の尊厳」とよく似た「個人の尊重」とか「人間の尊厳」という言葉も聞く。これらの言葉は憲法学の通説で，すべて同じ概念であると考えられている。

　個人の尊厳が「すべて国民は，個人として尊重される」として規定されている憲法13条は，基本的人権の中核規定である。私たちの基本的人権は，この個人の尊厳を具体的に実現する手段として規定されている。個人の尊厳とは，別の表現をすれば，私たち一人ひとりの「幸せ」を尊重しようということである。

　ところで，みなの幸せとは何であろうか。好きなものを食べること，寝ること，遊ぶこと，家族と一緒にいること，健康でいることなど，いろいろある。この中で，共通点がある。それは，誰にも邪魔をされたり，介入されたりすることなく，自分の思いどおりの生活を送ることである。これを「自由」といい，憲法で保障されると「自由権」という。私たちの幸せに最も直結し，必要なのはこの「自由権」である。それゆえに，人間関係において，私たちは他人の「自由」を最大限尊重しなければならない。一人ひとりの自由を尊重することを個人主義ともいう。しかし，個人の尊厳は，単なる自分の利益のみを追い求める利己主義とは違う。

　では，なぜ，個人の尊厳は人権の中核なのだろうか。個人の尊厳は，人類の長い歴史のなかで多くの人の命をかけた戦いのなかで人々に認識され，保障されるようになった。ヨーロッパでは，自分たちの自由な活動を国王に認めさせようと近代市民革命を起こした。わが国でも男女差別と思想差別などいろいろな差別と闘い平等を勝ち得たり，悲惨な戦争を体験したりして，命の大切さや平和の尊さを学習した。

　また，人類の歴史のなかで何度となく飢えや病気に苦しめられ，健康で文化的な生活の尊さを学んだ。多くの人々が血を流し，命を落とし，自由を束縛されてようやく手に入れたものが人間の価値の尊さ，すなわち個人の尊厳なのである。いわば，個人の尊厳は人類のかけがえのない財産なのだ。

2 基本的人権体系と自由権

　読者は，人権と基本的人権の違いを意識したことがあるだろうか。実は，言葉として大きな違いはない。日本において，人権という言葉は明治憲法の時代から使われていたが，基本的人権という言葉は使われていなかった。日本で初めて基本的人権が用いられたのは，ポツダム宣言（1945年）が出されたときからである。以後，この言葉はGHQ（連合国軍総司令部）を通して日本国憲法草案に引き継がれ，現在の日本国憲法に「基本的人権」と明記されたのである。

　人権の中核「個人の尊厳」は抽象的である。抽象的な概念では私たちらしい生活を守ることができない。そこで，私たちを守る武器として具体化されたものが「基本的人権」である。私たちらしさを最大限尊重するとは，私たちの行動が誰にも介入されたり，干渉されたりしないことである。ここから，個人の尊厳を保障する最も重要な人権として自由権が出てくる。自由権とは，他人の介入を排除して，個人の自由を保障する権利をいう。

　しかし，私たちは，自由だけでは個人の尊厳を守ることができない。自由だけで幸せな人は，社会的に強い人だけである。財産，社会的地位，権力，健康などがあり，自分の力で思うように生きることができる人にとって自由は，自分の思いを実現できる重要な手段である。一方，社会的に弱い立場にある人，たとえば重い病気の人，重度の障害をもつ人や体力が弱い高齢者，あるいは極度の生活困窮者などは，自分の力だけでは生きていくことができない。これらの人々の個人の尊厳を守るには，国家が介入して人間に値する生活を保障する必要がある。これが，社会権である。社会権の中心にあるのは，すべての国民が健康で文化的な最低限度の生活を享受できるように保障する生存権（憲法25条）である。

　また，私たちは，社会のなかで生活している。そこでは，誰もが同じ価値をもつ人権が保障されなければ個人の尊厳を実現することはできない。ここから，すべての人権の前提として，同じ立場にある人の間では不平等な扱いをしないことを保障する平等権が登場する。憲法では，法の下の平等（14条）として規定されている。このほかに，私たちが社会の一員として政治に参加し，自己実現を図る手段を保障するための参政権や，私たちの人権が侵害されたときに人権を回復する手段として受益権（国務請求権）という人権がある。

　これらの人権は，日本国憲法に規定されている権利であるが，社会の変化のなかで，新たに保障が必要になってきた人権がある。プライバシー権，肖像権，自己決定権などである。これらを新しい人権という。

3 表現の自由と自己実現

　私たちの幸せは，どのように実現されるのであろうか。まず，頭のなか（心のなか）で

第1章　人間関係の基礎的諸理論

自分の幸せを考える。このように自由に頭のなかで考えることが保障された人権を内心の自由という。しかし，私たちは頭のなかで考えるだけでは幸せになれない。たとえば，好きな食べ物を食べることが幸せであることを考えてみよう。

頭で考えたうえに，「食べたい」と表現したり，実際に「食べる」という表現行為をして，現実に幸せが実現される。ここから，表現の自由（憲法21条）は，私たちの自己実現にとって不可欠の人権であることがわかる。私たちは，他人の幸せ実現にかかわるためには，表現の自由を尊重しなければならない。

では，どのようにすれば表現の自由を尊重することになるのだろうか。人権は，知識で知るだけでは，人間関係士としては不十分である。クライアントの人権を尊重するためには，対人関係を指導する援助技術が必要である。クライアントが自分の思いを人間関係士に伝え，自己実現に近づけるためには，相手に対して広く受け止める姿勢（受容的な態度）と相手を理解する態度（共感的な態度）が必要である。人間関係士として，アイコンタクトをとる，わかりやすい言葉ではっきり話す，優しい笑顔で接する，否定しない会話の継続などは，クライアントの表現の自由を尊重することにつながる。

4　自己決定権

自己決定権とは，個人が自己に関する事柄について，誰にも干渉・介入されることなく自らの判断で決定することができる権利をいう。この権利は，広い意味のプライバシー権の一種と考えられている。しかし，内容は曖昧で，判例で正面からこの権利を認めたものはない。福祉・医療の現場では，利用者・患者の治療拒否や安楽死・尊厳死，あるいは妊娠中絶の自己判断の場合に問題となる。また，入所者のライフ・スタイルとしての髪型や服装の判断でも問題となる。クライアントが，特定の宗教を信じることにより治療行為としての輸血を拒否する場合がある。このような場合には，人間関係士としてどう考えればよいのであろうか。

これについては，「エホバの証人」輸血拒否事件が参考になる。これは，「エホバの証人」の信者が自分の信じる宗教により輸血を拒否したにもかかわらず，輸血という医療行為を受けたため自己決定権の侵害として損害賠償を求めたものである。最高裁判所は「自己決定権」を正面から認めることはしなかったが，「人格権の一内容として尊重されなければならない」として，医師に損害賠償責任を負わせた。自己決定権について，必ずしも明確な基準があるわけではないが，利用者の人権尊重と損害賠償等のリスクを回避するために，福祉・医療現場では，①利用者の承諾の確認，②利用者の生命を保護する代替手段の検討を行う必要がある。また，医療の決定は，施設全体の意思決定とすべきであり，特定の職員の判断に委ねることは回避すべきである。

第1節　人間関係における基本的人権

　最近，人間関係士がかかわるいたるところで，「自己決定権の尊重」が掲げられている。その際に，どの範囲まで自己決定権として尊重すべきかが問題となる。自己決定権を無制限に認めてしまうと，何でも人権という風潮が蔓延し，社会秩序の混乱が起こり，逆にクライアントに必要だと認められる個人の尊厳を実現する人権の保障機能を弱めることになる。そこで通常，「人格的生存にとって必要な権利」という基準でふるいにかける。その結果，クライアントの髪型や服装までは，自己決定権の範囲に入らないと考える。ただ，福祉の現場では，利用者の心豊かな生活の実現のために，判例よりは自己決定権を広く解釈し，「衣食住」については，社会的に必要だと認められる範囲（社会的相当性）で考えるのが妥当であろう。

5　人権調整（公共の福祉）

　私たちは，社会のなかで生活している。そこで，個人が無制約に人権をお互いに主張すれば，対立と混乱が生じるおそれがある。日本国憲法は，人権を調整する基準として，「公共の福祉」を唯一規定している（12条・13条・22条・29条）。しかし，公共の福祉は，抽象的な概念で，内容が不明瞭なまま人権調整基準として用いれば，私たちの人権を過度に制約する危険性をもっている。そこで，人権の対立が問題となった多くの裁判を通して公共の福祉をより明確化する基準が出されている。

　私たちの心のなかだけで自由に思い描く自由を内心の自由という。内心の自由は，個人の頭のなかだけに留まり，他人の人権と抵触することはない。それゆえ，たとえ反社会的な思想であっても制約することはできない。これを絶対保障という。

　これに対して，私たちの幸せ実現に不可欠の人権である「表現の自由」は，行為が外部に表出するので，常に他人の人権と対立する。たとえば，大きな声で歌を歌えば，他人の平穏な生活を侵害する。しかし，公共の福祉という曖昧な概念で制約すれば，私たちの自己実現や民主主義は簡単に侵害される。それゆえに，制約（人権調整）は，「必要最小限度」にしなければならない。これを憲法学（人権論）では，厳格な基準と呼んでいる。私たちは，表現の自由を制約するときには，この人権の重要性に鑑みて，人権制約を目的達成に必要な範囲で，最小限にすることが重要である。

(山本 克司)

参考文献

山本克司（2009）『福祉に携わる人のための人権読本』法律文化社
芦部信喜・高橋和史補訂（2015）『憲法　第六版』岩波書店

第1章　人間関係の基礎的諸理論

第2節　人間関係の構築と
コミュニケーション

【キーワード】
人間関係，コミュニケーション，社会的比較，傾聴，共感

1　人間関係の構築と展開について

　人間は社会的な存在といわれ，群れることを本性としている。群れることにより，生命と種の維持，集団内のコントロールと外的防衛，親和および達成動機にもとづく行動などを展開するが，そのためには人間関係とコミュニケーションが不可欠である。ほかにも，人間関係とコミュニケーションにより，高齢者や病人・困窮者への介護・支援，行動様式の模倣と学習および文化の伝承，課題達成への分担・協力，孤独からの回避と不安・恐怖の解消などが進められる。

　家庭にあっては親の躾や模倣，また社会のなかにあっては他者との相互作用による社会的比較によって社会性を培い，利己的から社会的そして利他的思考へと行動を解発・展開できるところとなる。その社会化への動機づけの発達はマズロー[1]（Maslow, A. H., 1954）の欲求の5段階説（生理的・安全・愛と所属・承認・自己実現）により理解されるが，人間関係の構築とその展開のためには社会化とともにコミュニケーション内容が重要となる。コミュニケーションが豊かになれば人間関係は深まるので，人間関係とコミュニケーションは同義とも解釈できる。その人間関係は，目的や価値実現のための機能的相互依存関係（機能と役割の関係）と，親密さや好意・愛情・憎悪等の相互的情動関係（相手に対する感情関係）で構成される。

　人間関係の構築と展開により，自己と他者との関係の理解，家庭の育成機能，社会（集団）のなかでの所属意識と互恵作用，まわりの人たちとの社会的比較による自己理解と共感性の向上，不安や攻撃衝動の低減と情緒の安定性の向上，目的の設定と課題の達成促進，創造性と自己肯定力の向上，健康の維持とストレスコーピングの啓培，ルールとマナーの遵守，および利他的行動の解発などに取り組めるところとなる。

　しかし近年，人間関係の阻害状況は緊迫化してきている。それは，核家族化による人間関係の基盤となる家族構成の変化，家族の役割の変容，ライフスパンの長期化，地域社会の互助ならびに模倣対象としての機能の喪失，IT化および携帯電話などによる情報の増大とリアルなコミュニケーション機会の減少，格差社会の顕現化と競争の激化，モラル・道徳意識の低下と人間関係ルールの変容などの諸現象がバーバルコミュニケーションおよ

びノンバーバルコミュニケーションの機会を減らし，コミュニケーションの読み取りと発信を煩わしくさせ，苦手意識をもたせていることに起因する。表情や動作からいくつかの解釈ができるにもかかわらず，ステレオタイプ的に狭い理解をしてしまい，共感的や多様的・柔軟的ではなくなっている。その結果，コンテクスト（文脈）を含め総合的解釈がなされず，キレやすくなってしまっているなどがその例といえる。

　他者の行動の観察・模倣により，それと同じと思う感情を抱くことで，同一視や共感がなされる。相手の感覚・感情・動作のコピー・シミュレーションにもとづく自動的システムが，相手の身になり共感することになり，類似性を感じるなどして態度の変容にもつながる。社会化と社会的スキルは，模倣および学習と経験により習得される。その経験の積み重ねにより習慣・文化が伝承され，またそれらを基盤として表情や動作の読み取り（認知）機能が発達する。また，その際の注意の内容や感情により受容内容に違いが生じ，反応にも個人差ができ，そして社会的比較により調整され社会化が進む。

2　コミュニケーションについて

　コミュニケーションの重要性は，たとえば，胎児も5ヵ月で音に反応し始め，聴覚的交流からコミュニケーションがなされ，加えてスキンシップや相互作用による愛着形成がパーソナリティの発達に影響する。また，鳥類のコミュニケーションでも，人工孵化では2～3日の幅ができるが，親鳥が温める巣のなかでは数時間の差である。それは親鳥と卵の中のヒナの交信が孵化を促進しているためと考えられるし，ローレンツ（Lorenz, K., 1935）は，ヒナの孵化後，最初の出会い対象への後追い行動をインプリンティングと名づけたが，親子関係の成立には孵化時期からのコミュニケーションの影響が考えられる。

　コミュニケーションとは他者との相互作用を通して自分の感情や考えを伝え，また他者の話を聴き行動を見て理解することで，コミュニケーションにより社会的比較が可能となり，さらには過去と現在の状況および今後の予測を文脈として相互的影響が展開される。また，コミュニケーションによる受容と共感により自己理解とともに表現力も豊かになり，互いに社会的環境となることによって相互作用が行われる。

　つまり，「情けは人のためならず，まわりまわって己がため」のことわざどおり，情けを掛けることは他者のためとなるだけではなく，まわりまわって自分のためともなる。そこで，これまで地域社会が担っていた役割を，カウンセリングマインドを理解した我々が相互に社会的環境となり，担っていくことが期待される。また，リアルな人間関係とコミュニケーションは，脳機能ならびにニューロンのネットワーク構築を活性化させ親和的ともなり得るので，このため意欲と動機づけを育む環境づくりが求められる。

　コミュニケーション力は，普段から感情と印象表現の機会を持ち，面倒がらずに聴き・

第1章　人間関係の基礎的諸理論

話すことにより養成されるが，コミュニケーションのスキルは生得的に備わってはいないので社会的活動は不可欠の要因である。そこで「社会人基礎力」の3つの能力では，「1.前に踏み出す力（アクション）：一歩前に踏み出し，失敗しても粘り強く取り組む」，「2.考え抜く力（シンキング）：疑問をもち，考え抜く」，に続いて「3．チームで働く力（チームワーク）：多様な人々とともに，目標に向けて協力する」を掲げ，その能力要素である「発信力（自分の意見をわかりやすく伝える力），傾聴力（相手の意見を丁寧に聴く力），柔軟性（意見や立場の違いを理解する力），状況把握力（自分と周囲の人々や物事との関係性を理解する力），規律性（社会のルールや人との約束を守る力），ストレスコントロール力（ストレスの発生源に対応する力）」（経済産業省が2006年に提唱，同HPより引用）を指摘している。また，日本経済団体連合会の「2005年度新卒者採用に関するアンケート調査」（2005年11月実施）でも，企業の採用で重視しているのは，第1位に「コミュニケーション能力」[2] を挙げていることからも，コミュニケーションについての企業と社会の認識の高さが確認できる。

　コミュニケーションの機能には，①情報の提供と解釈，②相互作用の促進と調整，③親密さと拒否の表現，④社会的コントロール，⑤目的の推進，⑥思考の道具，⑦行動の社会的調整，⑧心理的カタルシスなどがある。また，コミュニケーションの展開過程には，①気づきと注意を引く段階，②表面的情報共有の段階，③強い影響をおよぼし合う親密の段階がある。

　コミュニケーションの種類には，「**ノンバーバルコミュニケーション**（表情・身振りなど言語以外によるもので，気分や感情，パーソナリティや行動についての情報が，表情や音声によって伝えられる。実際に会うことによるリアルな人間関係は重要である）①顔の表情（怒り，恐怖，悲しみ，嫌悪，幸福，驚きなどの表出），②瞳孔（大きさは興味・関心などに応じて変化する），③視線（フィードバック情報となる，サングラスは表情がわかりにくいので不安になりやすい），④ボディランゲージ（仕草，体の動き，身振り，手振り，頷きなど），⑤身体的特徴や服装・化粧（態度や意志，個性の表現），⑥タッチングと接触（握手，抱擁，キスなどは親密な感情表出として効果がある），⑦礼儀・マナー（挨拶や配慮行動），⑧パーソナルスペース（自分のものと感じる社会的なわばり空間，そして自分を守る心理的・身体的緩衝スペースのことであり，状況によって伸び縮みする。とくに，緊張・不安・不快・恐怖・病気などの困難な折には混乱を沈静化させ，回復や安定した状況および活動の展開には必要である。心理的距離と物理的距離は相関しており，このスペースを調整することで人間関係を操作できる）」と「**バーバルコミュニケーション**（話や文字などの言語表現による伝達のことであり，ノンバーバルコミュニケーションの印象形成への影響は大きいと指摘されているが，会話も言葉と声のトーンやテンポ，身

第2節　人間関係の構築とコミュニケーション

振りや表情などをひっくるめて成立しており，両者は分かち難い）」とがある。

　したがって，見方・聴き方（受容態度）を柔軟で多様にして理解の仕方が変われば，感情が，そして行動も変わる。たとえば，楽しい場合のイメージをもてば，安心，余裕，笑いなどの状態で，好意的・積極的に話し聴くこととなり，利他的行動が解発されやすくなる。逆に辛く苦しい場合のイメージをもてば，困惑，緊張，不安，混乱，恐れなどを抱きやすくなり，衝動的傾向が強まる。

　コミュニケーションにおいては，傾聴と受容的聴き方が重要となる。言葉尻をつかまえたり，話の腰を折ったり，話を早く進めることではなく，感情も含めて理解しようとするところに聴く姿勢のポイントがある。これにより，相手についていろいろな視点から理解できるようになり，ひいては今まで気づかなかった自分に気づけるようになる。そこで，報酬となる聴き方には，相手への敬意と関心をもつこと，安心して話せる受容的態度（頷きなど）と雰囲気づくりが重要である。よく聴くこととは，自他についての理解や推測におよぶことで，さらには相手にも自己理解を新たにもたらすことにもなる。そして，アサーティブな表現とは，言いたくない場合やわかってもらいにくい場合でも黙っていては伝わらないので，相手の気持ちにも配慮しながら，自分の考えなどを率直にその場に合った自他尊重の姿勢で表現することである。これらの聴くことと表現することと併せて利他的態度について考え合わせて行動することがコミュニケーションと人間関係の展開には重要である。

（早坂 三郎）

参考文献

(1) Maslow, A. H. (1954) *Motivation and Personality.* New York: Harper and Row.（小口忠彦（監訳）(1987)『人間性の心理学　改訂新版』産業能率大学出版部）

(2) 社団法人日本経済団体連合会 (2006)『主体的なキャリア形成の必要性と支援のあり方――組織と個人の視点のマッチング』

第 1 章　人間関係の基礎的諸理論

第3節　現代社会における
人間関係の危機的状況と課題

【キーワード】
格差，孤立死，コミュニティ，コミュニケーション，グローバル化

1　現代社会における人間関係

　めざましい科学の進歩を遂げた現代社会は，人々の物質に対する欲望をも増幅させてきた。消費社会が当然であるかのような社会が現代社会の特徴でもあり，生産者による宣伝や広告によって外的に欲望を創出される依存効果によって操られている。「資本主義の拡大を誰も止めることはできず，経済格差は広がる一方だ」と述べたのは，南米ウルグアイの前大統領のホセ・ムヒカ氏である。世界でいちばん貧しい大統領として有名な彼は，「生き方が危機におちいっている」として，現代社会を「人より豊かになるために，情けようしゃのない競争をくりひろげる世界」[1] と表現している。

2　現代社会における労働と家庭生活

　高度経済成長時代は，終身雇用や年功序列に依存していたため老後の安心という期待をもっていた。しかし，1990 年以降の経済低迷は「失われた 20 年」といわれ，雇用システムも能力主義や成果主義に舵が切られた。企業が生き延びるため希望退職と称したリストラを募ることも珍しくない。中高年が転職によって安定した収入を確保できることは非常に厳しく，ワーキングプアの問題はリストラされた中高年層にとっても重要な問題である。2016 年に公表された労働力調査では，男性は平均で 55 〜 64 歳が 152 万人（23．9％），65 歳以上が 148 万人（23.3％）の順で非正規の職員・従業員の割合となっている。

　平成 27 年版子供・若者白書によると，男女合わせた全体で 15 〜 24 歳の非正規の職員・従業員の割合は 30.8％，25 〜 34 歳では 28.0％となっている。大学を卒業しても非正規雇用として採用され，低賃金に追いやられる若年層にとっては，老後の生活どころか結婚したくてもできない状況である。2014 年人口動態統計によると，平均初婚年齢は夫 31.1 歳，妻 29.4 歳であり，1970 年の夫 26.9 歳，妻 24.2 歳から平均初婚年齢の上昇が続いている。内閣府による「若い世代で未婚・晩婚が増えている理由」の調査結果では，男性は「経済的に余裕がないから」（52.0％），「独身の自由さや気楽さを失いたくないから」（47.4％），「結婚の必要性を感じていないから」（40.5％），女性は「独身の自由さや気楽さを失いたくないから」（55.3％），「経済的に余裕がないから」（43.8％），「結婚の必要性を感じてい

ないから」（43.0%）がそれぞれの上位3項目であった。社会現象としての「晩婚化」の背景には，価値観の変化とともに若年世代の経済的問題があることがわかる。

　2002年より厚生労働省では，過労死などの労災補償状況の公表を行っている。内容は労災上の脳・心臓疾患の原因に過重な労働によるもの，強度な業務上のストレスによって精神障害を発病した状況のものが該当している。2014年には精神障害の労災請求件数が1,456件で，過去最多と公表された。年俸制による雇用契約は，サービス残業による長時間労働を強いられたり，ストレスで健康を害しても自己責任で片づけられてしまう。若年層の労働力が使い捨てにされている「ブラック企業」や「ブラックバイト」なども存在しており，雇用者や管理職が，人間として価値ある者として労働者を大切に扱う精神が消え去ってしまったような社会である。一人ひとりが，それぞれの希望やライフスタイルに応じて，社会で活躍できるような働き方を実現していくことが現代社会の課題である。

3　地域コミュニティの脆弱化

　マッキーバー（MacIver, R.）は，コミュニティを一定の地域において営まれている自主的共同生活と定義している。昔の地域社会には隣近所の付き合いが日常に存在し，相互扶助が当たり前に展開されていた。しかし，産業構造の変化にともない核家族世帯が増加し，全国で画一化された大型店舗の出店により商店街はシャッター街化し，コミュニティの形も変化してきた。生活の快適さや便利さを求めて移住する生活形態も特別なことでなくなり，その結果コミュニティの機能が低下し崩壊してしまうのである。さらに，学歴社会は優劣の競争をあおり，いじめの問題にもつながっている。パワー・ハラスメント，アカデミック・ハラスメントなど大人社会にもいじめは存在している。子ども社会では，オンライン上のいじめによって自殺に至ってしまうなど深刻である。競争社会からの敗者にならないためには，初めから競争に参加しないことを選択し，人とのかかわりが希薄化していく場合もある。現代社会では人とかかわることが面倒で，一人でいることの気楽さを感じていることも多く，社会的孤立状態を自ら選択している状況もある。

　一方，高齢者の孤立死について内閣府は「誰にも看取られることなく息を引き取り，その後，相当期間放置されるような」状況と定義し，2013年に東京23区内の自宅で死亡した一人暮らし死亡者数は，2,733人と公表している。一人暮らしの男性の2割は，困ったときに頼れる人がいないという状況にある。藤田（2015）は，高齢者の生活困窮者を「下流老人」と呼んだ。大企業で定年退職まで働いていた者も，熟年離婚によって配偶者へ資産や年金を分配すると，厚生年金といえども月額最低生活ギリギリの金額にしかならず，高齢になれば病気や介護の費用もかさみ下流化してしまう。高齢者の経済格差は単身高齢者のコミュニティにおける孤立とも無関係ではない。

第1章　人間関係の基礎的諸理論

　格差問題は高齢者のみならず，全世代で起きている。とくに「子どもの貧困」は，2014年内閣府公表によると，大人が1人の世帯における相対的貧困率は50.8％であった。ひとり親家庭や多子世帯は経済的に厳しく，そのことは子どもの進学格差にも影響を与えている。経済的に厳しい状況にある親は就労が優先され，コミュニティと疎遠になり孤立化する傾向がある。核家族化や共働きを背景とし，子どもの孤食が注目されている。孤食は家族員のコミュニケーション低下をもたらし，家族関係の希薄さにつながっていく。内閣府は2007年に，子ども時代の親とのコミュニケーション頻度が大人になってからの行動に少なからず影響を及ぼすことを示唆した。大人になって感情コントロールができない状況があるなどを指摘している。また，同年の調査結果では，子育てに関する地域や社会の支援状況に対して8割弱が「不十分である」と，子育て世代は感じていた。しかし，子育てに地域が理解を示すどころか，住民に反対され保育園建設を断念する自治体が増えている。子どもの健全育成を見守るという心のゆとりがコミュニティから消えてしまったのだろうか。地域のなかにあった子どもの遊び場が道路やマンションに変化し，地域から子どもが見えなくなり，子どもたちの居場所は家の中だけとなってしまっている。

4　人間関係を再生する

　介護も子育ても社会全体の問題として取り組むものである。しかし，政策は掲げてもコミュニティのコンセンサスが得られないことによって，特別養護老人ホームや保育所といった問題は一向に改善されず，問題が長期化している。コミュニティ形成の志のある人が，現代社会の問題を解決するために，コミュニティカフェや子育てサロンなどをボランティアで立ち上げて，子どもの生活習慣の習得や学習支援，子ども食堂として食事の提供を行ったり，認知症カフェが居場所づくりとして開催されたりしている。このことの意味するところは，地域の困りごとは地域住民として解決しようという取り組みである。自立した生活が送れているときには何も困らないが，この住み慣れた地域でいつまでも生活できることを自分事としてとらえたときに自分の老後がとても不安になり，その不安を自ら解消するべくコミュニティへ参加する姿も増えてきている。

　奇しくも2011年3月11日の東日本大震災は，現代社会の人間関係について直視する契機となった。命の尊さとはかなさから，平時から家族や人との結びつきを大切にする思いが意識されるようになった。

5　グローバル化に見る共生

　近年は世界の各国を1つのまとまりとして捉えた，地球社会という考え方がある。地球規模の環境問題やテロの恐怖などに対し，各国が一丸となって解決を目指すため互いに協

力していくことが求められている。グローバル化は，人や物や情報のバリアを取り除き，階層の格差を増長する。

イギリスは，国民投票によって2016年6月23日にEU離脱を決定した。近隣の国をはじめさまざまな国から，イギリスの社会保障を求めて移民や難民が流入し，結果，イギリス国民が重い負担に苦しんだり，仕事を奪い合うことになったり，ローカルスタンダードが崩壊していくことを問題視した結末である。

グローバル化について「世界は画一化に向かう」との言葉に象徴されるように，マイノリティは排除され，大国主義が地球規模で採択されてしまうだろう。「近年のグローバル化の行き過ぎが，人々の関係性を崩壊させてきた」[2]といわれるように，価値観の差異や経済的不平等は，社会的紐帯の劣化を招いているのである。

（吉田 輝美）

引用文献

(1) くさばよしみ（編）中川学（絵）(2014)『世界でいちばん貧しい大統領のスピーチ』汐文社, p. 12.
(2) 三重野卓(2010)『福祉政策の社会学——共生システム論への計量分析』ミネルヴァ書房, p. 217.

参考文献

稲葉陽二(2007)『ソーシャル・キャピタル——「信頼の絆」で解く現代経済・社会の諸課題』生産性出版
ガルブレイス, J. K.（著）鈴木哲太郎（訳）(2006)『ゆたかな社会　決定版』岩波書店
厚生労働省(2015)『平成26年人口動態統計月報年計（概数）の概況』
厚生労働省(2015)『平成26年度「過労死等の労災補償状況」』
総務省統計局(2016)『労働力調査』
内閣府(2007)『平成19年版国民生活白書』
内閣府(2014)『平成25年度「家族と地域における子育てに関する意識調査」報告書』
内閣府(2015)『平成26年版高齢社会白書（概要版）』
内閣府(2016)『平成27年版子供・若者白書』
藤田孝典(2015)『下流老人——一億総老後崩壊の衝撃』朝日新聞出版

第1章　人間関係の基礎的諸理論

第4節　人間関係と集団の基礎理論

【キーワード】
集団の構成と機能，社会的促進と抑制，リーダーシップ

1　集団・組織の構成要因と機能

　人間は，群れる存在であり，集団で行動することによりマズロー（Maslow, A. H.）の説く欲求の5段階説の生理的欲求を満たし，やがて安心と安全を求め，次に愛と所属の欲求により不安を低減，親和欲求を充足し活動的ともなる。そして，集団のなかで承認を求める行動から自己実現のための行動に方向づける[1]。ストレスも生じるが文化度は高まる。このことは，人類の進化の過程からも理解できるところである。北イラク山中のシャニダール洞窟での人類学者ラルフ・ソレッキ教授の調査で，およそ4万5千年前の地層から出土したネアンデルタール人の遺骨からは，障害をもちながらも長期間生活を共にした周囲の支援と協力が考えられたところから，今日の福祉や思いやりにあたる当時の行動様式を推測させるものであった[2]。ここに，集団活動の重要性が認識でき，また狩猟と採集から物々交換が，そしてコインや貨幣，今日の経済の流通への発展を考えるとき，利己的行動と個人の独自性を求める行動とともに，集団による親和的・相互依存的関係のなかでの社会的行動の発達が理解できる。また，以上の現象は，近年，その頻度を増している地震をはじめとする巨大な自然災害発生からの復旧・復興過程からも，集団のもつ機能の重要性と影響が認識できる。

　人間は日常生活の多くの時間を家庭・学校・地域社会，そして職場などのさまざまな集団や組織の中で活動しているが，単なる人だかりではなく集団あるいは組織となるための集団構成要因としては，①複数のメンバー，②共通の目的，③規範（ルール），④役割分担とリーダーシップ，⑤コミュニケーション，⑥一体感・所属意識，⑦愛着心，⑧活動空間領域，⑨継続性，⑩正の報酬などが挙げられる。そして，それらは公式集団（集団の目的と構成・構造および役割期待が明確）と非公式集団（感情の論理にもとづき自然発生的に成立し，非形式的で役割も不明確）に分類される。

　集団の機能には，①規範的機能（個人に承認・罰，あいはこれらを留保する機能），②情報的機能（判断の基準を提供する機能），③不安の低減機能（不安や緊張を和らげる機能），④防衛機能（集団内部には規範的・情報的機能によりコントロール機能が，外部に向かっては集団成員を守る防衛機能がある），⑤そのほかの機能（社会的比較，交流，協

同，説得，同調，援助，競争，支配，服従，攻撃などが考えられるが，これらの影響を受ける集団の構成と機能は常に変容するもので，固定的ではない）がある。

シェリフ（Sherif, M., 1935）[3] の集団の機能についての，光点移動距離の集団相互作用条件下の報告では，集団の相互作用により個別のばらつきから中央値付近に，または中間的内容に収束させるという結果であった。なお，集団の個人への影響力は，アッシュ（Asch, S. E., 1955）[4] の同調（集団の圧力）実験での線分の長短比較という単純な判断への影響からも確認できる。しかし，常に多数派が優勢になるとは限らず少数派の影響力でもたとえば，幸島のニホンザルのイモ洗い行動のように新しい行動がある割合を超えると，飛躍的に集団に取り入れられ，その影響が拡大する。そのためには，①主張の一貫性（内容の信用性と穏健さ，そして効率性が重要で，ほかのメンバーに熟考の機会をもたらす），②継続性，③自己犠牲の程度，④自律性などが要件であり，見返りへの期待からの行動ではないことと内容の透明性も要因となる。

2　社会的促進・抑制と社会的勢力の影響

社会的促進と社会的抑制

個人または集団が行動する場合にまわりに他者がいるかどうか，その他者または集団がどのような特性および影響力をもった存在であるか，またどのように当事者に受け止められているかは，集団のパフォーマンスに影響を与える。その際，まわりの存在の影響により個人および集団の行動に活性化・効率化がもたらされる場合を社会的促進，低下する場合を社会的抑制という。この現象は人間のみではなく，多くの種類の動物のとくに摂食・移動・巣づくり行動などに見られる。社会的促進には，存在するだけで効果があるとか，見られているだけで影響があるとの観察者効果と，共行動（coacting, 同じ場所で同時並行的に作業をする場合）効果があるが，量的・質的には，課題の性質や難易度の影響があり一概にはいえないが，量的には集団による社会的促進効果が見られる。

また，ザイアンス（Zajonc, R. B., 1965）[5] は，他者存在により個人的または集団の覚醒水準が高められ，優勢反応（よく習得された頻度の多い反応行動）が引き起こされると指摘した。個人または集団の行動パターンが価値のある場合にはこの優勢反応は社会的促進となるが，価値が低い場合には，優勢反応は低価値または誤反応と解釈され社会的抑制となる。

社会的手抜きとは，社会的抑制と同じ結果をもたらす現象で，集団での作業において作業者の人数が増えるほどに個人の作業遂行量が低下することで，これは人数が多くなるにつれ，責任の分散や役割の不明確化にともない動機づけの低下がもたらされ，また意思の疎通が図りにくくなるとともにタイミングが合わなくなることによると考えられる。

第1章　人間関係の基礎的諸理論

　長谷川英祐（北海道大学）は，「働かないアリにも働き」の実験報告にて，働くアリ：普通のアリ：働かないアリの個体数の割合は1：8：1で，このなかから働くアリだけまたは働かないアリだけの集団をつくってもその割合が同じになる結果と，アリの集団活動では「反応いき値のばらつき」により怠けるアリが出てくる現象を，「効率の低い仕組み」だが「絶滅リスクの回避」につながると発表した[6]。このように，集団では積極型と消極型に分かれる行動が出やすく，また同調の実験にみられるように他者の行動や様子を窺うなどの行動傾向の影響も考えられる。

　ラタネの実験（Latané, B., Wiliams, K. and Harkins, S., 1979）[7]では，単独または複数での大声や拍手の音圧を測定した結果，人数が増えるごとに音量は減少した。この原因にはタイミングが合いにくいなどが考えられたが，課題遂行量が評価可能かどうかにあるとも考えられ，個人・集団ともに評価不可能条件では，当然に社会的手抜き現象が確認された。しかし，その活動が個人にとって意味がある場合は，他者の不足を補う社会的補償があり，日本人のように集団性の強い国民性では，社会的補償傾向が生じやすい。

　ゆえに，集団活動の促進と抑制は，役割分担と業績評価のフィードバックの明確化および目的や価値観の共有とコミュニケーションの質と量により影響を受けると考えられ，匿名性などは抑制効果をもたらしやすい。

3　職場および集団におけるリーダーシップの諸理論について

　リーダーシップとは，集団の維持・コントロールと目標達成のため特定の個人がほかの集団成員の行動に影響を与えることである。

●**特性論**　初期の研究方法。著名な指導者や経営者たちのリーダーシップを特徴づける性格や行動特性をリストアップし，明らかにしようとした。しかし，リーダーを特徴づける普遍的な特性を結論することは困難であり限界もあったが，その特性要因としては，ビジョンの提示，専門性，コミュニケーション力，協働への調整力などが挙げられる。

●**類型論**　リーダー行動を民主・専制・放任の3つの型に分類しその影響を検証した。

●**機能論**　三隅二不二（1984）らは，リーダーシップを集団の目的達成機能（Performance）と集団維持機能（Maintenance）[8]2機能から構成されているとするPM理論によりリーダーシップと生産性について研究した。

●**状況適合論**　フィドラー（Fiedler, F. E., 1964）[9]は，①リーダーと成員の関係の良さ，②仕事課題の構造の明確さ，③リーダーの権限の3次元の組み合わせによる8つの集団状況を設定し，リーダーと生産性の関係を示したコンティンジェンシー・モデルを提唱し，課題志向の低LPCリーダーは，状況が有利か不利な場合に業績に有効であり，高LPCでは状況が中程度に有利な場合に高い業績を上げる，と報告した。

●**SL 理論** ハーシィとブランチャード（Hersey, P. and Blanchard, K. H., 1972）[10] は，成員の成熟度（職務能力・知識・経験，技術，意欲）と PM 理論の 4 つのリーダーシップ行動パターンとの組み合わせから，集団の成熟度が低い段階では課題中心の Pm 型が，その後集団の成熟とともに PM 型の課題と人間関係配慮型に，そして pM 型の人間関係配慮型から pm 型へとリーダーシップ行動を変容させることによる効率性を指摘している。

なお，1930 年代にホーソーン工場実験の結果から人間関係管理へと移行したが，リーダーシップ論への影響としては，①労働者の勤労意欲や生産性を左右するのは物理的作業条件よりも非合理的人間感情であること，②また，それはその人の過去の社会経験と現在の職場情況，そして将来への期待により規定されること，③課題達成行動が業績評価につながるとの期待と活動への参画機会の設定がモラールの向上につながること，④自己のリーダーシップ行動のメタ認知と⑤成員とのコミュニケーションならびに人間関係の構築が重要であること，⑥そして社会・文化的背景への配慮の必要性などが挙げられる。

なお，集団間差別とは，ある集団への所属は一体感（内的バイアス）などをもたらし，同時に集団内のフラストレーションなどがほかの集団に投影され非好意的ともなり，社会・文化的背景がこの排他性を助長しかねない。この集団間の葛藤の解消には，利他的態度とかボランティアや支援といった上位の目的設定が有効となる。

（早坂 三郎）

参考文献

(1) Maslow, A. H.(1954)*Motivation and Personality*. New York: Harper and Row.（小口忠彦（監訳）(1987)『人間性の心理学　改訂新版』産業能率大学出版部）

(2) NHK取材班(1993)『NHKサイエンス・スペシャル　驚異の小宇宙・人体 2　脳と心 1　心が生まれた惑星～進化』NHK出版

(3) Sherif, M.(1935)A Study of some social factors in perception. *Archives of Psychology*.

(4) Asch, S. E.(1951)Effects of group pressure upon the modification and distortion of judgements, In H. Guetzkow(Ed.). *Group, Leadership, and men*. Carnegie Press.

(5) Zajonc, R. B.(1965)Social Facilitation. *Science*, 169, 269-274.（白樫三四郎(1991)「社会的手抜き」, 三隅二不二・木下富男（編）『現代社会心理学の発展 2』ナカニシヤ出版）

(6) 長谷川英祐(2013),『日本経済新聞』(2013年4月28日付朝刊)

(7) Latané, B., Wiliams, K. and Harkins, S.(1979)Many hands make light the work: The Causes and consequences of social loafing. *Journal of Personality and Social Psychology*, 37, pp. 822-832.

(8) 三隅二不二(1984)『リーダーシップ行動の科学　改訂版』有斐閣

(9) Fiedler, F. E. (1964)A Contingency model of leadership effectiveness. *Advances in Experimental Social Psychology*, vol.1, 1.（安藤清志ほか(1995)『現代心理学入門 4　社会心理学』岩波書店所収）

(10) Hersey, P. and Blanchard, K. H. (1972)*Management of organizational behavior（2nd. ed.）*. Prentice-Hall.（松井賚夫（監訳）(1974)『新版　管理者のための行動科学入門』日本生産性本部）

第1章　人間関係の基礎的諸理論

第5節　異文化（国際交流）とのかかわり

【キーワード】
異文化体験，グリム童話，「ヘンゼルとグレーテル」，母親，昔話，比較

1　日常生活での異文化体験

　本節では，日常生活にひそむ異文化体験から人間関係について考察を行う。休日や週末，家族とあるいは友人と連れ立って郊外のテーマパークで遊んだ経験のある人は多いと思われる。そこで出会うキャラクターの多くは「グリム童話」からもってきたものである。子どもの頃に「グリム童話」を読んだことのない人，その内容をまったく知らない人は稀であろう。「白雪姫」「ヘンゼルとグレーテル」「シンデレラ」「ラプンツェル」「ブレーメンの音楽隊」，どれも「グリム童話」に収録されている。これらは実際「異文化」と呼べるものである。この問題意識から出発する。

2　大学の講義として

　実際に大学の授業（一般教養科目）で取り上げているテーマ「ヘンゼルとグレーテル」を取り上げ，おぼろげな子ども時代の異文化体験や休日の楽しい思い出を意識的に追体験，再考する。これを通じて人間関係についてあらためて考えたい。日常的な体験や幼少期の記憶から，異文化とのかかわりを問い直してみるというのが本節の目的である。

ステップ1　物語の再構成

　いざ「グリム童話」の「ヘンゼルとグレーテル」といっても，どのような物語であったのか，実際はストーリーすらはっきり覚えていないというのが大抵ではなかろうか。「200〜300文字程度であらすじを思い出しつつ書き出してみてください」授業でこのように最初の課題を与えてみる。細かいところまで思い出すことは難しいかもしれないが，グループで話し合ってみると，意外に詳しいところまで覚えている学生もいて，話に花が咲いていく状況が観察される。

ステップ2　物語の再読

　記憶をたどりながらストーリーを再構成したあと，「グリム童話」に収録されている「ヘンゼルとグレーテル」を実際に読んでみる。「グリム童話」の翻訳は数多く出版されて

第5節　異文化（国際交流）とのかかわり

おり，授業では翻訳で十分であろう。決定版とされているグリム兄弟による第7版「童話集」の翻訳は親しみやすく，読みやすい。ストーリーは概ね次のようにまとめることができる。

昔々，あるところに貧しい木こりの家があった。そこにヘンゼルとグレーテルの兄妹がいた。両親は食べるものがないことに困り果て，とうとう2人を森に棄ててしまう。最初はヘンゼルが機転を利かせて光る小石を目印に森にまき，翌朝無事に戻ることができた。しかし2度目には小石を集めることができず，もらったパンを森に少しずつまくけれども，森の鳥たちがついばんでしまいなくなってしまう。2人は道に迷い森をさまよい歩くうちに，お菓子でできた家を見つける。しかしそれは魔法使いの老婆の家で，2人は老婆につかまってしまう。ヘンゼルが魔女にかまどで焼かれて食べられそうになったとき，グレーテルの機転で難を逃れ，反対に魔法使いを焼き殺し，魔女の財宝をもって家路につく。

ステップ3　感想と意外なこと

このメルヘンを読んでどのような感想を抱いたか，簡単に箇条書きにしてみる。そうすると，どのクラスでも学生の意見は一致する。「2度も子どもを森のなかに置き去りにしようとした母親は酷すぎる」「この母親は人間としてどうなのか？」ヘンゼルとグレーテルは2回も森の奥深くに置き去りにされ，1度は家に戻れたものの，2度目は魔女の罠にかかってしまう。学生の多くは，母親に憤りを感じ，家族はずっと一緒にいるべきだ，と書き記してくるのである。

ステップ4　『思い出』となった理由

直線的に人間関係についてより深く入り込んでいってもよいのだが，小休止。「ヘンゼルとグレーテル」の物語は一体どうして（世界中の）たくさんの人たちの思い出に残っているのだろうか。なるほど「木こりの家族」「暗く不気味な深い森」「魔女」とその「お菓子の家」など，子どもたちの関心を惹きつけるメルヘンには欠かせない道具立てがたくさん用意されている。しかし，それにもまして強く印象に残るのは，ヘンゼルとグレーテルの兄妹愛と互いの協力，最後まで希望を捨てない強い心が2人の窮地を救うというストーリーではなかろうか。これはメルヘンを読んだ学生たちの多くが指摘する点である。

ステップ5　「違和感」に立ち返る

このメルヘンの全体像を多少なりとも整理したうえで，最初に抱いた「違和感」，母親の態度について考えたい。なぜ母親は木こりを説得して子どもたちを森の奥深くに捨てさ

第1章　人間関係の基礎的諸理論

せたのか。この問いにどう答えるのか，どのような考え方で説明するのかによって，異文化と自分自身の文化に対する感受性を推し量ることができる。母親（のイメージ）を守りたいと思う学生は，実は母親は魔女だったのだ，と想像力を働かせてくれる。

●コラム　《異文化の意味》

　異文化との交わりはいつの時代にもある。この節で取り上げているのは「童話」「メルヘン」だが，この1つだけを見ても，ドイツ／ヨーロッパの中世に起源をもつ（であろう）物語は，遠く離れた現代日本の文化と社会の大切な一部分となっていることに気づかされる。これはアメリカの文化にもあてはまろう。異質な文化，芸術，伝統，それを担っている多様な文化的背景をもつ人が国境や言語を越えて出会い，互いに行き交うことで，新しい文化が創造される。今日のいわゆる「グローバル化」の時代にあって，異文化交流，異文化理解の重要度は増している。

　ここでは身近な日常生活に異文化を見出だす感性の大切さを強調したい。休日のテーマパークでも，もとは異文化のなかで成立したものを，創造的に受け入れられた「異文化」として意識する視線をもちたいものである。しかし，ともすれば同質的な文化を共有する社会で生活していると異文化に対する意識をもちにくい。自ら積極的に異文化コミュニケーションを行わざるをえない環境に身を置くこと，留学にチャレンジしてみることなどは重要であろう。

　異文化を体験すると多くの人が気がつくことだが，それは創造的で生産的，楽しいものである一方，常にネガティブな側面ももっている。自分とは異なるものに対する差別，暴力などは歴史上数え上げればきりがない。大切なのは「未来志向」である。異文化間コミュニケーションの先にある，いわゆる「グローバル化」は文化の画一性ではなく，文化の多様性の尊重を目指すものであるということだ。異なる文化をもつ人たちの相互理解が必要であり，そのためには自国の文化を十全に語ることが必要になる。「ヘンゼルとグレーテル」を日本の読者が幅広く受け入れたのはなぜなのか。日本にも類似の（背景をもつ）昔話が数多く語り継がれてきたというのも理由の1つであろう。それを自分は説明することができるだろうか。自ら文化の担い手になることを意識して行動し，自ずと異の「文化」を読み取る力を養い，創造的で平和な未来を志向したい。

第5節　異文化（国際交流）とのかかわり

ステップ6　メルヘンの背景

　ここまでは「グリム童話」，正確なタイトルは『子どもと家庭の童話集』を編纂したグリム兄弟についてはあまり触れずに進んできた。グリム兄弟と呼ばれる2人，ヤーコプ・グリム（1785～1863年）とヴィルヘルム・グリム（1786～1859年）は19世紀ドイツの言語学者である。2人が共同で編纂したメルヘン集『子どもと家庭の童話集』は1812年に初版第1巻が刊行され，1815年に第2巻が続いた。以降1819年に出版された第2版から1857年に出版される第7版まで，グリム兄弟によって編纂された。

　1857年は，日本でいえば安政3～4年にあたる江戸時代である。当時のドイツの状況について詳しいことは知らなくても，気づいてほしいのは，グリム兄弟が集めた「昔話」「童話」は，当時でもすでに「古くから」語り継がれていたものだった，という認識である。魔女が登場するのだから，ドイツや広くヨーロッパの中世の世界を想い起こしたい。

ステップ7　比較考察

　ステップ5では，どうして両親が可愛い子どもを捨てるのか，ということについて想像力を働かせつつ考察することを課題とした。授業を通じてこれまでに多くの学生からさまざまな意見を聞くことができた。それらを簡単に紹介しておきたい。以下すべての見地，考え方が授業に参加してくれた学生たちのレポートで言及されていたものであり，これらをあなたにとっての「ヘンゼルとグレーテル」を考えるきっかけにしてほしい。

(1) 森に住む人々（貧しい）と街や都市に住む人々（豊か）とを対比，魔女とされた当時の女性の境遇，立場についてより深く調べてみる。

(2) 日本の昔話や，日本の過去の状況と対比する。たとえば「桃太郎」や「姥捨山」といった昔話や，「こけし」がなぜつくられたのか，日本でも「間引き」は行われていたことなどと比較する。

(3) 広く近現代の社会の出来事と対比する。たとえば，昔の日本でも深刻だった「食糧問題」や「飢饉」，昨今のニュースでも報道される「児童虐待」「赤ちゃんポスト」「妊娠中絶」，学生たちの間にもいるはずの「中国残留孤児」の子どもたちの境遇などとの関連から，童話に描かれている物語の背景を比較検討する。

（今村 武）

参考文献

吉原高志・吉原素子（訳）（1997）『初版グリム童話集 1』白水社

野村汯（訳）（1999）『決定版　完訳グリム童話集 1』筑摩書房

第1章　人間関係の基礎的諸理論

第6節　文学における人間関係

【キーワード】
仮想現実，疑似体験，他者理解，優しいまなざし，多様性の容認

1　文学とは何か？

本題に入る前に「文学」について考えてみよう。

「文学とは何か？」に対する究極の答えを簡潔な言葉で言い表すことは不可能だが，もし「文学」を大まかに定義すれば「言語による芸術活動」となるであろう。その具体例としての「文学作品」には「詩」「小説」「戯曲」などがある。そして「文学」の対象，つまり，取り扱っているものは「人間」であり，当然のことながら「人間関係」がその中心，もしくは，重要な部分を占めていることになる。「文学」に触れることは，直接的にも間接的にも「人間関係」を考えることになる。

2　これまでの文学，これからの文学

伝統的に「文学」はおもに「文字」中心に考えられてきた。たとえば，小説を読んで登場人物たちのかかわりを考える，という行動が読者のおもな活動であった。「作者が言語を通して読者にメッセージを伝える」ことが文学の発信方法であり，「言語」もしくは作者のメッセージを表象化した「文字」もしくは文学作品を情報伝達の媒体としてきた。しかし，作者がメッセージを伝達する際に用いる媒体は「文字」ばかりとは限らない。たとえば「戯曲」の場合，演じる役者や舞台そのものが「媒体」となる。そうなると，いわゆるパフォーマンス芸術も広い意味で「文学」の一部といえる。言語を介在させない身体表象（たとえばバレエなど）を「文学」の範疇にいれることは難しいかもしれないが，「言語」が介在する画像や映像を用いた芸術は「文学」の一部としてとらえてもよいだろう。その例として，映画，テレビ・ドラマ，漫画，アニメなどが挙げられる。「文学」は「文字」から「パフォーマンス」や「ヴィジュアル」へとその範囲が広がっている。

3　文学作品をどのように楽しむか？

文学作品の楽しみ方はさまざまで，どれが一番よいかということは難しい。受け手（読者・観客）次第である。その目的は，時間潰しもあるだろうし，人生の教訓を探す場合もあるかもしれない。「人間関係」をキーワードとして考えるとすれば，作品の登場人物た

第6節　文学における人間関係

ちのかかわり合いに注目するのがよい。作品中の「人間関係」をどのように見ていくのかについては，客観的もしくは第三者的に見る方法もあれば，作者の視点に立つ方法もある。さらには，登場人物の誰かになりきる，という方法もある。いずれにせよ，ある程度作品のなかに入り込むことが重要である。そうすることによって「人間関係」をよりよく理解できるようになる。

4　仮想現実と疑似体験

　「文学」の対象は「人間」および「人間関係」であり，「文学」を体験することは「人間関係」を体験することになる。「文学」は，ドキュメンタリーなどとは異なり，フィクション（虚構）であり，そこで描かれる世界は，現実世界ではなく，虚構世界である。当然ながら，登場する人物たちは，生身の人間ではなく，架空の人物である。どんなに現実的であろうとも，読者が体験するのは，実体験ではなく，虚構である。これには，計り知れない利点がある。実生活では体験できないことを，虚構世界で体験できるからだ。「文学」の世界は，仮想現実（ヴァーチャル・リアリティ）の世界であり，非現実でありながら，現実世界とほぼ同等の体験をすることが可能である。さまざまな文学作品に触れることによって，さまざまな「人間関係」を疑似体験することができる。表現を変えれば，現実社会ではとうてい体験できないことを，仮想現実の世界ではいともたやすく疑似体験することがでる。そして，その疑似体験は，実体験と同じような資産になる。

5　人間関係理解とストーリーの再構築

　よりよい人間関係を築くためには，相手の気持ちを理解することが重要である。ある意味「その人になりきる」ことによって，その人の気持ちがよく理解できる。「相手の立場に立つ」ことは，いうまでもなく，人間関係を理解する上では基本であるが，なかなか簡単にはできないのが現状である。文学の世界で「相手の立場に立つ」，さらには「その人になりきる」ことは，現実世界よりも簡単にできる。その有力な方法の1つは，その人物の視点でストーリーを再構築することである。小説を読むときに，または，ドラマなどを観ているときに，たとえば「私ならこうするだろう」と，登場人物を「私」に置き換えてみることも，相手を理解する上では重要な行為である。これを一歩進めて，ある人物の視点で物語を再構築してみることは，他者理解には必要なことである。こうすることによって，いままで気づかなかったこと，見落としていたものが見えてくる。それにより，他者理解がよりいっそう深まっていく。

第1章　人間関係の基礎的諸理論

6　真実を知る難しさ

「他者になりきって他者を理解する」ことは，ストーリーを再構築することによって可能になるが，必ずしも簡単にいくとは限らない。たとえば，同じ話を複数の人物が語ることによって，かえって真実が見えなくなってしまう作品もある。登場人物がそれぞれの視点で，それぞれの語りでストーリーを展開するのだが，読者は真実をとらえることができない。芥川龍之介の「藪の中」がその典型例である。3人の人物がそれぞれ「私」で語るので，その人物になりきることは容易であるが，真実を知ろうとするとまったくうまくいかない。事実は1つなのだが，真実は見えてこない。しかし，人間関係を理解するきっかけとなる「他者理解」は比較的簡単に行える。実生活でも，真実を見つけられないことは多々ある。真実を知ることは，ややもすると不可能な場合もある。しかし，他者理解をすることによって，人間関係を理解し，よりよい人間関係を構築する第一歩を踏み出すことはできる。

7　文学的アイロニー

ところで，実生活でも「皮肉な出来事」を経験することは多い。文学作品には「文学的アイロニー」が数多く出てくる。人間関係構築には直接関係がないかもしれないが，新たな発見をする，または，見落としてしまいそうな出来事に目を向ける，という意味では，さまざまな「アイロニー」に目を向けることが重要であろう。主たる登場人物ではない人が，意外に重要な役割を演じている，もしくは，大事な鍵を握っている場合も少なくない。「文学的アイロニー」を示す典型例として挙げられるのが，国木田独歩の「忘れえぬ人々」である。似たようなことは，実生活でも大いに起こり得る。人間関係を考える場合にも，このような「アイロニー」を意識することが必要である。

8　優しいまなざし

文学作品に登場する人物は，市井の人よりも，世間から外れた人物が多いかもしれない。いわゆる極端な例になる場合が多い。実生活では経験できないことを経験できるのが文学であるとすれば，実生活ではほとんど体験できない人間関係を経験できることになる。たとえば，作中の奇妙な人物を，作者がどのように描いているのか，また，他の登場人物がどのように見ているのか，を理解することは，実際の場面にも応用できるヒントを得ることにつながる。シャーウッド・アンダスンの『ワインズバーグ・オハイオ』には奇妙な人物が多数登場する。作者は，作中人物のジョージ・ウィラードを通して，このようなグロテスクな人々に優しいまなざしを向けている。人物の多くは，いわば人生の敗北者で，町の人たちからは疎外されている。こういう弱者に対して，人間関係を構築していこうとす

第6節　文学における人間関係

る姿勢，同情する態度，自分たちと同じように接することが大事であることを示唆している。グロテスクなのは，作中人物だけではなく，我々も，程度の差こそあれ，グロテスクなのではないかと思わされる。このように，他者との共通項を見出だしていくことが，実際の場面でも重要である。

9　一般常識または固定観念

人間関係を考える際に，一般常識が足かせになる場合もある。これは，何も人間関係に限ったことではなく，おそらくすべてのことに当てはまるであろう。一般常識が，ときには，固定観念や先入観となって，我々の判断を狂わせることも少なくない。ついつい「これはこうである」とか「こうに違いない」と判断してしまいがちだが，いったん常識から離れること，先入観を捨て去ることも必要である。たとえば，ノラ・ロフツの「これからはぼくが…」では，普通に考えれば，主人公はかなりつらい目に遭っていく。しかし，おおかたの読者の印象は，主人公はある種の安らぎを得た，ということになるだろう。奇妙な人間関係だが，また，現実には起こりえない状況かもしれないが，有益な疑似体験をすることができ，現実の人間関係を考える際に役立つのである。

10　多様性の容認

映画であれドラマであれ文学作品には，実生活では体験できないような多種多様の人間関係が提示されている。一つひとつを，否定することなく，まずは受け容れて，さまざまな人間関係を疑似体験することによって，その先の（現実の）人間関係が見えてくる。われわれは，文学を通して，多様性を容認する姿勢を養い，よりよい人間関係構築につなげていくことができる。

(川村　幸夫)

参考文献

芥川龍之介(1892-1927)「藪の中」(1922)は，短編集『藪の中』(講談社文庫)など，さまざまな出版社の短編集に収録されている。黒澤明監督の『羅生門』はこれを映画化したもの。なお，芥川の短編「羅生門」は，映画とは別物で，まったく異なる話である。

国木田独歩(1871-1908)「忘れえぬ人々」(1898)は，短編集『武蔵野』(新潮文庫など)に収録。この短編集により『武蔵野』のイメージおよび地域が確定されたと言われている。

シャーウッド・アンダスン(Sherwood Anderson, 1800-1900. 米国作家)代表作は『ワインズバーグ・オハイオ』(1919)(新潮文庫など)。

ノラ・ロフツ(Norah Lofts, 1904-83. 英国作家)「これからはぼくが…」は『ノラ・ロフツ作品集 Vol. 1　私の隣人はどこ？』　野崎喜信訳(星雲社)に収録，オリジナルは *Saving Face and Other Stories* (1983)に収録されている。

第1章　人間関係の基礎的諸理論

第7節　世代間交流

【キーワード】
世代間の断絶，高齢者，孫世代，地域，世代間交流プログラム，
社会資源，ネットワークの構築，伝統行事，昔話，子育てサポート

1　世代間交流ニーズの背景

　1970年代には大都市や首都圏への一極集中により世代間の断絶が進んだ。内閣府発表の「高齢社会白書」平成28年度版によっても，高齢者単独世帯は増加傾向をたどっている。同居率は年次推移によると高まっているものの，土地の高騰で同居を選択するケースも散見されるようになった。しかし，ここでも同居内容が変質している。ある住宅産業では二世帯研究所を設け「親様・子様」と空間を分離デザインし「生活を離すと気持ちがくっつく」と顔を合わせない住まい方を提案している。たとえ同じ屋根の下に住まうとも世代間の交流は行われにくくなってきた。

　テレビアニメ「サザエさん」では世代間交流が日常的に家族内でなされ，ほのぼのとした雰囲気はお茶の間の人気を集めている。しかし，核家族化の流れのなかで高齢者との別居は進み続け，現実には祖父母とはイベント以外に滅多に会わない孫世代も多くなってきた。

2　世代間交流の意義

　わが国でも2007年から団塊の世代が定年を迎えると，年金，医療，介護などが若い世代の負担になると悲観的に捉えられるようになった。しかし現実を受け入れ，よりよい社会をつくるために高齢者に協働する機会を増やし，高齢者自身が社会貢献を積極的にできる装置であるとして地域での世代間交流プログラムは地域で一層意義を増している。

　世代間交流は高齢者の生きる力を強め生活の質を向上させる。さらには子育て世代のライフスタイルの充実にも貢献し，子どもたちの成長のサポートにもつながる。「世代間交流プログラム」とは国際世代間交流協会の定義によると，「高齢者と若者の間における意図的で継続的な資源の交換と相互学習」を指す。病児，兄弟姉妹の見守り，保育所・保育園での乳幼児のケア，学校との連携による小学校生徒の送迎，中・高校生の学習支援，地域社会での子育てサポートなど，高齢者の穏やかな知恵は次世代育成の大きな力であり，「無縁社会」を埋める人間的な装置である。子育ては江戸時代より「子ども川端，火の用

心」と申し送りがあるように，地域全体で子どもを見守る力として村落には不可欠とされてきた。アフリカでは村中で子育てをするといわれているが，わが国においても1人の子どもを育て上げるためには名付け親，元服親，契約親，烏帽子親，仲人親，草履親，寄親などさまざまな擬制的親子関係を張りめぐらし，その成長を地域全体で見守ってきた。世代を超えたつながりの意義がここにある。

3 先行研究 ——アメリカの世代間交流——

わが国よりも10年ほど早くベビーブーマーの出現したアメリカでは高齢化問題が深刻化し，社会貢献のために世代間交流がプログラム化され，わが国に先んじて盛んになった。そのなかから著名なプログラムをいくつか紹介したい。

(1) 社会問題化した校内暴力を沈静化させた世代間交流

アメリカでは1960年代から学級崩壊が進み「午後3時が魔の時間帯」と呼ばれるようになった。1994年には連邦議会が各州に「割れ窓理論」に基づいたゼロ・トレランス方式の法案化を義務付け，1994年にはクリントン大統領が全米に導入を呼びかけ広まった。不寛容なゼロ・トレランス方式に対してはドロップアウトする青少年をいたずらに増やすだけという批判も根強く，世代間交流の採用が歓迎される風潮が起こった。ミシガン州で教師をしていたキャロル・タイスは騒動を起こす少年たちの家庭訪問を実施した。タイスは地域や家庭では子どもに優しく高齢者に従順な優しい少年が，学校では権力に対して反抗的になることを知った。そこで地域の長老を学校に定期的に招き，Teaching-Learning Communication プログラムを導入した。その結果，その学校では荒れた少年を中心にした校内暴力は減少をみたのである。

(2) 世代間交流を体系化したサリー・ニューマン

サリー・ニューマンは世代間の軋轢が社会問題となった1979年，ピッツバーグ大学付属都市研究所高齢学部門「Generation Together」（世代間交流研究所）を立ち上げ，教育，保育，介護分野でプログラムをつくった。Generation Together のプログラムの1つに1995年1月ピッツバーグ地域の公営団地の復興の一環として，アフリカ系アメリカ人を対象にした教育モデルがある。このプログラムの目的は学校や地域，近隣との連携において家族，種族の結束を強め，子どもの自尊心，文化的独自性を高めることにあった。世代間交流チームは部族長老を中心に，子どもと文化的背景，地域的特性を共有する地域の人々によって構成された。彼らは通常2年間，放課後や休暇中に子どもに寄り添い教育的効果を高めた。このプログラムは結果として，高齢者は頑固で依存的という従来の偏った高齢者観を是正するばかりではなく，高齢者に役割を与え，地域の構成員全体に世代間を超えるネットワーク構築の重要性を認識させた。

第1章　人間関係の基礎的諸理論

4　世代間交流のためのスキル

Generation Together のプログラムを円滑に実施するためにはつぎの注意が必要である。①スタッフによるコミュニティの資源調査とニーズ把握，②スタッフによる達成目標の設定，③ボランティア募集，④ボランティアの明確な役割と責任（目標設定を共有し役割分担の明確化），⑤ボランティアへのプログラム内容確認と実施方法の共通認識（計画段階から使命感を共有），⑥ボランティアの所要時間の算出，⑦ボランティアへの保険と交通費などの支弁，⑧ボランティアの研修（記録の取り方，異なる年代のグループとの協働），⑨スタッフとボランティアの定例会議（プログラムの進捗状況，情報交換），⑩プログラム評価などがプログラムを実施するには重要である。

現在，米国を代表する世代間交流機関はテンプル大学の付属研究所 Generation United である。全米退職者協会 (American Association of Retired Person) と協力関係をとり，世代間融合のための政策提案などを行っている。わが国から逆輸入されたかたちの世代間交流は米国でひと足早くプログラム化され政策として具体化されている。

5　世代間交流プログラムの事例

読み聞かせ世代間交流活動

地域のソーシャルキャピタルである高齢者に活動の機会を世代間交流で設け，地域力を復活させる絵本読み聞かせ活動を紹介したい。読み聞かせが子どもの発達に与える影響については重度障害をもったクシュラへの絵本読み聞かせ記録『クシュラの奇跡』に明らかである。

東京都健康長寿医療センターの社会参加と地域保健研究チームが 2004 年から開始した絵本読み聞かせシニアボランティア養成プログラム「りぷりんと」は，絵本の読み聞かせを通して高齢者が学校活動を行うプログラムである。読み聞かせ活動の効果は高齢者の健康の総合的バロメーターといわれる主観的健康観に読み取れると同研究はデータによって明らかにした。同時に頻回に読み聞かせを受けた小学生の側にも高齢者のイメージが肯定的になってくることが知られた。高齢者も児童もともに win-win 関係を維持している。この関係はさらに地域において親世代をも巻き込んで多世代がより良い関係で共生できる「三方良し」にまで広まっていき地域力を増強することが期待される。

6　伝承に学ぶ世代間交流

人は古来，言葉によって自分と共同体とをつなぎ，伝統行事などの文化を共有してきた。なかでも人の発達段階の節目である通過儀礼は，子どもが自然に育つ流れを素直に見つめ，

的確に対応した長年の知恵に裏付けられており，現代にも適用するものである。子育てを伝承の育児儀礼にみるとき，祖孫伝授で，祖父母から伝えられるものが多い。柳田國男は『日本の教育』のなかで，「昔話を聞いて成長した子と，聞かないで成長した子とでは，情操においてどのくらい違いがあるかしれぬ」と語り，祖母が語る昔話の効用を説いている。伝統育児では暮らしの知恵として，道徳は祖父母の語り聞かせる物語の筋に勧善懲悪のかたちをとって何気なく組み込まれていた。

（栗山 昭子）

参考文献

『NHKスペシャル 無縁社会——"無縁死" 3万2千人の衝撃』(2010年1月31日放送)

草野篤子ほか(編)(2007)『世代間交流効果——人間発達と共生社会づくりの視点から』三学出版

草野篤子ほか(編)(2013)『地域を元気にする世代間交流』遊行社

草野篤子ほか(編)(2015)『人を結び，未来を拓く世代間交流』三学出版

バダンテール, E. (著)鈴木晶(訳)(1991)『母性という神話』筑摩書房

バトラー, D. (著)百々佑利子(訳)(1984)『クシュラの軌跡』のら書店

Carol, T. (1982)Community. *Children Today*, Sep-Oct 1982.

Goff, K.(2004)Sinior to Senior; Living lessons. *Educational Gerontology*, 30(3), pp. 255-258.

Kaplan, M. (2000)*Side by side*. Oxford MIG Communication Institute of Aging.

Newman, S.(2008)Intergenerational Learning and the Contributions of Older People. *Aging Horizons*, 8, pp. 31-38.

Newman, S. and Olson, S.(1994)Competency development. *The Southwest Journal on Aging*, 12(1-2), pp. 83-86.

第1章　人間関係の基礎的諸理論

第8節　利他的行動とレジリアンス

【キーワード】
孤独死，レジリアンス，支援，利他的行動，内なる力

1　はじめに

　1995年1月17日にM7.3の阪神淡路大地震が発生，死者は6,643人に及んだ。2011年3月11日にはM9.0の国内観測史上最大の東北地方太平洋沖地震（東日本大地震）が発生，強い揺れと火災のみならず，根こそぎの津波，また原子力発電所事故により当初の避難者が約46万人，死者・行方不明者が約1万8,500人におよぶ壊滅的被害が生じた。そして，2016年4月14日と16日に熊本で震度7の地震が連続して発生し，その後も100回を超えた地震活動は甚大な被害をもたらしている。これらの他にも自然災害は頻発し激甚化しているが，地震による仮設住宅での孤独死の状況からレジリアンスと支援について考える。

2　仮設住宅での高齢化と孤独死

　阪神淡路大震災での報道使用語である「独居死」と「孤独死」の表現の違いはあるが，看取られずに亡くなり発見が遅れた場合を指しているので，現今の「孤独死」を用いる。

　1996年2月末の当該地域の応急仮設住宅の高齢化率は31.2%であり，孤独死が相次いだが，死因は91.3%が病死で，住環境の変化や食事をはじめとする生活状況の悪化による災害ストレス・不安，うつ的傾向，アルコール依存などが原因と考えられた。その孤独死の男女比の割合は，自殺・事故死を含め男性が72%で，その内60代が突出して37.3%を占め，以下50・70・40代の順であり[1]，男性前期高齢者層に多くみられた。しかし，この男女比率は，近隣の都市や現在の自殺などの諸統計においても7：3の傾向があり，経済的問題に加えて「近所づきあいがない」「相談相手がいない」などのコミュニケーション問題が指摘できる。

3　レジリアンスについて

　集団・組織や普段の社会生活または自然災害や事故などでのストレスにより，我々は傷つき，緊張と不安は適応力を低下させ，病気や死に至ることもある。しかし一方，このような混乱と困難のなかでも跳ね返す力を高め，さらには支援や利他的行動をとる人も多い。心のケアには，問題状況への肯定的姿勢構築へのサポートもあるが，自己治癒力とセルフ

ケアの向上のためストレングス，エンパワーメント，レジリアンスなどの基本姿勢による支援が重要である。ストレングス（strength）とは，ケア・プラン作成時などの考え方で，本人が本来もっている力（性格・素質・特性・意欲・経験・希望・興味・自信など）と環境の強み（人的・社会的・自然的）を肯定的にもアセスメントすることにより人間がもっている「内なる力」を引き出し，支援への活用を考えることである。また，エンパワーメント（empowerment）とは，本人の意向に沿って個人の能力の向上を図るため専門家による社会環境の調整により，仲間や地域・組織とともに勇気づけ，本来もっている力を引き出し，セルフケアも強めることである。そして，レジリアンス（resilience）とは，「発病の誘因となる出来事，環境，ひいては病気そのものに抗し，跳ね返し，克服する復元力，あるいは回復力を重視・尊重し，発病予防，回復過程，リハビリテーションに正面から取り組む」[2] ことで，教育と同じく「内なる力」を引き出すことであるが，回復する力は個人差や状況によって異なる。そこで，傾聴などにより回復力を高めることができるとの認識をもって，これらの取り組みを社会や地域に展開し，援助・支援活動を広めることが求められる。大規模災害などの場合，外部からの支援者は，現地で支援にあたっている被災者のための支援にも注意が向けられるべきと考える。被災者を単に弱者とするのではなく，問題を跳ね返すべく取り組もうとする人たちとの認識をもち，「聴くこと」と「対話すること」によるコミュニケーションと触れ合いと寄り添うことにより受容・共感し，人間関係と信頼関係を築き，不安を軽減するとともにポジティブに動機づけし，情報提供等により積極性を刺激する支援が肝要である。しかし，自己治癒力が常に機能し，しかも回復に向かうとは限らないので，コミュニケーションと人間関係への配慮が必要となる。

　さて，レジリアンスを構成する因子には，自己肯定感，目的と手段の設定，ポジティブ志向，利他的態度と身近な社会的サポート，事態を客観視できる思考態度，心理的トレーニングや学習経験などにより認知スタイルの変容と依存できることなどが挙げられ，これらによる「内なる力」を引き出す視点からの支援を考え，提供することが重要となる。そこには，その人に注意と気づきをもたらせるようにその人の言動をフィードバックすることもその要因の1つである。また「問題の代わりにこうあってほしいとクライエントが望むもの，問題に対する例外，利益，成功，ストレングス，望ましい未来というものにセラピストが焦点を当てると，レジリエンスは増加していく」[3] と指摘されているので，クライエントの望ましいポジティブな状態についての気づきと取り組みへの支援が求められる。

4　関係性と支援

　家族や友人・仲間，あるいは集団に所属しているなど「どの年齢層でも，関係の多い人は関係の少ない人よりも，死亡率がかなり低くなっています」[4]「生活ストレスを経験し

第1章　人間関係の基礎的諸理論

ているが故にもっぱら援助の受け手と思われている人々でも，他者を援助することを通じて，自らの問題を乗り越える潜在力と，自分の人生を切り開いていく積極性をもちうることが明らかになりました」[5]との指摘から，被災者や被援助者も困難やストレスを経験している人を援助することは自我への気づきや自己肯定感を高めることにつながり，それは相互的な効果となり得ると考えられる。支援を受けることは恥であるなどとの考え方は捨て去られるべきである。震災などにより家族や親しい人を失う，健康や社会的役割，そして経済力を失うことなどが無気力・無力感，そして不安と悲しみや混乱をもたらすが，やがて個人差はあるものの傾聴と対話により新たな視点に気づき，洞察が得られれば心身の回復へと向かう傾向が観察された。そこには，自己理解の変容と他者を支援しようとする動機づけ，そして目的と手段についての捉え方の変容が介在する場合が多いと考えられる。

5　不安とレジリアンス

「不安は，危害から自分を守るという自己保存の目標が，何らかの脅威の存在によって脅かされることによって誘発され」[6]，不安に対する心の準備状態により覚醒レベルが高揚し過敏となって進退窮まりやすくなり，また不安は止めどなく膨らむこともある。主観的で短絡的な解釈の多くは回避行動とかネガティブな行動となる。不安の克服には，努力や適応などを支える支援や見守りが必要である。しかし，不安の高まりが単純にパフォーマンスの低下をもたらすのではなく，不安の介在が認知・感情・行動，そして結果に変容をもたらしたためと考えられる。「不安とともにコミュニケーションと人間関係により他者の言動に注意と理解をもつことは，新たな自己理解，そして社会的比較をもたらし，そこにカウンセリングマインドなどを通しての他者からのフィードバック情報による安心・自信・自己肯定感が耐性やレジリアンスを解発し，強める基盤となり得ると考えられる」[7]。

6　援助・説得と攻撃行動が起こる要因

援助とは，困っている人を助けることや自己犠牲で，よく見かけるお年寄りに席を譲る行動や親切行動のことであるが，たとえば席を譲らないときの他者からの批判的な評価を勘案しての向社会的・利他的行動も含め得る。ただし，援助行動は，関与する人数が多いほど，生起率は低下し，反応までの時間も長くなる。また，その事態が援助を必要とするレベルかどうかの認識，援助する責任，援助する専門的知識や技術，援助行動についての社会文化的環境，体調や気分，傍観者・観察者状況などが援助行動の生起や内容を左右する。

そこで，こころのケアへの聴くことの心構えとは，言葉尻をつかまえたり，話の腰を折ったり，話を早く進めることではなく，感情も含めて理解しようとするところに聴く姿勢のポイントがある。これにより，相手についていろいろな視点から理解できるようにな

り，ひいては今まで気づけなかった自分に気づけるようになり，受容と共感ができるところとなる。また言いたくない場合や分かってもらい難い場合でも，黙っていては伝わらないので相手の気持ちにも配慮し，自分の考えなどを率直に，その場に合った自他尊重の姿勢で表現するアサーティブな表現が必要となる。そして，「認知→感情→行動→結果」の連鎖と，その展開による変容についての理解と考察が支援行動の基盤となることが期待される。

　例えば，音声と映像のどちらか一方のみによるスカイプでのコミュニケーションの場合，バーバルコミュニケーションも，また表情などノンバーバルコミュニケーションの豊かさにもあらためて気づかされる。以上の受容と共感的理解や社会的比較により自己理解と他者理解を一層深めることによってもたらされる利他的態度は相互的にもレジリアンスを高める。

　今後も，不安やストレスのなかでの耐性やエンパワーメント，ストレングス，レジリアンスなどと「内なる力」への支援について，社会のなかで支え合い互いに認め合うソーシャルインクルージョンの視座を含め，また利他的行動と傾聴および対話（dialogue）の重要性からも社会的理解が広がることを期待したい。

（早坂 三郎）

引用文献

(1) 早坂三郎（1997）「災害時における人間行動(4)」『日本応用心理学会第64回大会発表論文集』p. 58.

(2) 加藤敏（2009）「総論 第1章　現代精神医学におけるレジリアンス概念の意義」加藤敏・八木剛平ほか（編）『レジリアンス——現代精神医学の新しいパラダイム』金原出版, p. 7.

(3) バニンク, F.(著)津川秀夫・大野裕史(監訳)(2015)『ポジティブ認知行動療法——問題思考から解決思考へ』北大路書房, p. 12.

(4) 浦光博（1999）『支えあう人と人——ソーシャル・サポートの社会心理学（セレクション社会心理学 8）』サイエンス社, pp. 1-3.

(5) 高木修（1998）『人を助ける心——援助行動の社会心理学（セレクション社会心理学 7）』サイエンス社, p. 180.

(6) 坂野登（2015）『不安の力——不確かさに立ち向かうこころ』勁草書房, p. 32.

(7) 早坂三郎（2016）「内なる力への支援」『甲子園短期大学紀要』34, p. 69.

第2章

人間関係の心理

人は誰でも「人に認めてもらいたい」「関心をもってもらいたい」という強い願望をもっている。しかし，相手との距離が適正でないと，認められていても，そのことに気づくことができない。好かれているのに好かれていないと思いこんでしまうことや，その逆もある。心の距離を適正に保つということは，相手が考えていることや思っていることをきちんと理解できるということである。

本章では，家族や友人，地域の人々，職場の同僚や上司などとの対人関係の向上に役立つ心得をまとめていく。

第1節　自己理解・他者理解

【キーワード】
ピア・カウンセリング，自己理解，他者理解，人間関係づくり

1　成熟した人間になるために

オルポート（Allport, G. W.）は「成熟した人間には6つの特徴がある」と述べている。

1つめは「自己拡大の意識」である。人は成熟すればするほど自分自身の経験が増え，さまざまな活動に参加することが多くなる。つまり，成熟した人は，人間として努力するさまざまな領域に真剣に参加する人といえる。

2つめは「他者との間に温かいよい関係がもてること」である。親しい人と気持ちよく交流できること，他人のプライベートを大事にするという敬意と理解を示すことが大切である。

3つめは「情緒の安定性」である。精神的な安定性は自己受容からなる。自己卑下や自己否定の気持ちに陥らず，自分の気持ちをコントロールできることが大切である。他人の信念や感情を考えながら，自分の信念や立場を尊重できる人が，情緒的に成熟した人といえる。

4つめは「現実知覚，技能，課題」である。これは物事を現実的に見られるかということである。自分の固定観念，思い込み，決めつけなどがあり偏見で物事を見るのは現実的でない。事実を中心にして合理的に物事を見ることが必要となる。

5つめは「自己客観視」ができることである。自分自身を客観的に見て，自分の状況をよく知っている人が成熟した人である。自分の欠点などユーモアで返せるゆとりが必要である。自分自身を離れて見ることで，自分の気持ちをコントロールできるようになるため，人間関係のトラブルも予防できる。

最後は「人生を統一する哲学」である。正しい考えであるかは別にして，自分の考え方や方向性をもっているということが，成熟した人間の特徴である。

2　ピア・カウンセリングとは

ピア（peer）とは，『仲間・同輩・対等者』という意味である。ピア・カウンセリングは「あてにし合う」関係づくりである。

自分と同じような環境や立場で，同じような経験や感情を共有する仲間に，日常生活や

第1節　自己理解・他者理解

社会生活のなかでの情報・相談ごとなどを，気楽に，そして，心を開き素直な気持ちで話し合うこと，互いにカウンセラーとなって自分の考えを打ち明け合うことを，ピア・カウンセリングと称する。ピア・カウンセリングは仲間同士，友人同士のコミュニケーションを中心とした，『気楽な助け合い』『あてにし合う支援活動』をパワーアップさせ，形をもたせて支援していくものである。

　精神分析からカウンセリングという流れが起こり，カウンセリングは医師からほかの専門職へと拡大した。最近では，医師でない心理臨床家をはじめとして，多くの一般の人々が教育を受け，カウンセラーになっている。そのなかで，カウンセリングの流れに疑問をもつようになった。個人の成長は，指示して操作するものではなく，その人の自己成長を援助し，個人の価値観や主体性を尊重し，自立の支援をすることが基本の考えだ，というように変化した。主体性の獲得や自立支援は，権威ある専門家だけの独占物ではないということである。

　ピア・カウンセリングはフレンドシップの枠内と考えればよい。基本的に，プロのカウンセラーがするのではない。ピア（仲間）としての人間関係をベースに，相手の話をよく聴き考えを明確にしたり，選択肢を増やすための手助けをしたりするという考え方である。今のままの自分でも人の役に立ち，あてにされる存在になる。そして，人をあてにし，人にあてにされる人間関係を仲間とつくることで自分自身も成長するのである。

　「カウンセリング」という言葉を意識しすぎて理論や治療方法に縛られる必要はない。相手を否定せず，共感しつつ話を聴き，ときには質問し相手の考えや感情を整理するサポートをすればよい。

　ピア・カウンセリングをすることで，人をより成熟した人格の持ち主に導くきっかけになり，良好な人間関係を構築することが可能となることがわかる。

　自己拡大は，ピア・カウンセリングそのものである。相手の領域に真剣に参加し，話を聴くことが心からかかわることを意味する。ピア・カウンセリングは，他者とのよい人間関係を保つこと，相手に敬意と感謝の気持ちをもって聴くことや受け答えをする訓練である。

　情緒不安定だと，ピア・カウンセリングはできない。安定のために，他者に貢献することで自尊感情を高めたい。また，人の話を聴くことで，現実的なものの見方が可能になる。冷静に自分を見つめることができるようになる。

　身近な人と良好な人間関係を保つかを考えるきっかけ，自己成長のきっかけとしてピア・カウンセリングを利用することが可能となる。

第2章　人間関係の心理

3　自分を理解するために

　ピア・カウンセリングとは人とのコミュニケーションで，人間関係づくりの基本である。コミュニケーションとは，相手との情報のやりとりで，自分自身を知らないとよいコミュニケーションはできない。

　あのような価値観は信じられない，と感じるのは自己理解が不十分であるから相手のことも理解できないのである。人の話を聴けば，自分のエゴとぶつかることは当然ある。相手のいうことに反発する気持ちが聴こうとする気持ちを阻む。

　だから，自分自身が，コミュニケーションの仕方，考え方，他者理解の仕方，行動パターンなどに対して，『どのような癖』をもっているかを知ることが必要となる。そして，その『癖』を知ったら，「ストップ」「ルック」「チューズ」して自分自身を客観的にみて，癖から抜け出すことが必要となる。

　自分自身を知るためには，自分の行動を検証することが必要となる。まずは，1日1回，自分のことを振り返る必要がある。そして，自分を見直し，自分の強みと弱みを発見し，理解するように努めることが必要となる。

　そのためには自分自身を離れて見る，自己客観視能力を養うことも必要となる。また，他者から「あなたはこんなふうに見えていますよ」と指摘されたり，ある理論を通してみると，自分はこんなタイプなんだ，とわかったりすることもある。そのためには，身近な人に聴いてみる，さまざまな性格診断・行動特性診断などを通じて自分の行動パターンを知ることも必要となる。

　客観的に自分を見る能力は，セルフコントロールの第一歩である。自分自身の複雑さや矛盾，強みや弱みを知っていると，他者を理解しやすくなり，人を許せるようになる。また，自分が完成された人間ではない，ということを理解し，そのような自分でもいいんだ，と思えることも大切な視点である。

※自己理解をする3つのポイントは，①1日1回，自分自身を振り返り，今日よかったことや悪かったことを思い出すこと，②身近な人に自分のことを聴いてもらうこと，③自己診断法を積極的にやってみることである。

4　他者を理解するために

　他者を理解するためには，相手のいうことが事実に基づいているか，予測なのかを区別しながら聴き，相手の気持ちを受け止めることが必要となる。

　まずは，相手がどのような考えをしていて，どういう価値観をもっているのかを知ることである。相手にどのような生き方がしたいのか，何を大切にしているのか，実現したいことは何か，などの質問をすることで，ある程度価値観は理解できる。そして，相手が今

第1節　自己理解・他者理解

おかれている状況や環境を理解する。今起きている現状を聴けば相手を理解しやすくなる。そして，過去にどのような経験があるのか，相手の今までしてきたことを知るように努めるのである。過去に同様の経験があるか，過去にうまくいったことがあるかなどを聴くと，相手のことがよくわかる。

※他者理解をする3つのポイントは，①相手の考え方や価値観を知ること，②相手の状況や環境を知ること，③相手の過去の経験や体験を知ることである。

5　自己理解・他者理解を深めるためのワーク（4〜5人のグループで実施）

【ワーク1】私は自分が大好きです

①3分間，自分の大好きな点を考える。

②10分間，一人ひとり順番に「私は自分のことが大好きです。理由は○○だからです」と声に出していう。聴き手は真剣に聴く。

③エクササイズを体験し，感じたこと，気づいたことを自由に話し合う。

＊自己発見の例：「すこし照れるが，嬉しい気持ちになる。自分のなかに自信が生まれてきた気がする」「自分を素直に認めることがなかった。いつも短所や足りないことだけを見ていた」

【ワーク2】好きなことを順番に話す　―AよりBが好き―

①メンバー全員が向き合い，最初の人が何をするのが好きかを言ってスタート。たとえば，「私は，アイスクリームを食べるのが好きです」など。

②隣にいる人がその言葉を繰り返し，それより好きなことを言う。たとえば，「私はアイスクリームを食べるより，海で泳ぐ方が好きです」など。

③その隣にいる人が，前の人の言葉を繰り返して，それより好きなことを言う。たとえば，「私は海で泳ぐより，ネットサーフィンが好きです」など。

④1周するまで続ける。何周してもかまわない。

⑤1週するごとにカテゴリーを指定してもかまわない（たとえば，「食べ物」「スポーツ」など）。自己理解・他者理解を深めることができる。

⑥「AよりBが嫌い」というパターンでやることも可能。

（杉山　雅宏）

参考文献
片野智治ほか(編)(2004)『構成的グループエンカウンター事典』図書文化社
オルポート, G. W.(著)依田新・星野命・宮本美沙子(訳)(1977)『心理学における人間』培風館

49

第2章　人間関係の心理

第2節　対人関係の心理

> **【キーワード】**
> 社会的比較，態度，対人魅力，目的と手段

1　対人認知とパーソナリティの発達

　対人関係は対人認知に始まるが，他者のバーバルおよびノンバーバルコミュニケーションによる情報，外見的特徴・社会的属性（職業や地位など）・能力・性格や価値観・興味などの特徴，そして現在の感情状態についての推測過程が対人認知を展開させる。そのプロセスには，他者からの刺激の受容と他者との相互作用が介在する。すなわち，刺激→注意→パターン認知という記憶過程モデルの短期記憶貯蔵庫・長期記憶貯蔵庫の前段までと同じプロセスの後に，現在の状況に関連する選択的情報との照合により読み取りと推測がなされ，また認知的不協和の影響のもと全体的・総合的評価と印象が形成される。しかし，その内容の理解はゲシュタルト心理学的（全体は各要素の単なる寄せ集め以上の特性を有している）と受け止められ，歪曲・修正・補完がなされ，さらに中心的特性と周辺的特性および初頭効果または親近性効果をもたらす刺激提示順などの影響も受けて形成される。

　次に対人関係は自己を知り相手を知ることにより展開するが，その自己（self，自分によって認識される自分）は，自分について考え，多面的理解により形成され，また社会的比較および過去・現在・未来について考察・展望することにより社会化が進展し，理想と倫理・道徳により形成される超自我の役割が自己評価をもたらし発達する。

　自己の形成には，①他者からの評価による気づき（躾・承認・拒否），②同一視・模倣・取り入れ（親や価値を認める対象と同じ存在と感じ，同じような考えをもったり行動を取ること），③共感（同じような心的情況から理解すること），④内面化（社会的な気づきを自分の価値体系に組み入れること）の段階があるが，それぞれにおいて人間関係およびコミュニケーションによる相互的・社会的作用が媒介する。たとえば，①役割期待による行動の変化，②文化および習慣・風習・気候・風土の影響，③社会的比較による集団における自分の位置づけと集団との相互的影響，④自己開示（自分についての理解内容を相手に伝えること）・自己呈示（他者への自分についての印象操作）とコミュニケーション（言語と非言語）による他者理解と印象形成，そして以上の自己理解と他者理解とのスパイラル的展開によるパーソナリティの発達・変容が遂げられる。

第2節 対人関係の心理

2 態度の3成分と形成・変容について

　人間関係の機能と役割は，空気にたとえることができる。普段はその必要性や存在について意識することはあまりないが，困ったときにこそ人間関係のネットワークが実感される。そこで，個人と個人が影響を及ぼし合うことにより発達・変容する個人ならびに人間関係の基盤となる態度とは，対象や事象についての認識・評価と生起する感情による関わり方や対応行動への反応パターンのことで，対象に対する認識とそれにもとづく感情，そして接近・回避などの比較的恒常的な行動傾向を意味している。

　態度の3成分は，①認知成分，②感情成分，③行動成分であり，受容→感情のコントロール→行動→評価のスパイラルであるが，このプロセスに人間関係とコミュニケーションは常に介在する。

　態度の機能には，①適応機能（社会や集団へ適応しやすくしたい），②認知機能（思考・行動の一貫性を保ちたい），③自己表出機能（自分を理解してもらいたい），④自我防衛機能（主体性と自由を守りたい）などがある。

　態度は生活環境の中で，経験，観察および文化，道徳などの社会的学習と他者との社会的比較により形成され，判断基準や姿勢として取り入れられ，内面化される。態度の変容過程も自己形成過程と同じと考えられ，①賞罰による気づきと追従（認知と感情），②関心による取り入れ（模倣行動）③個人の価値体系への組み入れ（内面化）へと進む。

3 対人関係を展開させる対人魅力について

　社会の一員となるべく相互理解のためにコミュニケーション力を身につけることは，人間関係をつくり，円滑にし，協力・協働したり対立の解決のためともなる。人間はコミュニケーションによって相手と比べ自分をよく理解し，さらに相手の話を聴くことなどにより他者を理解するとともに一層自己理解を深め，自分の目的と手段・方法について考え，行動することができるようになる。ところが，人と話すのが面倒だとか，うまくいかないとすぐに腹が立つ，また自分の言動が誤解されることが多いなどと感じている人は少なくなく，昨今は多くの人が人間関係の構築に苦手意識をもっているといえる。したがって，他者の考えや言動の背景を理解し，自分の気持ちの素直な表現について考え，ルールとマナーにもとづく利他的態度を養い，社会的行動を促進するためのコミュニケーション能力の向上をはかることが求められる。そこで，その対人関係の展開において相手に魅力と関心をもつことは重要な要因である。

a・対人魅力を生じさせる要因

　①物理的近接性の要因　人間関係は身近にいる人との出会いや挨拶から始まるが，近く

第2章 人間関係の心理

にいる人とは会うための時間やエネルギーが少なくて済むため接触の機会が増え，それが肯定的態度をもたらせ，いっそう，好意的に接しようとの動機づけも強まり，さらに親しみとコミュニケーション機会の増加は，相互理解を深める。また，物理的な距離は心理的な距離を反映しており，近くにいる人を好む傾向があり，嫌いであれば距離を置くことになる。反面，接近行動は抱いている感情を増幅させるので嫌いな人への感情を強めることにもなる。

②**魅力性の要因** 我々には，「美即善」という共通の考え方があり，魅力的な人は良いパーソナリティや才能をもっているとステレオタイプ的に受け止められやすい。場合によっては，そばにいる人にまでその効果を及ぼすことがある。

③**好ましい性格の要因** 誠実でユーモアがあり，思慮と責任感があって親切な人との印象をもたれる人は好まれ，反対に，嘘つきで意地悪く，信用性に乏しく冷たい人との印象をもたれる人は避けられる。

④**生理的興奮の要因** 生理的興奮はそのときに生じた情動反応と結びつきやすく，状況が曖昧なほど感情を肯定的にも否定的にも強めることにもなる。

⑤**印象形成過程の要因** 第一印象のように印象形成への呈示順の影響は大きく，また否定的感情を肯定的に変容させることは，その反対の場合よりかなりの努力を要する。最終的に高い評価を受ければ自尊心が満たされ，付き合いはスムーズになる。

b・対人魅力の展開要因

⑥**類似性の要因** 価値観や趣味・態度が似ている場合，「類は友を呼ぶ」とか「似たもの同士」などといわれ，対人関係の進展要因となる。類似しているほど好感がもたれ，意見が同じであればその人から支持と評価が得られたと受け取ることができ，対立することが少なく，行動の予測が容易で対人関係に要する精神的コストも安くつき，また支持・評価を受けたとの快感情がその人にフィードバックされ，一層好意を増す。なお，異なったタイプの人が仲良くしていることがあるが，これは両者の欲求が補完されることにその理由がある。

⑦**自己開示の要因** われわれは自分のことを他の人たちに伝えることにより理解してもらい，自己の存在感を確認できる。また，他者の考えなどを聞くことにより自己の正当性を確認したり，社会的比較により社会化を遂げることができる。自己開示によって不安や苦痛が和らげられたり（カタルシス作用），自己の考え方の明確化もなされる。自己開示は表面的で当たり障りのないものから，深刻な打ち明け話まであるが，深刻さと親密さは相関しており，一般に女性に早い段階からの自己開示行動が見られ，コミュニケーションと人間関係は展開されやすい。

第2節　対人関係の心理

⑧**衡平性の要因**　他者との相互作用により報酬がもたらされることが予測されたり，傾注努力と報酬のバランスが保たれる場合には，その関係性を維持・発展させようとする動機づけは強められる。それは物質的であれ，精神的であれ当事者間に努力投入に見合う均衡感があれば維持される。ただし，親子・夫婦などの関係の場合は，尽くすことにすでに価値があるので，衡平性は必ずしも機能しない。

4　目的・手段の設定の対人関係への影響について

目的と手段の関係の理解　自分の特性の理解と社会的比較，そして状況の理解と将来の予測による目的設定が，能力や努力に比べ高すぎる場合，緊張とストレスなどをもたらす。また，努力や練習をしないとか手段の選択が悪くても欲求不満となるが，少し上の希望や目的の設定は，覚醒水準の維持と向上に影響する。さらには他者の存在により覚醒レベルが高まり，優勢反応（頻度の多い行動）が出やすくなる。そこで，目的を手段化させ，目的を向上させる心構えと努力が必要であり，これが対人関係にも影響を及ぼすことになる。

失敗と目的の調整　失敗は欲求不満となり，緊張を招来したり学習性の無力感や攻撃性をもたらすが，反面，経験および理論的学習は耐性（知的要因と感情の安定性により構成される）を培う。難しいことも実は少しの差の目的達成の積み重ねの成果と考えられるが，本質的目的の設定と原因帰属の仕方が重要である。

再び目標設定とは　内省や夢を孵化するように自分の深層に気づくこと，また大切な人に相談するように素直に自分を受け容れることによる自己理解のもとに，ポジティブに目的と手段の設定について考え直すことが必要で，この目的と手段の再設定は認知－感情－行動の連環の変容につながるところとなる。

(早坂 三郎)

参考文献

池上知子・遠藤由美(1998)『グラフィック社会心理学』サイエンス社

吉森護(編著)(1991)『人間関係の心理学ハンディブック』北大路書房

第2章　人間関係の心理

第3節　家庭の人間関係

> **【キーワード】**
> 親子の絆，空の巣症候群，親の介護

1　はじめに

　親子関係も夫婦関係も家族関係の一部であり，もっと大きなくくりで見れば人間関係である。家族は他人よりも圧倒的に近い距離にいるため，「なぜわかってくれないのか」と不満を抱えやすく，家庭内は密室で逃げ場もない。家族間にある依存による甘えが満たされないと，欲求不満が他人より爆発しやすい。本節では，さまざまな角度から家庭の人間関係の危機について考察していく。

2　家庭の人間関係の特殊性

　子どもにとって，最初の人間関係が展開する場が家庭である。とくに幼児期には近親者との信頼関係を獲得する大事な時期であり，手もかかると同時に親子の親密な関係も展開し，成長していくうえでこの信頼関係の獲得は，この先のさまざまな人間関係を構築していくうえでの基礎となるものである。

　親子という言葉は，自分自身に特別な体験でもない限り，温かいイメージが先行する。たとえば，おとなしく母親の隣に寄り添って座っている子どもを想像してみてほしい。この親子を見て，誰が「母親に叱られないように恐怖でおとなしくしている子ども」と想像するだろうか。自分自身に経験があれば別だが，そうでなければ「親子の関係は良好」というのが一般的な感覚である。

　親子の絆という言葉を聞けば，愛情に満ちあふれ，安全で温かい理想のイメージが親子の本来の姿であると思い込む。親子は愛情があって当然，すべてを受け止めてくれるような心地よい響きもある。その感じは間違いない。

　しかし，親もイライラしたり不安になったりすることもあり，自分の感情をどうにもできなくなることもある。していないつもりでも心が上の空になったり，身近な人に八つ当たりしたりするのは人間として当然である。親だから子どもに対していつも完璧であることは不可能である。だから，親子関係も人間関係である。

　そして，心情的に近いがゆえに，最も強いサポートを得られる可能性があると同時に，不安定で危険な関係になる可能性もある。

第3節　家庭の人間関係

3　親子関係における危険

　親子関係における危険にはさまざまな形がある。他者からも認識されやすいものとしては虐待が挙げられる。それにともなう精神的苦痛は容易に想像でき，実際にもかなりの影響を受けたことが他者からわかることもある。

　しかし，それとは異なるものとしては，親としても周囲の者さえも，専門家が見ない限り危険な状態だと気づかないケースがある。

　たとえば，自分と母親が喧嘩をすると，母親が口を利かなくなる。そうなると，食事の後片付けのとき自分の食器だけが洗われていない，洗濯物も自分のものだけ放置してあり畳んでいない。場合によっては，それが1週間以上続く。母親は怒っているらしい。そして，どこの家でも喧嘩をするとそうなのかと思ったら，使用した食器や洗濯物に1週間以上も八つ当たりして，モヤモヤした親子関係が続くのは自分の家だけだったというようなことがある。

　こうした場合，精神的な影響は少しずつ，そしてかなり長期にわたり関係を侵食していくので，本人たちも気づかないことが多い。また，何かおかしいと感じながらも，日常生活や学校生活，社会生活を送るのに影響のない時間が続くので，ほとんどの人は多少違和感があったとしても“そういうもの”と思い込んでしまう。

　これらが高じたケースとして，さまざまな身体疾患や中年期から突然発症したうつが，実は子ども時代の親子関係にあったのではないかという報告が，スーザン・フォワードの『毒になる親』などで報告されている。

4　空の巣症候群

　育児を通して良好な親子関係を育み，子どもの成長過程を楽しみながら生活してきた母親（父親）にとって，回避しがたい子離れの発達課題の達成は寂しさや不安をともなうものであり，自分のアイデンティティの一部になっていた育児の役割や親子の時間を失う経験でもある。

　それまで負担だと思っていたはずの子育てから解放された瞬間，空虚感や無力感，悲哀感という精神的変化を通じて，人生に対する張り合いをなくすことがあるが，これを小鳥が巣立っていった鳥の巣に残された親鳥になぞらえて「空の巣症候群」と呼ぶ。この発症リスクは，自分の生きがいを子どもに対する母親としての役割に結びつけている女性ほど，子どもの就職・結婚という社会的自立の達成により高くなる。自分が世話をしなくても立派に自立して生活を営んでいける子どもを誇らしく頼もしく感じる一方で，この先も母親としての役割が必要とされないことに対して強烈な喪失感や孤独感を感じている精神的葛藤が空の巣症候群の特徴である。

55

第2章 人間関係の心理

　多くの場合，子どもの自立の受容と新たな家庭生活のスタート，夫婦関係の見直しにより，空の巣症候群特有の空虚感や寂しさは時間とともに和らいでいく。空の巣症候群は，中年期の母親自身の心理的危機であり，大半が一過性の精神症状で終わるものである。また，通常の精神発達過程において子どもの自立と親子の親密な共同生活のライフイベントは不可避なものであり，程度の差こそあれ，空の巣症候群のような寂しさや孤独感のような感情は多くの親が一度は経験する。

　一方で，青年期の子のアイデンティティ拡散や非社会的問題行動，経済依存的な同居生活は精神的問題であると同時に経済的問題でもあり，長期間にわたり問題が継続しやすい。子どもの社会的自立による空の巣症候群を経験する親よりも子どもの就業困難による経済的依存や自立を阻害するアイデンティティ拡散などを経験する親の方が精神的ストレス強度は強く，長期的不安感や抑うつ感を生じやすい。

　このように中年期にある両親は，青年期の子の経済的自立や結婚に関する不安を感じ，自分の死後の生活設計について心配するケースが増えていき，かつて，当たり前の発達課題であった青年期の心理的経済的自立の時期が大幅に遷延し，将来の楽観的予測が難しくなってきている状況ともいえる。

　最近では，子どもの経済的自立を待って長年連れ添ってきた配偶者との夫婦関係を解消するという50代以降の熟年離婚も増えつつある。この熟年離婚の回避あるいは決断が中年期の精神的危機の原因となっていて，カップルカウンセリングの主要テーマになるなど，発達臨床心理的な問題になっていることも見逃せない。

5　熟年夫婦の危機

　自分自身が中年期に入り子育ての仕事が一段落すると，自分の両親はさらに歳を重ね老年期の段階に入る。老年期の両親はすでに社会的活動から引退し経済的余裕もなくなってきていることが多く，体力・気力・知的能力もそれまで以上の衰えがみられるようになる。

　子どもの自立と並ぶ中年期の危機につながる恐れのある家族関係の大きな変化として，老年期にある親の介護やケアの問題が生じてくることがある。

　老年期の親に，大きな病気や怪我，老化の進行，認知症の発症などが起きたとき，介護やケアが必要になってくることが少なくなく，そのときに誰が老親の面倒をみて世話をするのかが親族を含む家族にとって大きな問題となる。

　老親との共同生活による介護には，大きな精神的・経済的負担がかかってくるため，老親を自分たち親族で引き取り介護していくか，専門の老人介護施設に委託するのかを，自分の家族だけでなく親族で集まり話し合いをする必要がでてくる。

　老親と親族とのつきあいが良好でない場合は，誰が引き取り介護するかという問題でも

め事になったり，老親に莫大な遺産などがあったりする場合，遺産相続と介護の負担をめぐる骨肉の争いや感情的対立へと発展することもある。年老いた親のケアに付随する物心両面の負担と老親・親族・自分の家族との人間関係の葛藤，老親の財産をめぐる親族間の分配問題などが中年期後期の精神的危機として立ち上がり，家庭の人間関係に亀裂を生じさせることが考えられる。

6 家族は究極の人間関係

家族の絆というと，一致団結とか仲が良い，家族を守るなどのよいイメージとしてよく使われている。しかし，絆とは本当に安全で良い側面しかもち合わせていないのかを考えなくてはならない。絆とは，相手と自分をしっかり結んでいるものである。精神的な命綱のような感じである。しかし，命綱はもろ刃の剣であるから，絆のマイナス側面にも注目する必要がある。

絆のマイナス側面はエネルギーが循環するためにはどうしても必要となる。つまり，問題を抱えた家族が「正しくない，普通でない」という意味でいっているのではない。マイナスの側面は人間として良いとか悪いとか，正しいとか間違っているということではない。感情的につながるということは，楽しいとか嬉しいという感情ばかりがつながっているということではないという意味である。たとえ口に出して語られなくても，態度に出していないつもりでも，怒りや悲しみや不安といった感情，すなわち喜怒哀楽すべてがつながっているということである。だからこそ，深刻な家庭内の人間関係のトラブルが発生するのである。しかも，家庭内のトラブルは，相手を憎むなど感情だけがもとになり起こっているとは限らない。愛情がないとか絆が薄いということではなく，愛情のかけ方や適切な表現の仕方がよくわからなかったから，家庭内のトラブルが発生すると考える方がしっくりくる。

7 まとめ

どこの家庭も良い側面，悪い側面両方を保持している。人間関係士はそういったものはどこの家庭も抱えていることを認識したうえで，今ある人間関係を大切にしながら，その人間関係をより創造的に展開していく役割を担っている。

(杉山 雅宏・小原 伸子)

参考文献

フォワード, S. (著)玉置悟(訳)(2001)『毒になる親――一生苦しむ子ども』講談社

第2章　人間関係の心理

第4節　職場の人間関係

【キーワード】
好意の返報性，態度の類似性，自己主張

1　職場の人間関係は最大のストレス

　職場の人間関係も，他の人間関係と同様にさまざまなことで悩む。職場の人間関係の悩みが，単なる人間関係の悩みと違うとすれば，そこに序列や評価の問題があり，職場内で過ごす時間が一日の大半を占めるということではないだろうか。

　一日の大半を過ごす職場で人間関係が築けないと，孤独感，疎外感，閉塞感などを抱き，職場に行くこと自体が大きなストレスになってしまう。また，人間関係が築けていないと，周囲からの評価も下がり昇進や昇給にも影響が出てくる。

　それでは，人間関係を築けないこと，職場の人間関係に苦痛を感じる原因として，おもにどのようなものがあるのだろうか。以下には，筆者が産業カウンセリング業務に携わるなかで，悩みの原因として比較的多いものをまとめてみたいと思う。

2　職場の人間関係に苦痛を感じる原因

（1）雑談ができない

　私たちが職場で快適に過ごすためには，周囲の人との人間関係を築けているかが大きなポイントであると思う。上司，同僚，先輩，後輩など，さまざまな人との人間関係が築けているかにかかってくる。

　良好な人間関係を構築するために大切なことは，日々のコミュニケーションがポイントとなる。日々のコミュニケーションとは，仕事の話ばかりではなく，報告・連絡・相談でもなく，実は雑談なのである。

　雑談は日々のどうでもいいような話ではあるが，この雑談を通して人はその人なりの人柄を理解でき，また雑談から親密な関係が生まれるため，雑談ができないということは，ほかの人との親密な関係が築けないということにつながってしまう。そして，職場において自分の居場所の問題で悩むことになる。

　雑談ができない理由として，相手の評価や気持ちを推し量りすぎてしまう，何をどう話したらいいかわからないなど，雑談のコミュニケーションスキルに問題があるなどが考えられる。

（2）自己主張ができない

職場において自己主張ができないということは，周囲から「何を考えているのかわからない人」という評価を受けることにつながり，結果的に職場で居づらさを感じてしまう。

これも雑談ができない原因と同様に，主張したあとの評価を気にしすぎることが原因の1つと考えられる。また，主張できない自分を責めることから，自信の低下にもつながってくる。

自己主張とは雑談同様，自分の意見や思っていることを伝えることであり，この意味においても自己主張しないと常に周囲に合わせているばかりで，自分の気持ちを抑え続けることからストレスがたまり精神的に疲弊してしまう。

（3）素直に頼めない

「仕事量が多すぎる」「わからない……」「抱え込みすぎて仕事がまわらない……」

このようなとき「助けてください」と一言周囲に頼めば解決する問題も，頼めないことから問題や仕事を背負いすぎてストレスをため続けてしまうことがある。

どうして「助けてください」といえないのだろうか。断られるのが怖いからだろうか。断られることが怖いとしたら，何を恐れているのだろうか。または，頼むことに対する罪悪感だろうか。

人間関係とは助け合って成立するものである。自分が困っているときは，素直に頼んでみてはいかがだろう。

（4）はっきり断れない

他者からの依頼を受けて仕事などを応援することは円滑な人間関係を形成する。しかし，自分の仕事量が飽和状態であるにもかかわらず，他者からの依頼を断らずに引き受けてしまうと，どのような事態になるだろうか。

自分の責任は果たさなければならず，かつ他者の責任を背負うことにもなり，イライラとストレスを感じ，また断れない自分に対して情けなさを感じたり，遠慮もなく頼んでくる相手に怒りを感じたりする場合も想定できる。

それでは，どうして断れないのだろうか。断ると何か問題が生じるのだろうか。

あなたの悩みごとを他者はすべて受け入れてくれるだろうか。自分が手いっぱいの状態で，他者の依頼を断るということは，自分を大切にするということでもある。また，断る権利も当然あるということも忘れてはなるまい。

（5）我慢と抑圧

これまで，雑談ができない，自己主張できない，頼めない，断れないことについて臨床現場での実践からの知見を述べてきた。

これらの問題に共通していることは，自分を抑えていること，我慢しているということ

第2章　人間関係の心理

である。

　自分を抑えることや我慢することの本質は，自分を表現することにより，相手からどう思われるかを過剰に気にしているのではないかと考えられる。もしくは，適切な自己表現の方法がわからないことも考えられる。

　自分を抑え我慢し続けることは，怒りの充満や自己価値の低下，さらには心身の疾患等に発展する可能性がある。

　そのため，カウンセリング場面では，なぜ自分を表現できないのか，その根本である考え方に焦点を当てると同時に，自己表現スキルについても考えるようにすることもある。

3　課題

　職場の人間関係を良好に保つには，まずは先輩や上司，同僚との良好な人間関係を構築することが近道である。ここでは心理学のエッセンスを盛り込み，職場でできる人間関係の構築の仕方について解説を加える。

(1) 課題1　苦手な同僚とのつきあい方がわからない。どうすればいいだろうか。

　職場では嫌いな人ともつきあわなければならない。仕事内容や互いの役割にもよるが，つきあい方としては3通りある。

　1つめは，嫌いという感情をできるだけ取り除く努力をする方法である。意識的に話しかけないようにし，好意の返報性を利用し少しでもいいところを見つけてほめるようにする。また，互いの類似点や共通点を見つけ出すなどの努力により，友好的関係を構築することは可能である。

　2つめは，できるだけ距離を置き深くかかわらないようにする方法である。礼儀正しく接し，言葉遣いも丁寧にする。こうすることで，近接度を低くし，距離を保つことが可能になる。

　3つめは，対立する相手ではなく，ともに仕事をする同志と考える方法である。そのために，共通の目標をもつことが最も効果的である。

　まずは，各自が自分の目標をリストアップする。そのリストを突き合わせ，共通目標をピックアップし，それを2人の目標にする。

　次に，目標達成のためにどうしたらいいのか，課題克服方法やアプローチの方法を話し合う。

　こうすると，対立関係を問題解決に向けて協力し合える関係へシフトできる。明確な目標ほど団結力が高まる。

第4節　職場の人間関係

(2) 課題2　上司や先輩とつきあうのが苦手で面倒だと思いがち。どうしたらいいか。

　組織に入れば人づきあいは欠かせない。先輩や上司と上手くつきあい，できれば好かれて仕事を充実させたいと誰もが考える。しかし，相性もあり上司も好きな部下ばかりではない。

　最も嫌われるのは社会常識のない人である。あいさつがしっかりできない，遅刻が多い，言葉遣いが悪い，協調性がないなどは論外である。逆に，意欲的で向上心がある，積極的に上司に話しかける，困難な仕事でも食らいついていく，指示をよく聞き素直に従う，などは好かれて当然である。

　さらに上司や先輩に可愛がられたいと思ったら，態度の類似性を利用すると効果的である。

　人は，自分の意見に賛同してくれる人には好意をもつものである。上司や先輩の意見がもっともだと思ったら，積極的に賛意を示すようにする。そうすれば，上司の好感度は確実にアップする。これは主張的自己呈示の取り入れの1つである。ただし，何でも同調していてはゴマすりと思われてしまう。意見が異なれば誠実に伝えることをお勧めする。

　また，人は自分に似た人に親近感を抱く。同じチームのファンであるとか出身地が同じであるなど，何か共通点を見つけアピールするとさらに好感度はアップするだろう。

　上司にお世辞を言うことは，あまりお勧めできない。これも取り入れの1つだが，見透かされて逆効果である。仕事に真摯に取り組み，技術や対人能力を磨くことが先決であろう。

（杉山　雅宏）

参考文献

杉野欽吾・亀島信也・安藤明人・小牧一裕・川端啓之(1999)『人間関係を学ぶ心理学』福村出版
藤本忠明・東正訓編(2004)『ワークショップ　人間関係の心理学』ナカニシヤ出版
吉森護(編著)(1991)『人間関係の心理学ハンディブック』北大路書房

第2章　人間関係の心理

第5節　地域社会での人間関係

【キーワード】
地方創生，自主避難者，地域活性化，地域福祉の向上

　今日の日本では，とくに地方においては少子高齢化の影響により，過疎化が進んでいることはすでに周知の通りである。また，日本創成会議の人口減少問題検討分科会（座長・増田寛也元総務相）の発表によると，日本の人口が減ると，全国の地方自治体の維持が難しくなるとの長期推計があり，2040年には全国の市町村のうち半分が消滅するという報告がなされた[1]。このような状況のなか，安倍内閣では「地方創生」というテーマを掲げ，そのなかで，人口急減・超高齢化という課題に対し政府一体となって取り組み，各地域がそれぞれの特徴を活かした自律的で持続的な社会を創生できるよう，まち・ひと・しごと創生本部を設置するなど，さまざまな施策を講じることとなった。

　一方，地域においても，人口が減少して活気がなくなることに対して不安を抱く住民もおり，自分たちの手で地域活性化を図ろうという動きもある。たとえば，地域の課題に取り組もうとする目的で地域ボランティア団体を形成したり，地域活性化を目的として夏祭りをはじめとするイベントを開催したり，子どもから高齢者まで，そして外国人も交えた交流を行うための国際交流に関するセンターを立ち上げるなど，住民が自らアイデアを出し合って活動を行っている。これらの活動を行うにあたっては，地域住民が共通の問題意識をもって取り組むことが大切である。

　では，具体的に地域でどのような活動があるのか。ここでは，千葉県の北東部に位置する千葉県山武市での取り組みをいくつか紹介したい。

　1つめは，田んぼに稲で絵を描く「田んぼアート」の取り組みである。これは，東日本大震災の再生のシンボルとして，2014年に福島県相馬市・千葉県山武市・神奈川県横浜市に暮らすメンバーが連携し，「大地を繋ぐ田んぼアートプロジェクト」が相馬市で始まったことを契機に，2015年はそのアートを山武市で実施するため，「さんむ田んぼアートプロジェクト」を地域住

図1　さんむ田んぼアートプロジェクト

第5節　地域社会での人間関係

民が中心となって立ち上げた。2020年の東京オリンピックを見据え，世代や地域，国籍の垣根を越え，たくさんの人々が1つになって農を体験し，食やアートを通じて交流することを目指している。この取り組みでは，5月に田植え，7月に鑑賞祭，9月に稲刈りのイベントを開催し，地域住民と一緒に田んぼにかかわっている。田んぼに描くアートは，地域に住むデザイナーが描いたものであり，2015年は鶴の恩返しをテーマに，2016年は浦島太郎をテーマにした（図1）。このように日本の昔ばなしをテーマにした理由は，外国人にとっても日本を連想しやすいテーマだからである。イベント開催時には，地域のレストランから1品ずつ料理を提供してもらい，それをお好みで組み合わせてどんぶりにした「幸せ丼」の提供を行ったり，さまざまな団体が飲食店や物産店を出店したり，地域で活躍するバンドサークルの演奏会を開催するなどして，地域住民との交流を行っている。そのほか，当日の運営に関しては，千葉商科大学人間社会学部の学生や千葉県立旭農業高校の生徒にもボランティアとして参加してもらい，子どもからお年寄りまでさまざまな人と交流することによって，地域での人脈づくりや人間関係の構築に繋がっている。

　2つめは，山武市の施設である「さんぶの森交流センターあららぎ館」の地域住民の活用についての取り組みである。この施設は，「市民，市民活動団体及び事業者が相互に信頼関係のもとに連携し，協働と交流によるまちづくりを推進する場所並びに地域振興の活動拠点とすること」を目的としているものであり，すなわち，地域住民がこの施設を活用して地域活性化を図ることが期待されている。このあららぎ館を地域住民が積極的に活用するために，市民活動団体が定期的に，地域住民を対象とした体験型交流イベントを開催している。このイベントの運営費に関して，山武市には市民提案型交流のまちづくり推進事業という制度があり，一部または全額を補助金として助成している。具体的には，ボランティアグループなどの市民活動団体（NPOを含む）や地域が自主的・主体的に山武市のまちづくりに役立つ公益事業や協働事業を実施しようとする場合に，審査のうえ補助金として助成するものである。市民団体の育成を目的とした「スタート部門（補助限度額30万円）」と団体間の交流や連携を図りまちづくり活動の促進を目的とした「ステップアップ部門（補助限度額50万円）」がある。

　この制度を活用したものとして，市民団体であるSun. Mソーシャルビューティサービスが「あららぎフェスタ」という地域交流のイベントを開催している（図2）。このイベントでは，あららぎ館を活用し，

図2　あららぎフェスタ

63

第2章　人間関係の心理

地域の物産・人・業種・活動の情報発信を軸に共有し，交流と地域の活性を図ることを目的としている。子どもから大人まで一日楽しめるイベントにするため，体験・グルメ・物販・発表・アクティビティの5つのブースを設け，交流を図っている。①体験ブースでは，癒し・マッサージ・セラピー・占い・クラフト製作などの体験，②グルメブースでは，飲食店の出店や模擬店の参加，③物販ブースでは，地元商店や企業の物品販売，クリエイター作品の展示販売，個人・団体の作品展示販売，④発表ブースでは，地域住民によるダンスなどのパフォーマンスやミュージックライブなど，⑤アクティビティブースでは，ゲームやアクティビティを通じて，子どもから大人まで楽しめるものである。また，そのほかにも地域の特産品である「ネギ」を使用して地域を活性化しようとする「ネギもんプロジェクト」も同時開催した。これは，山武市はネギの国内生産量がトップクラスであることから，脇役のネギを主役に変えることを目的として，オリジナルの創作料理をつくろうという企画である。このようなイベントを通じて地域住民が交流を図り，より良い人間関係を構築することが期待されている。

　3つ目は，避難者支援活動である。東日本大震災で避難された方々，山武市内で被災された方々，支援を応援したい方々の交流の場として，情報交換や仲間づくり，リラックスできる場を提供することを目的とした「森のじかん」という交流事業がある。2013年7月から2016年3月までは，山武市の事業として月に1回のサイクルで交流会を開催してきた。震災から5年が経過したことを契機に2016年4月からは山武市の事業ではなく，これまで交流事業を行ってきた地域住民や避難者自身が主体となり，継続して運営を行っていくことになった。この森のじかんでは，参加者同士の自己紹介や情報交換などを通じて，同郷の方や地域の方と交流することや，東北や山武市等の情報，福島県の地元新聞や情報紙を読むことができたり，新しい生活や地元のことなどで困っていることの相談を受けて，専門家に繋げたりしている。具体的な活動内容として，市民団体が調理した健康食ランチを食べながらの交流や，地域住民によるハンド・フットマッサージ，地元の特産品である山武杉を使用した足湯や，貸切バスで山武市内を巡るツアーなどを行っている。

　また，千葉商科大学人間社会学部の勅使河原隆行研究室では，東日本大震災に伴い大学のある千葉県市川市近隣に避難された方々のうち，とくに子育て中の親子たちの避難先での悩み，子育ての悩みなどの相談，避難者同士の交流などを目的とした交流イベント「ままカフェ＠千葉商科大学」を定期的に開催している（図3）。これは自主避難者の支援活動として行うもので，千葉県市川市内にいる約230人（平成28年8月31日現在）[2]の避難者への交流会や支援が少ないことから，ふくしま子ども支援センター（NPO法人ビーンズふくしま）や，福島県庁避難者支援課の協力を得て開催している。参加する親たちには，ゆっくり語り合って交流を深めてもらえるように，研究室の学生が大学近くの自家

第5節　地域社会での人間関係

図3　ままカフェ@千葉商科大学

焙煎珈琲豆店で指導を受けたドリップコーヒーを提供したり，子どもたちの遊び相手となって一緒にお絵かきや消しゴムハンコ作りを行っている。このままカフェには毎回多くの親子が参加して，交流を深めるきっかけとなっている。さらに学生にとっては，地域社会において様々な人々との交流を行うことによって，地域社会での要望やニーズに応じた環境づくりを実践的に学ぶ機会にも繋がっている。

　震災から時間の経過とともに，避難者が抱える悩みや避難者人口，支援の形が変わりつつある今，避難者が帰還するまでの避難先での生活は，地域の住民としてその地に溶け込んでいくことも必要であり，避難者への支援の形は，避難者も一体となったまちづくりへ転換期を迎えている。避難者自身も様々な交流会などに参加することによって，少しずつ地域の仲間として生活をしているという現状もある。しかし時間の経過とともに，特に行政が主導で行ってきた支援活動については縮小させたり，支援そのものを打ち切っているなどの現状がある。これは，必ずしも避難者の生活が安定したわけではなく，予算やマンパワーの問題によるものである。そのため最近では，地域住民や避難者自身が，自らの手で地域交流会などを企画・実施していることもある。それによって，避難者自身が地域への定着を図るとともに，その地域に溶け込もうという意識から地域活性化などにも貢献しようとしている。さらには，これらのイベントの企画・運営に当たっては，大学生のような若い世代が行うことも期待されており，これは，若い世代が持つ柔軟な発想や積極的な行動を，地域の活性力として活かそうとしているからである。なお，これらのイベントの参加対象者については，避難者だけではなく，すべての地域住民を対象としていることも多い。このように，単なる避難者支援活動だけにとどまることなく，地域福祉の向上や地域活性化にもつながると期待されている。

（勅使河原　隆行）

引用文献

(1)『日本経済新聞』(2014年5月8日付)
(2) 全国避難者情報システム「千葉県内市町村別避難者数」(https://www.pref.chiba.lg.jp/shichou/hinansya/hinansya.html)(2016年10月6日閲覧)

第2章　人間関係の心理

第6節　生きがいと幸福感

> **【キーワード】**
> 生きがい，幸福感，幸福度，人生の満足度

1　チャップリンの名言

　人生は美しい！　生きることは素晴らしい！　君はいつも病気のことばかり考えて，暗く，うつむいている。それじゃあ，いけない。人間には「死ぬ」ことと同じくらい，避けられないことがあるんだ。それは「□□□□」ことだよ！

　人生は，どんなに辛いことがあっても，□□□□に値する。それには3つのことが必要だ。「勇気」「想像力」そして「サム・マネー（少々のお金）」だ。

　□□□□に入る言葉を考えてみてほしい。チャップリンの映画『ライム・ライト』（1952年，英）に出てくる台詞であるが，ヒントは年老いた男優が，足を麻痺して希望を失った若いダンサーを励ましていった言葉だということである。

　答えは，「生きる」である。次の□□□□についても考えてみてほしい。

　私たちは皆，互いに助け合いたいと思っている。人間とはそういうものだ。相手の不幸ではなく，お互いの□□□□によって生きたいのだ。私たちは憎み合ったり，見下し合ったりなどしたくないのだ。

　これは映画『独裁者』（1940年，英）のラストシーンのスピーチである。チャップリン自身によって書かれた，史上最も感動的なスピーチともいわれている。答えは「幸福」。いかがだったであろうか。

　本節では，人間関係のなかで「生きる」ことを「生きがい」と措定し，幸福は人間関係によって規定される「幸福感」ないしは「幸福度」と仮定する。まずは「生きがい」の概念を紹介し，つぎに「幸福感」について確認する。そして最後に「人生の満足度」に触れてみる。

2　生きがいと人間関係

　「生きがい」はいつ登場したのか。哲学者の島田豊によれば，生きがいという言葉は，

1960 年代末，つまり高度経済成長末期から今日にかけて，国民のあいだで日常語になった言葉である[1]。生きがい論議が盛んになるきっかけは神谷美恵子の『生きがいについて』（1966 年，みすず書房）の出版であった[2]。この本に多くの読者が共鳴したのは，人間は生きがいがなければ生きていくことができないからといえる。

　熊倉弘は，「生きがいは，人生の意義，人間の意味，人間がある限り，人生がある限り，つねに問われるべき問題」なのではないかと指摘する[3]。そうした「生きがい」の定義には諸説があるが，ここでは最近のものとして飯田史彦によるものを紹介しておく。飯田は次のように述べる[4]。

　「生きがい」とは，自分という人間の存在価値の認識から生じる，「より価値ある人生を創造しようとする意志」のことをいう。

　この定義は，存在価値や人生創造の意志のことと括れるが，某大学の授業後に，学生Ａ が書いた次のレポートの一節とほぼ合わさる[5]。

　私の生きがいは……と考えると，自分のため？ 人のため？ とそもそも生きていること自体の意味を考えてしまって，でも 1 つだけ言えるのは最終的に自分の人生に意味はあったと胸をはって言えるように，これからの人生を生きたいと思っています。

　そして，これを読み終えたとき，武者小路実篤の「甲も生き，乙も生き，丙も生き，全部も生きる。そしてお互いに尊敬しあい，愛しあい，助けあえる。それが自然の我等人間に望んでいる生活方法である。だからその方向に向かって働く限り，すべての人は生き甲斐を感じ得，元気になれる」が想起された[6]。

　あなたの生きがい（your reason for living）は何か？ 何のために生きているのか。また，別の人は何と答えているか。

3　幸福感と人間関係

　武者小路は，「生き甲斐というのも，理屈ではないのだ，生理的にくる実感だ。精神的にそう感じないわけにゆかない自然から与えられた感情だ。だから自ずと元気になり，嬉しくなれば，理屈はどうでも，元気になり，嬉しくなるのは事実として認めないわけにゆかない」という[7]。

　ここに出てくる「実感」「感情」「事実」は，「幸福」「幸福感」または「幸せ」のことを指すとみられる。けれども，宮沢賢治はいう。「世界が全体幸福にならないうちは個人の

第2章　人間関係の心理

幸福はありえない」と[8]。浜矩子もこれに類したことを指摘している[9]。的を射た指摘というほかはない。

「人の痛みがわかる者は，決して相手を不幸にしない。相手を決して不幸にしない者たちで世界が一杯になれば，誰もが幸せになることが出来ます。ですから，人の痛みがわかることこそ最高の幸せの基盤です」「幸せとは，人の痛みがわかることである」

ところで，2014年春，NHKの番組「白熱教室」で幸福学の特集が組まれたが，そこでは今日的権威のあるディーナー（Diener, R. B.）博士が，幸福とは複雑で多角的な現象であるため定義困難とした。しかし，幸福はポジティブな感情とネガティブな感情に関係がある。幸福な人間はポジティブな感情をたくさんもちながら，その一方である程度はネガティブな感情をもっていること，そして，この2つの感情をもった状態で人生に満足している人，これが幸せな人であるとの指摘は示唆的である[10]。

「幸福な人はポジティブな感情と，ネガティブな感情も，少しだけ持ち合わせている」

4　人生の満足度

内閣府が国民に行った調査で，幸福感を10段階で表したものがある。この調査では「あなたは今どれぐらい幸福ですか」という問いで，0点を「とても不幸」，10点を「とても幸せ」として，どの程度幸せかを点数でたずねていた。この調査の結果は，平均6.5点で欧州28ヵ国の平均値6.9点より低かった[11]。

こういった幸福感の測定で，今日最も評価されているのは「人生の満足度測定尺度」の指標[12]である。私たちも，試しに「まったく同意しない」（1点）から「強く同意する」（7点）までの7段階で，次の5つの回答を合計してみよう。

① 自分の人生はだいたい理想に近い

② 自分の人生は素晴らしい状態だ

③ 自分の人生に満足している

④ いままでのところ，自分の人生に望む大切なものは手に入れた

⑤ 人生をやり直せるとしても，自分はほぼ同じ人生を選ぶだろう

結果の見方は，30点以上：人生の満足度が非常に高く，すべての面で上手くいっていると感じている。25点～29点：大体において人生は順調にいっていると感じている。20点～24点：平均的な満足を感じている。そして以下，合計点数が下がるにつれて満足度も下がっていく。

第2項で紹介した学生Aは，レポートで続けて次のように書いている。

　自分の人生満足度は平均程度の幸せを感じる21点でしたが，私の生命は私だけのものではないし，親からもらった大切なものだから，幸せを感じないともったいないし，もっと堂々と幸せって言えるようになることを目標としたいです。

　生きがいと幸福感，そして人生の満足度は，昨日・今日・明日からの私たちの人間関係に依拠することは間違いない。「未来を磨く人間関係力の再生」へ向かわねばなるまい。

（谷川　和昭）

引用文献

(1)島田豊(1979)『学問とはなにか』大月書店, p. 156.

(2)近藤勉(2007)『生きがいを測る——生きがい感てなに？』ナカニシヤ出版。なお, 神谷美恵子の『生きがいについて』はみすず書房から1966年に初版が出版され, 1980年に著作集の第1巻として, 2004年にはコレクションの第1巻として装丁を変えて刊行されている。

(3)熊倉弘(1972)「『生きがい』の構造について」『岩手大学教育学部研究年報』32, 4(1), 36.

(4)飯田史彦(2012)『完全版　生きがいの創造』PHP研究所, p. 639.

(5)2015年7月, 関西福祉大学における筆者の授業「人間関係学」の学生レポートより。

(6)武者小路実篤(1938)『人生論』岩波書店, p. 122.

(7)前掲書, p. 79.

(8)宮沢賢治(1926)『農民芸術概論綱要』青空文庫(http://www.aozora.gr.jp/cards/000081/files/2386_13825.htm)(2016年6月27日閲覧)

(9)浜矩子(2014)「経済学の章　アダム・スミス『国富論』」『別冊NHK100分de名著——「幸せ」について考えよう』NHK出版, p. 77.

(10)NHK(2014)「幸福学」『白熱教室』(http://www.nhk.or.jp/hakunetsu/happy/index.html)(2016年6月27日閲覧)

(11)『日本経済新聞』(2010年4月28日付朝刊)「国民の幸福感6.5点　内閣府, 10段階で初調査」

(12)島井哲志(2015)『幸福の構造——持続する幸福感と幸せな社会づくり』有斐閣, pp. 16-17.

参考文献

秋山智久(2005)「社会福祉実践の視点からの「幸福論」」『社会福祉実践論——方法原理・専門職・価値観(改訂版)』ミネルヴァ書房

神谷美恵子(2004)『神谷美恵子コレクション　生きがいについて』みすず書房

清田麻結子(2014)『文藝別冊　神谷美恵子——「生きがい」は「葛藤」から生まれる』河出書房新社

内閣府(2011)『幸福度に関する研究会報告——幸福度指標試案』

中島義道(2015)『不幸論』(文庫版)PHP研究所

ピーターソン, C.(著)宇野カオリ(訳)(2010)『実践入門 ポジティブ・サイコロジー——「よい生き方」を科学的に考える方法』春秋社

第3章

人間関係の発達

人は, この世に生まれ, そして, 死にゆくまで生涯を通じて成長発達する。その多くは人と人との関係に起因する生活体験や学習体験からの成長発達である。人間関係の発達は, 乳児期, 幼児期, 児童期 (学童期), 青年期, 成人期, 老年期それぞれの発達期における特性を生かした人とのかかわり, すなわち人間関係によって獲得する能力であるといえる。そこで, 本章では, 各発達期の特性を理解したうえで, 人間関係と心理の発達について事例や理論を通じて学びを深めていきたい。

第3章　人間関係の発達

第1節　乳幼児・幼児期・学童期の
　　　　　心理と人間関係の発達

【キーワード】
社会性の発達，可塑性，表情認知

テーマの背景

　乳児期から学童期は，その後の長い人生にわたって人間関係を形成する能力の基礎を身につけるときである。乳児期には最も身近な他者である母親などの養育者との愛着を形成する。幼児期になると，家族，近所に年齢の近い友だちをつくり，学童期には小学校に入学することで，家が離れた友人や年の離れた学校の先生たちとも人間関係を構築する。年齢とともに交際範囲は時間的にも空間的にも広がっていく。

　発達心理学者のエリクソン（Erikson, E. H.）は，乳児期，幼児期などの発達段階ごとにクリアするべき発達課題があると考えた。乳児期にあたる口唇感覚期には，養育者に十分受容され，愛情を受け取ることによって他者に対する基本的信頼を形成することが発達課題となる。この発達課題を達成することができないと，乳児期だけでなく生涯にわたって他者との信頼関係を安定的に結ぶことが難しい。ただし，近年の研究で，人間は一度致命的なダメージを受けても回復する精神力（レジリアンス）があることが示されていることから，エリクソンの考え方は多少固定的すぎるかもしれない。しかし，言語を話すことができない乳児期からでさえ，人間関係を形成することが重要であることは疑う余地がないだろう。

事例・トピック

学童期の可塑性

　学童期は大いなる可塑性をもつ時期であると考えられる。可塑性がよい方向に働くケースは，たとえば発達障害がある子どもに対する介入が，早期から開始されることによって効果が高まることである。幼児期から学童期にかけて，年齢にふさわしい対人コミュニケーションがうまくいかない場合に，発達障害である可能性を考えることがあるだろう。発達障害は，1歳半検診のころから，言語発達の遅れや視線が合わないなどのコミュニケーションの難しさを周囲が感じたことがきっかけとなり，受診し，診断されることが多いようである。このとき，親や家族が早期に障害を受容し，子どもに適切な支援を行うことでその後の社会性能力を伸ばすことにつながる。

第1節 乳幼児・幼児期・学童期の心理と人間関係の発達

　一方で，可塑性が悪い方向に働くケースは，児童虐待による心理的あるいは脳神経へのダメージを受けやすいことである。乳児期から児童期にかけては，養育者との愛着関係を原点として，家族以外へと人間関係を拡大していく時期であることは既に述べたとおりである。しかし養育者の社会的・経済的困難等さまざまな理由によって，不幸にして児童虐待が起きてしまうと，子どもの脳はダメージを受ける。友田（2012）によれば，身体的虐待だけでなく，性的虐待や言葉の暴力などによっても，さまざまな脳領域の萎縮を招き，さらにストレスに反応して分泌されるホルモンが脳全体に影響すると考えられている。さらに，虐待の影響は虐待を受けた時期によっても異なり，青年期よりも学童期で受けた場合に大きく，成人になったあとにも脳の器質的な変化は持続する（友田，2012）。ただし，後天的に受けた脳のダメージであっても，適切な介入によって回復する可能性が示されており（de Lange et al., 2008），これこそが脳の可塑性が我々にもたらす希望であろう。なお，児童虐待の防止については，本書第5章第11節「児童虐待防止への対応」を参照されたい。

演習課題【トレーニング】

（1）乳児をあやしながら，途中で急に真顔をつくってみよう。乳児の表情は変わるだろうか。さらに，真顔になったあと，また乳児をあやす顔にもどってみよう。乳児の表情はどのように変わるだろうか。

解説

　これはstill face法といい（図1），乳児期の対人コミュニケーションの能力を調べる手法として1975年ごろから現在に至るまで多くの研究が行われてきた手法である（Tronick,

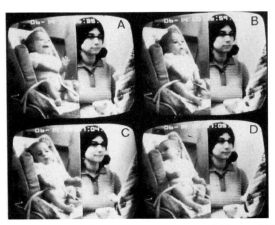

図1　still face法（Adamson and Frick, 2003; p. 459）

第3章　人間関係の発達

Als, Adamson, Wise, and Brazelton, 1978)。乳児は言葉を理解しないが，他者の視線の向きや表情の変化に敏感に応答する。それまで自分に笑顔で接していた他者が，急に無表情になることで，乳児の表情がこわばる，あるいはよそを向いたり，つまらなさそうにする様子が感じられる（Adamson and Frick, 2003）。これは乳児が，他者の表情が笑顔か真顔かを読み取っていることを表している。さらには，他者の表情に応じた何らかの感情的な応答をしていることもわかる。

ほかにも，乳児期の愛着形成を確認するための手法として，ストレンジャー・シチュエーション法（Ainsworth and Bell, 1970）がある。

① ストレンジャー用　子ども用おもちゃ　母親用　ドア
実験者が母子を室内に案内，母親は子どもを抱いて入室。実験者は母親に子どもを降ろす位置を指示して退室。(30秒)

② 母親は椅子にすわり，子どもはおもちゃで遊んでいる。(3分)

③ ストレンジャーが入室。母親とストレンジャーはそれぞれの椅子にすわる。(3分)

④ 1回目の母子分離。母親は退室。ストレンジャーは遊んでいる子どもにやや近づき，はたらきかける。(3分)

⑤ 1回目の母子再会。母親が入室。ストレンジャーは退室。(3分)

⑥ 2回目の母子分離。母親も退室。子どもはひとり残される。(3分)

⑦ ストレンジャーが入室。子どもを慰める。(3分)

⑧ 2回目の母子再会。母親が入室しストレンジャーは退室。(3分)

図2　ストレンジャー・シチュエーション法（繁多，1987; p. 79)

10〜11ヵ月の乳児を対象とした実験で，図2のような手続きでなされる。

実験室で，子どもと母親を分離・再会させる場面をつくり，その分離・再開時に子どもが見せた反応から，愛着の質的な差を調べる手続きである。安定した愛着が形成されていれば，分離時には泣くなど不安な様子をみせ，再開時には母親との身体接触によって容易に落ち着く様子がみられるという。

生後12ヵ月になるころには，社会的参照の能力が身につくと考えられている。図3は，視覚的断崖と呼ばれる装置であり，市松模様の床に乳児をおいて，ガラス張りになっている床（視覚的断崖）を乳児が渡るかを観察するために用いられる。下に市松模様が透けて見える，ガラス張りの床までくると，乳児は急に足をとめる。ガラスの上に片足を乗せて，ガラスをたたいてみることで，そこに乗っても安全かを確かめる。

第1節　乳幼児・幼児期・学童期の心理と人間関係の発達

図3　視覚的断崖の実験場面
（今田ほか，1986; p. 58）

このとき，ガラス張りの床の前方には，母親などの養育者がいる。養育者は，乳児に対して笑う，または恐怖の顔を見せる。笑いかけると，顔を見て，一見，危険に見える断崖でも渡る乳児は多い。

ソースらの実験では，母親の笑顔をみた19人の乳児のうち14人，実に74％が断崖を渡ったという。一方で，母親の恐怖の顔を見た17人の乳児は，1人も断崖を渡らなかった（Sorce, Emde, Campos, and Klinnert, 1985）。

表情を読み取る力は幼児期，学童期にかけて発達し続ける。とくに怒りや嫌悪といった否定的な感情を表す表情の発達は幼児期後半にめざましい。

ただし，虐待を受けた子どもは怒り顔に対する過敏性が増してしまうという報告もある（Pollak and Kistler, 2002）。乳児期から学童期の子どもをとりまく人間関係を整えることが，その後の人生で適切な人間関係を形成する土台となる。

（市川 寛子）

参考文献

今田寛ほか（1986）『心理学の基礎』培風館
友田明美（2011）『いやされない傷——児童虐待と傷ついていく脳』診断と治療社
繁多進（1987）『愛着の発達』大日本図書

Adamson, L. B., and Frick, J. E. (2003) The still face: A history of a shared experimental paradigm. *Infancy* 4(4), pp. 451–473.

Ainsworth, M. D. S., and Bell, S. M. (1970) Attachment, Exploration, and Separation: Illustrated by the Behavior of One-Year-Olds in a Strange Situation. *Child Development* 41(1), pp. 49–67.

de Lange, F. P., Koers, A., Kalkman, J. S., Bleijenberg, G., Hagoort, P., Van Der Meer, J. W. M., and Toni, I. (2008) Increase in prefrontal cortical volume following cognitive behavioural therapy in patients with chronic fatigue syndrome. *Brain*, 131(8), pp. 2172–2180.

Pollak, S. D., and Kistler, D. J. (2002) Early experience is associated with the development of categorical representations for facial expressions of emotion. *Proceedings of the National Academy of Sciences* 99 (13), pp. 9072–9076.

Sorce, J. F., Emde, R. N., Campos, J. J., and Klinnert, M. D. (1985) Maternal emotional signaling: Its effect on the visual cliff behavior of 1-year-olds. *Developmental Psychology* 21(1), pp. 195–200.

Tronick, E., Als, H., Adamson, L., Wise, S., and Brazelton, T. B. (1978) The infant's response to entrapment between contradictory messages in face-to-face interaction. *Journal of the American Academy of Child Psychiatry* 17 (1), pp. 1–13.

●第3章　人間関係の発達

第2節　青年期の心理と人間関係の発達

> **【キーワード】**
> 人間的成長，精神的成熟，共感的態度

テーマの背景

　エリクソン（Erikson, E. H.）は青年期の発達課題をアイデンティティ（自我同一性）の確立とした。これは，人生における自分の核となる自我のことである。アイデンティティの確立には，自分自身の特徴を把握し，自分自身で生きているという内面的な側面（個性化）と，社会の一員として他者と協調し生きる社会的な側面（社会化）をうまく調和させ，精神的・心理的に自立することが青年期の大きな課題である。

　青年期は男女とも性的な体の特徴が現れる第二次性徴と，自分自身の自我の目覚めという心理的変化が現れる。とくに自我の目覚めは親から自立し，自分自身の判断で行動しようとする現象である。ルソー（Rousseau, J. J.）は著書『エミール』のなかで，第二の誕生と表現した。第二の誕生により，自分自身の人生に目覚めると同時に傷つきやすい心の動揺の時期を迎える。劣等感，孤独感，不安感などさまざまな悩みを抱えつつ，それらを克服する過程で，優れた人間性を育んでいく。

　自分探しはただ自分のことを考える作業ではない。自分を探せば探すほど自分がわからなくなる。そのような自分探しは必ず失敗する。青年期の自分探しは，活動することである。勉強，部活，恋愛や遊び，喧嘩などを体験しながら自分自身を見つけていく。

　なかでも中高生（または大学生）の恋愛相談は意外と多く，非常に興味深い。青年期の恋愛体験から，劣等感，孤独感，不安感やさまざまな悩みを抱えながら，それらを克服する過程のなかで優れた人間性を育むことができるからである。

事例・トピック

事例①

　彼女の行動に嫉妬してしまいます。私の男友だちのことを下の名前で呼び捨てすることに不満を覚えます。男性を下の名前で呼び捨てするのは身内かパートナー，もしくは幼馴染くらいにしてほしいです。まして彼女はその男友だちとは会ってまだ1年ちょっとくらいなので嫉妬してしまいます。浮気をしているのではないか，彼女にその男の子をとられるのではと思ってしまいます。男友だちといるときは，LINEで画像を送ってもらわない

第2節　青年期の心理と人間関係の発達

と不安でたまりません。

事例②

　男女仲が良いサークルなので，どんどんサークル内でカップルが増えていきました。私も例にもれずサークル内で彼氏ができて仲良くしているのですが，ほかのカップルたちに対して，「早く別れればいいのに」と心のどこかで思ってしまいます。私は彼氏のことがとても大事だし，ほかのみんなもそれぞれの相手のことは同じようにすごく大事に思っていると思います。みんなからどう思われているのかもすごく気になります。それはみんな同じだと思います。しかしその気持ちに反して，心のどこかで，ほかのカップルが仲良くしているのが気に入らないのです。私が付き合っている事実が薄れるようなそんな気持ちになります。そんなはずはないのに，素直にほかの人たちを応援できない自分が嫌です。

演習課題【トレーニング】

　青年期における恋愛関係の経験は，青年期の人間的成長や感情の制御，精神的成熟にも役立つ。恋愛をしている人の心的プロセスとして起こる安定的信頼感の形成は，恋愛関係を通した精神的成熟の表れの1つとして考えることができる。

　人間関係士は，人間に関する深い理解・洞察を踏まえ，自らを含めた人間存在や人間観，自己責任の在り方を追求していくことが期待されている。こうした期待に応えるために人間関係士は恋愛問題を抱えた中高生（または大学生）にどう向き合うべきだろうか。

解説

(1) 青年期の恋愛感情の特徴

a　独占欲

　青年期の恋愛感情の特徴として，好きな異性を自分だけのものにしたいという独占欲がある。恋愛関係における相手への不満として，私はあなたに勝手に所有されているものではないという言い分もあるが，青年期の恋愛では俺の彼女・私の彼氏という言葉にも象徴されるように，自分だけが所有している大切な相手・ほかの人に触れられたくないもの（他人に親しく話しかけられるだけで嫌なもの）としての側面が強く出てきやすくなる。

　思春期の恋愛では，事例からもわかるが，「恋人が自分以外の異性の話をするだけでも不快」「異性の友人とちょっとおしゃべりしているだけでも浮気を疑う」「異性の知人と食事や外出などをするのはもう裏切り行為と同じである」といった過度の独占欲や嫉妬心をむき出しにして，相手を自分だけの所有物のように独占しようとする人も少なくない。大人の恋愛や夫婦関係にもこの独占欲は残り続けており，恋愛関係や男女関係には半ば不可

77

避な特徴として独占欲・排他性・嫉妬心がついているといえる。

b　他者の評価を気にする繊細さと羞恥心

　恋愛をする世代になると，それまではわいわいと騒いでいるだけだった男子や女子が異性からの眼差し・異性からの自分の印象の評価を敏感に気にするようになってきて，他者の評価を気にする繊細さや羞恥心などの特徴が現れやすくなってくる。好きな異性から自分の外見・印象についてちょっと意見をいわれただけでも敏感に反応しやすくなる。

　女性の場合であれば，女性らしさのジェンダーに適応する側面が増えてきて，それ以前の男子とあまり変わらなかった乱暴な態度や振る舞い・物言い・行動なども顕著に減少する。そして，女性らしくなる振る舞いや性的要素のある言動・恰好に羞恥心を感じるようになるのである。

c　強迫性と執着心

　恋愛感情はそれ以外の感情と比較すると一般的に激しく，自己制御が難しい。思い出したくなくても好きなその人のことを思い出してしまうという強迫観念（執着心のようなもの）めいた要素もともなっている。恋愛感情の特徴ともいえる強迫性と執着心は，自分の思い通りにならない相手に対する怒り，DV，ストーキングなどに発展してしまうこともある要素であることも知っておく必要がある。

d　感傷性

　恋愛は明るくて心地よい側面ばかりではなく，思い通りにならない相手・関係で落ち込んだり傷つけられたり，切なくて苦しい思いに耐えたりといった側面もある。好きな相手に何とかして自分を愛してもらいたい，好きな相手と絶対に別れたくない（他の人から好きな人を取られたくない）と思う恋愛は，ときに青年期の人を感傷的にして深く苦しませたり悩ませたりするが，そのようなほかの経験では得ることのできない感傷性，切なさという恋愛感情の特徴も人間的成長を促す要因の1つになっている。

(2)　青年期の人間的成長・精神的成熟を目指して

　恋愛のなかで感じることがある「恋人が誰かと浮気をしているのではないか」「自分との関係が冷めてきているのではないだろうか」などという不信感を克服することで，安定的な信頼感やパートナーシップを維持していく人間的土台が形成されやすくなるのではないか。長い間，持続的に人間関係を維持していくということは，その間に起こる大小を問わず対立や喧嘩，価値観の相違，突発的なトラブル，別れの危機などを2人で乗り越えていくきっかけになりやすいもので，人間的成長・精神的成熟につながることもあると思う。

　人間的成長・精神的成熟は，継続的な人間関係にともなうさまざまな体験と変化への適応を通して実現されるものである。とくに青年期の恋愛では，今までよりも自分の価値

観・世界観が広がった，他人の立場に立って物事を考えることができるようになってきた，社会的活動やイベントなどでより積極的になることができるようになったなどの面で人間的成長・精神的成熟が実感しやすくなる。

　恋愛関係は恋人と上手につきあいを続けるため，自分だけが楽しければよいという自己中心的価値観からの転換を促す。さらには，相手の立場に立って何をすれば喜ばれるかを考えてみる想像力や協調性を高める可能性もあるだろう。

　青年期の恋愛では，恋人に対する激しい感情や欲求に翻弄されながらもその恋人と長く付き合うために自分は何を頑張ればいいのか，自分のどこを変えればいいのかを真剣に考える絶好の機会であるといえる。

まとめ

　人間関係士は青年期の恋愛感情の特徴を理解したうえで，青年の話を共感的態度で受け止める必要がある。共感的態度とは，真摯に話を聴く姿勢に表れる。青年の話を最後まで聴き，その悩みや苦しみを一緒になって考えていこうという気持ちで臨むことである。

　とくに恋愛相談では，相談を受ける者が知らない世界や経験したことのない内容もでてくる。なかには，一般的に不適切な関係や反道徳的なものもある。しかし，恋愛当事者にとって，それはあまり重要なことではない。それを承知のうえで話を聴いてほしいわけである。恋愛が教えてくれたことが何だったのか，中高生（または大学生）がいつか振り返ることができるようにサポートすることも人間関係士に課せられた役割の1つかもしれない。

（杉山 雅宏）

参考文献

伊藤美奈子（編）（2006）『思春期・青年期臨床心理学』朝倉書店

エリクソン，E. H. （著）小此木圭吾（訳）（1973）『自我同一性——アイデンティティとライフサイクル』誠信書房

大野久（編）（2010）『エピソードでつかむ青年心理学』ミネルヴァ書房

第3章　人間関係の発達

第3節　成人期の心理と人間関係の発達

【キーワード】
価値観，相互理解，役割期待，地域社会

テーマの背景

　成人期の期間は長く，23歳から65歳ぐらいまでの段階とされている。これまでの幼少期から青年期にいたる成長過程において獲得してきたことは，成人期への準備期であるともいえる。本来，成人期になると人の生活習慣やアイデンティティ，価値観，偏見などはおおよそが確立されているといっても過言ではない。このことが，成人期の人間関係に大きな影響を及ぼすのである。

　たとえば，成人期は仕事（就職），結婚などこれまでと違った人間関係を構築することが求められる。仕事では，学生時代のように気の合う仲間，価値観を共有する人とだけ付き合えばよいというわけにはいかない。社会や組織の一員として，それぞれ（自分自身や他者）の立場や役割を理解したうえで，価値観や世界観の違う人々と良好な人間関係を構築していく必要がある。また，結婚を機に家庭を築くことになる。夫婦とはいってもそれぞれ異なる環境のなかで生活してきた者同士が1つの家庭を築くためには，両者の協力と相互理解が必要である。そこには，家庭内人間関係というものが生まれてくる。この家庭内人間関係を良好に築くためには，互いが1人の人間として違いを認め合い，尊重することも必要である。

　つまり，成人期はこれまで築きあげた価値観や物の見方，考え方を自己覚知すること，かつ，自身を認めたうえで，他者を承認することが良好な人間関係を構築するうえで重要な視点となる。そこで，本節では，成人期の心理と人間関係の発達について，事例を用いながら解説していく。

事例・トピック

人間関係に疲弊していく保育士

　まず，1つの事例を紹介しよう。現在，保育業界では人手不足が問題になっている。その理由の1つとして，保育士の離職が挙げられる。離職理由の1つに保育者間の人間関係や保護者との人間関係の問題がある。全国保育士養成協議会専門委員会による2009年「指定保育士養成施設卒業生の卒後の動向及び業務の実態に関する調査報告書1」[1] では，

第3節　成人期の心理と人間関係の発達

卒業後2年目の退職者の理由で最も多いのが「職場内の人間関係」で40％となっている。これは，そのほかの理由と比べても高い値となっている。保育現場では，新人保育士に対して我慢が足りない，コミュニケーション能力がない，保護者と上手くかかわることができないなどの声が多く聞かれる。果たして，この人間関係に起因して職場を辞めていくのは，保育士のコミュニケーション能力や対人関係能力が不足しているからだけであろうか。筆者はここに社会が抱える視点の欠如があると考えている。それは，人間関係力（良好な人間関係を構築する力ともいう）の視点である。職場全体が職場風土として良好な人間関係を構築するための手立てを考えているか，という点である。これは，保育業界だけに留まらず，企業などでも同様である。

　つまり，成人期の人間関係はこれまでのような，価値観が合う人とかかわるだけでなく，さまざまな価値観や世界観をもった人々とかかわりをもつ必要がある。自己の個性や特性を認めてもらうこともあれば，否定されることもある，そのようななかで，自己のアイデンティティを確立し，かつ，他者との相互理解のもと良好な人間関係を構築する技術が求められる。

演習課題【トレーニング】

　成人期に他者との良好な人間関係を構築するためには，どのような手立てや仕組みづくりが必要であろうか。職場，家庭，地域社会のなかでの取り組みを自分の視点と他者の視点から考えてみよう。

解説

　成人期の人間関係の発達課題は，職業（仕事）と結婚，それによる社会生活が重要で主要な課題となろう[2]。以下では①職場（仕事），②家庭（家族），③地域社会の3つの場面で解説をしていく。

　まず，①職場（仕事）での人間関係の発達について考える。職場では，一人ひとりが社会の担い手，働き手として責任のある行動が求められる。他者と協働し支え合いながら，新しい価値を生み出したり，サービスを提供したりと社会的価値を生み出していく[3]。そこでは，社会学でいう地位と役割，役割期待の関係を認識することが必要になる。職場における地位とは上司と部下，新人とベテランなどの関係であり，フォーマルな関係である。地位には役割が付随する，上司の役割，部下の役割，新人の役割がそれである。また，役割には期待が生じ，それが，役割期待である。役割期待を破った場合に良好な人間関係の構築が困難になるといえる。たとえば，上司は部下に「報告・連絡・相談」することを期待し，それが役割期待となる，しかし，適切に役割を遂行できない場合は，社会的制裁

第3章　人間関係の発達

（ペナルティや叱責など）を受ける，ということになる。つまり，職場内の人間関係はそれぞれが自身の地位と役割を理解し，期待される取り組みができるようにすることが必要となる。同時に，人間関係を意識した職場風土を構築していくことも重要である。問題を個人だけに求めるのではなく，職場全体で問題を見つめ直し，その解決を図るための手立てを考えることも有効である。たとえば，上司が部下へのかかわりとして，指示命令だけでなく，コーチング理論やソーシャルワーク理論を取り入れることで，部下のやる気を引き出すなどがその一例であろう。

　次に，②家庭（家族）との人間関係の発達について考える。結婚し家庭をもつということは，家族のライフサイクルの始まりでもある。結婚から出産，子育てと家庭における，それぞれの発達課題が生まれてくる。それは，夫婦関係，親子関係，地域社会との関係などでもある。先述したように，それぞれの関係に地位と役割が存在し，役割期待があるといえる。たとえば，妻は，子どもが生まれたら，家事や育児に協力してくれるだろう，と夫に期待し，夫は，子育てよりも経済的に安定するためにより一層仕事に励み，家事や育児にあまり協力的になれない場合など，互いの価値観の違いを理解したり，相手の立場になって話し合ったりする必要がある。そのときの視点としては，両者が互いに承認することの重要性を認識しておくことである。ただ批判的に他者とかかわりをもっても関係は悪化するだけである。つまり，他者の思いに耳を傾け，受容と共感の姿勢で対応することが求められる。特に近年の子育てや子どもが育つ環境は決して良好であるとは言い難い。子育ての孤立，子育て不安など子育て期の親は少なからず課題があることを理解しておくことも大切である。

　そして，③地域社会での人間関係の発達についてである。職場にしても家庭でもそれはある意味，社会に存在している。とくに家庭と地域社会は密接な関係をもっている。成人期の家庭にとっての地域社会は生活の主要な場でもあり，地域の仲間としての所属集団を見つける場所でもある[4]。それは，地域社会で安心安全な居場所があると同時に，互いに協力し合う環境があるともいえる。つまり，成人期は地域社会においても地位や役割を担う時期である。たとえば，町内会役員としての地位と役割がある。服部祥子[5]が「世話すること（care）」も成人期の最も似合う行動様式であると指摘しているように，子どもを世話する，地域の世話をする，といった自分の存在をつくり活動を展開することも，成人期であるといえる。このような地域社会における自身の存在と世話をすることも1つの発達課題といえる。ミルトン・メイヤロフ[6]が，他者へのケアをすることにより，私たちは存在していると指摘するように，世話とは一方通行ではなく，世話をする，世話をされるとは相互行為であり，互いが世話をされているともいえる。ボランティア活動でも，ボランティア活動を行う者自身が癒やされるというのはこのように相互作用，あるいは相

互補完的な意味合いをもつからである。つまり，成人期の地域社会とのかかわりは，地域社会の発展と創造，地域で生きるすべての人々の幸福を目指した活動であるといえる。このことがひいては，自身の幸せ，自己実現につながるのではないだろうか。

まとめ

　これまで，成人期の心理と人間関係の発達について，職場，家庭，地域社会の３つの視点から考察してきた。この３つの視点がそれぞれ独立しているのではなく，相互補完的に相互作用することで成人期の人間関係が発達する。そこでは，自分と他者の関係性，互いの働きかけがあり，その働きかけのあり方を学び実践していくことが必要である。そこで最後に繰り返しになるが，この相互の働きかけこそが，役割期待であり，自分に求められる役割と他者からの期待を認識し理解することが重要である。それは，職場内人間関係でも家族関係，地域社会での人間関係も同じである。互いに他者を尊重し受容と共感の気持ちをもって対応することが，成人期の人間関係の発達においては重要な意味をもつのである。

（永野 典詞）

引用文献

(1)一般社団法人全国保育士養成協議会専門委員会(2009)「指定保育士養成施設卒業生の卒後の動向及び業務の実態に関する調査報告書 I──調査結果の概要」『保育士養成資料集』50, pp. 246-327.

(2)小塩真司(2014)「第10章　成人期」大藪泰・林もも子・小塩真司・福川康之(著)『人間関係の生涯発達心理学』丸善出版, p. 119.

(3)片岡彰(2012)「青年期・成人期・老年期の発達の特徴」本郷一夫(編)『保育の心理学 I・II』建帛社, pp. 58-59.

(4)小塩真司(2014)「第10章　成人期」大藪泰・林もも子・小塩真司・福川康之(著)『人間関係の生涯発達心理学』丸善出版, p. 20.

(5)服部祥子(2010)『生涯人間発達論　第2版──人間への深い理解と愛情を育むために』医学書院, p. 149.

(6)メイヤロフ, M.(著)田村真・向野宣之(訳)(2001)『ケアの本質──生きることの意味』ゆみる出版, pp. 196-197.

第3章　人間関係の発達

第4節　高齢期の心理と人間関係，ボランティア活動

【キーワード】
高齢期の心理の特徴，高齢期の人間関係の特徴，高齢期のボランティア活動，
高齢者と子どもの統合ケア

テーマの背景

1　高齢期とは

　人間のライフステージにおいて高齢期はまさに個々人にとって集大成ともいうべき期間である。おおよそわが国では65歳以降であると認識されている。これはWHO（世界保健機関）において世界の人口動態を推し量る際の基準とされていることに由来しているようである。周知のとおりわが国は世界でトップクラスの長寿国であり，高齢社会である。平均寿命は男女ともに80歳を超え100歳を超える高齢者も6万1,568人いる（2015年現在）。

　また高齢期は社会の生産活動の第一線から退き，新たな人生の局面を迎えるということからも「第2の人生の出発点」といわれている。この新たなステージでは，ゆったりとした時間のなか，家族との団らんや，それまでにはできなかった親しい仲間との旅行，映画鑑賞や読書といった文化的活動，また地域におけるボランティアなどの奉仕活動に時間を費やすことができるだろう。しかし一方では親しい仲間との死別，自身や配偶者の介護の必要性，また老化にともなう健康問題など，さまざまな課題に直面する期間でもある。

　このようなことから高齢期とは長期間におよぶ，ゆったりとした自由な時間の流れのなかで，さまざまな活動に身を投じることができる一方，多様な課題にも直面する期間であるといえるだろう。

　以下，ここでは高齢期における心理的傾向や人間関係また社会活動（主としてボランティアへの参加や意識）の実際について理解することを目的としたい。

2　高齢期における心理的傾向の理解

　高齢期の心理を捉える際，注意しなくてはならないこととして，そこには一般的な高齢期の心理特性傾向があると同時に，長年の人生経験とその個人差から生じる独自な心理的傾向があるということである。前者は老化にともなう心理的な変化，特性を意味し，後者は，人間は環境的な要因により変化，発達するという視点である。このような複眼で高齢

期の心理を捉えるべきであろう。

(1) 老化にともなう高齢期の心理

まずは一般的な高齢期の心理状態について理解されている傾向についてふれることとする。たとえば，視力や聴力といった感覚機能の低下は「見えにくさ，聞こえにくさ」として現れる。そのことがその程度によって差はあるものの円滑なコミュニケーションに影響を与え，人間関係を消極的にする要因となると考えられる。とくに筋力低下や骨関節系の痛みなどによって不活発となることが，さらに運動機能を低下させ，外出が億劫になり，今まで行っていた趣味や活動から身を引かせる要因ともなりうる。それは外界からの脳への刺激の減少を引き起こし，認知機能の低下，ひいては認知症におよんでしまう。このような高齢期の健康状態の良し悪しは，幸福感や生きがいの程度に影響をおよぼすことがわかっている。

このように老化にともない今までできていたことができなくなっていく体験がネガティブな心理状態を生み出し，今まであった人間関係や社会活動に影響をおよぼすのである。またここで留意すべきは，老化によってできなくなることが増えたとしても，そのことを補完する支援体制や機会・場，また支援者がいることで，高齢期において充足感をもちつつ「質の高い生活（Quality of Life）」を実現できるものと考えられる。

(2) 環境面からとらえる高齢期の心理的傾向と人間関係や生きがい

高齢期を生きる人たちを取り巻く環境について，ソーシャルワークにおいては，社会資源，人間関係，情報，その人の強み・長所（ストレングス），ひいては被援助者自身をも環境と捉えている。このような視点は非常に重要で，「歳をとるとできないことばかりだ」という当事者の認識を「歳をとってもできることがたくさんある」というポジティブなものへと変容させる可能性を秘めているからである。

ひとつその基盤となるであろう高齢者の人間関係について，「平成20年度版高齢社会白書」によると，心の支えとなっている人（複数回答）として，配偶者あるいはパートナー（64.0％），次いで子ども（養子を含む）（53.2％）であり，孫（18.4％）と，家族がその中心を占めている。なお，家族以外では親しい友人・知人（13.1％）が最も多い状況であった[1]。

また高齢者の生きがいや余暇活動について「平成25年度版高齢者の地域社会への参加に関する調査」によると，生きがいを感じている高齢者は全体の約8割と高い傾向にあり，その内容（余暇活動）は，①孫など家族との団らん，②友人や知人と食事，雑談をしているとき，③美味しいものを食べているとき，④健康増進やスポーツに集中しているとき，などとの回答が多くを占めている[2]。

これらの結果からネガティブな心理状態に陥りがちな高齢期において，高齢者は家族や

第3章　人間関係の発達

友人を心の支えとし，それらの人々と交流を図り，生きがいを見出だしている。そして重要なことは，これら高齢者が築き上げてきた人間関係や社会関係を維持しつつ，そのことを継続するための支援体制の構築が挙げられるだろう。

事例・トピック

高齢者と子どもがつながっていく社会の重要性

高齢期を豊かなものとする活動としてボランティアに限らず，多様な世代間の交流，とくに孫世代との交流を挙げることができる。それを象徴するように，育児を行う祖父母を「イクジイ」「イクバア」と呼んでいる。またNPO法人エガリテ大手前では祖父の孫育てを資格化し，独自の講習（カリキュラム）を修了した者に「祖父（ソフ）リエ」資格を付与している。このような社会的な動向は一種の流行として注目されているが，そもそも子どもと高齢者のかかわり合いは日常的にあったものだった。しかし少子・高齢化にともなう社会構造の変容により，普通にあった「つながり」が分断されてしまったといえよう。それは文化の伝承や人間の創造性の分断というきわめて深い次元での出来事であるといえるだろう。そのような機会の喪失は，わが国において大きな損失となるであろう。よってそのような危機的な状況を打開する仕掛けづくりが求められている。その一例として，「幼・老複合施設」と言われる保育所と高齢者施設（デイサービスなど）両者の機能を兼ね備えた施設での交流が進められている。そもそも高齢者と子どもを対象とする施策は，その相違性から独自の専門性を確立する道をたどってきた歴史がある。社会福祉でいえば児童福祉と老人福祉それぞれの施策のもと，それぞれの専門性を確立させてきた歴史である。しかし現在，一度分断され，それぞれの分野で構築された専門性を新たにつなげていく実践と理論の確立が，支援者・機関のみならず，広く社会においても求められる重要な視点ではないだろうか。

演習課題【トレーニング】

高齢期の人間関係の構築や社会とのつながりについて，どのような取り組みが必要かを考えてみよう。

解説

高齢期のボランティア活動

高齢者は支援を必要とする対象者という側面ばかりでなく，自身でその生活をよりよいものへと変えることのできる当事者であるとの認識をもつことができる。その可能性の一端を垣間見ることができる機会が，高齢期におけるボランティア活動である。ボランティ

第4節　高齢期の心理と人間関係, ボランティア活動

アの概念は一般的に「主体性」「公共性」「無償性」, さらには「創造性」「継続性」などがその基本性格として理解されている。まさに高齢者の主体的な社会への貢献活動を実現するものであるといえる。そのボランティア活動は多様な分野や内容にまでおよんでいることから高齢者の知恵が大いに活かされる機会となりうる。そのなかで「高齢者対策基本法」において, その第11条2項では「国は活力のある地域社会の形成を図るため, 高齢者の社会活動への参加を促進し, ボランティア活動の基盤を整備するよう必要な施策を講じるものとする」としており, 高齢者の積極的なボランティア活動の必要性と, その条件整備について言及している。さらにいえば, それら使命は高齢者に広くまた, 大きく期待されているということであろう。ではその実際に目を向けると「平成23年度版厚生労働白書」において, ボランティア活動を最も行っている世代は60代であり全体の40.9%に達しており, 次いで70代の22.5%であり, 両者を合わせると全体の6割を超える状況をうかがい知ることができる[3]。

　また, ボランティア活動の内訳として「高齢者の生活と意識に関する調査（2009）」によると, ①近隣の公園や通りなどの清掃などの美化活動, ②地域行事やまちづくり活動, ③趣味やスポーツ, 学習活動などの指導, ④自分の趣味や技能などを生かした支援活動, ⑤高齢者や障害者の話し相手, 身のまわりの世話, などが挙げられている[4]。

　このように高齢者は, まさしくボランティアの概念に基づき, 広く多様な活動を展開していることをうかがい知ることができる。

（仲田 勝美）

引用文献

(1) 内閣府 (2008)『平成20年版　高齢社会白書』(http://www8.cao.go.jp/kourei/whitepaper/w-2008/zenbun/html/s1-2-5-01.html) (2016年11月17日閲覧)

(2) 内閣府 (2009)『平成21年度　高齢者の日常生活に関する意識調査結果（全体版）』(http://www8.cao.go.jp/kourei/ishiki/h21/sougou/zentai/index.html) (2016年11月17日閲覧)

(3) 内閣府 (2011)『平成23年版厚生労働白書』(http://www.mhlw.go.jp/wp/hakusyo/kousei/11/) (2016年11月17日閲覧)

(4) 内閣府 (2013)『平成25年度　高齢者の地域社会への参加に関する意識調査結果（概要版）』(http://www8.cao.go.jp/kourei/ishiki/h25/sougou/gaiyo/index.html) (2016年11月17日閲覧)

第4章

教育と人間関係

本章では，保育園から大学までの教育と人間関係について論じている。現在，教育のパラダイムが大きく転換しているため，全執筆者がそのことに錘鉛（すいえん）を降ろしつつ，自らの世界の新たなパースペクティブを論じている。内容は多岐にわたるが，全員に共通していることは，自らの教育実践・臨床を基盤として論を立てていることである。それは，日頃，児童・生徒・学生に対して深い学びを行う認知的サポートと同時に，信頼関係を構築する情緒的サポートを実践していなければ不可能なことである。つまり，すべての執筆者が児童・生徒・学生の成長を温かく見守り・励まし・相談にのるメンターでもある証左である。そのような眼差しを感じながら論を紐（ひも）解いていただければ幸いである。

第4章　教育と人間関係

第1節　保育における人間関係とは

【キーワード】
幼稚園教育要領など，5つの領域，インクルーシブ保育，ノーマライゼーション

1　幼稚園，保育所，幼保連携型認定こども園における「人間関係」の取り扱いについて

　日本の保育は，国の定める保育内容の基準として，幼稚園教育要領（幼稚園），保育所保育指針（保育所），幼保連携型認定こども園教育・保育要領（こども園）が公示されている。そのなかで，子どもが環境にかかわって活動しながら，その活動のなかで，どのように育っているのかを確認する視点として「健康」「人間関係」「環境」「言葉」「表現」の5つの領域を示している。「人間関係」は，人が社会のなかで生きることにおいて重要として捉え，ほかの4つの領域すべてにかかわる基礎となっている。

　保育での「人間関係」で重要なことは，集団にうまく順応していけるようになるということではない。子ども同士が，豊かなかかわりをもち，育ち合う集団となることである。現在の地域社会の状況では，地域で子どもが集団で過ごすことはあまり見られない。幼児期に子ども集団に触れる，地域で同年代のほかの子どもと出会うことさえ見られなくなり，幼稚園や保育所，こども園のなかでのみ子ども集団として成立することが普通になってきている。地域で友だちと遊ぶこともあまりないという状況のなか，園での子ども集団における「人間関係」はとても重要なものになってきているといえる。

2　子どもの気持ちに向き合う──大人と子どもとの人間関係

　子どもの気持ちに向き合うことは，容易ではない。乳幼児ではなおのこと，子どもが獲得している語彙の量からしても詳細な想いや気持ちを相手に伝えることは難しいのである。保育事例を通してそういった子どもの想いに触れてみることにする。

　幼稚園の年中クラスに，意味のある言葉はなく「あ～」という発声のみ，オムツを使用していて衣服の着脱などすべてを保育者が手伝っている女の子Aちゃんがいる。Aちゃんにかかわりを求めてくるBちゃんという女の子が来た。

　「ね～。どうしてAちゃん，年中なのにオムツしているの？　変なの」と保育者に聞いてきた。「Aちゃんは今，練習しているのよ。おしっこを自分でできるようになるといいね」と保育者が答えると，「でも，年中でしょ？　赤ちゃんみたい。変なの」とBちゃんは

90

いい，その場を離れて行った。もちろん，Ａちゃんもその会話を聞いていた。

　また，クラスで絵本の読み聞かせをしていると，その楽しさを「あ〜あ〜」と声を出して表現するＡちゃんに対して，Ｂちゃんは「あ〜，うるさい。全然聞こえない。もー‼」と，怒りだした。怒ったような顔をしながら発したＢちゃんの言葉に，保育者は一瞬どのように対応しようかと考えた。しかし，あまりの強い口調に保育者は絵本を読むことをやめ，「Ｂちゃん，何だかすごく怒っているみたいね，Ｂちゃんのいい方が先生，ちょっと怖かったな……」と保育者は気持ちを伝えた。

　保育者は「そんなことをいったらかわいそう。仲良くしよう」というのではなく，なぜそのような気持ちになったのかを考えることにした。保育者のなかでは，「ただ，Ａちゃんのことがいやなのではなく，幼稚園生活や遊びのなかで満足していないのではないか。Ａちゃんのことが気になってはいるが，どうかかわろうか，表現しようかと戸惑っているのではないか」という思いになった。Ｂちゃんと保育者との人間関係から，幼稚園生活を楽しむということを，もう一度見直すことにした。無理に二人の関係を保育者がつくって「仲良し」にするのではなく，子ども一人ひとりがまずは自分自身の生活を充実させることで相手の様子・姿・気持ちに気づくと考えたのである。

3　インクルーシブ保育からみた子どもの多様性と人間関係

　先ほどの事例では，クラスにおける子ども同士の人間関係から，保育者が４歳の女の子の内面の想いに気づいていった。そこで得られた気づきは，子どもの表面的な言葉のみを読みとることではなく，そのときのその内面に触れることで，子どもと向き合うことができたのではないだろうか。

　園のなかにはさまざまな子どもたちが日々ともに生活している。そのなかで，互いにいろいろな思いを感じて表現している。「仲良く，やさしく」という思いだけではなく，素直に感じたこと（よいことばかりではなく，大人からみてマイナスと思えることも含め）を表現できる場が大切である。ＢちゃんはＡちゃんに対してマイナス的な発言をしたが，その出来事だけに目をとめず，まずはＢちゃんが幼稚園生活を十分に楽しんでいるかをあらためて見直すことから始めた。また，保育者とよい関係を築いているかを見直すことが大切であると感じた。そのなかで充実した園生活を重ね，友だちの姿，友だちへの思いも気づいていくのだと思ったのである。

　子どもの世界での人間関係や多様性を考える際には，インクルーシブ保育の視点が重要となる。インクルーシブ保育とは「包括保育」と訳され，すべての子どもを包み込む保育のことをいう。このような保育では，子どもの特徴はさまざまであること，そして個人差や多様性を認め人間関係が成り立つことを原点としている。多様な子どもを大切な存在と

第4章　教育と人間関係

して受けとめ人間関係を築くこと，一人ひとりが伸び伸びと育つ環境，そして子ども同士が育ちあう保育を考えていかなければならない。

インクルーシブ保育では，障害のある子もない子も同様に大切にされなくてはいけない。幼稚園の一人ひとりの子どもの気持ちや生活に保育者が向き合っていくことで，彼らの思いが受けとめられ，いきいきとした生活と人間関係が築けるのである。

障害のある人々の権利擁護に関係する動きには，「サラマンカ宣言」（1994年），国連の「障害者の権利に関する条約」（2007年）など，ノーマライゼーションの理念が存在する。そして，ノーマライゼーションの理念が目指す社会の具体的なあり方の1つが，「インクルージョン（inclusion）」や「インクルーシブ（inclusive）」なのである。社会的インクルージョンやインクルーシブとは，何人も排除しない社会の実現，つまり障害，貧困，被差別，外国籍，高齢，被虐待等の境遇にあっても，誰もが排除されずに社会参加し人間関係を築くことのできる社会を目指すということである。

インクルーシブの発想は，単なる障害理解，障害のある子どもの理解と少し異なっており，インクルーシブ保育が「障害のある子ども」を対象としたものであると認識されていることを示唆しているようにも考えられる。しかし，インクルーシブ保育は，決して「障害児教育」の延長ではなく，もっと広い対象に対する教育と人間関係のかたちであるはずなのである。

また2016年4月1日に施行された障害者差別解消法は，障害のある人への差別をなくすことで，障害のある人もない人もともに生きる社会をつくることを目指している。対象は，障害者基本法に定められた障害のある人すべてに及び，障害者手帳を持っていない人も含まれる。この法律は，障害を理由とする差別の解消の推進に関する基本的な事項や，国の行政機関，地方公共団体等および民間事業者における障害を理由とする差別を解消するための措置などについて定めることによって，すべての国民が障害の有無によって分け隔てられることなく，相互に人格と個性を尊重し合いながら共生する社会の実現につなげることを目的としており，もちろん学校教育のなかでも適応されるものである。また，文部科学省の特別支援教育のあり方に関する特別委員会が「共生社会の形成に向けたインクルーシブ教育システム構築のための特別支援教育の推進（報告）」（2012）において，共生社会の形成に向けたインクルーシブ教育システムの構築を明言している。

さらに，文部科学省によって幼稚園など就学前教育においてもインクルーシブ教育システムを構築する事業が行われている。

保育におけるインクルージョンの進展が必然的な時代にあって，保育者自身が子どもたちの支援ニーズを的確に捉え，自信をもって保育実践に向かうことができるためには，実際的な努力が必要であると考える。

ここでいう実際的な努力には，インクルーシブ保育を推進するための財政措置などを含め
た条件整備，インクルーシブ保育を実際に展開するためのカリキュラム（プログラム）の
開発，そしてインクルーシブ保育を実際に担う教員の養成と研修といったことが含まれる。
これらのうち，条件整備については，文部科学省によって予算措置をともなう施策が進め
られており一定の進展が見られるが，インクルーシブ保育を実際に担う教員の養成と研修
などは，具体的な施策がなされていないのが今日の状況である。

（河合 高鋭）

参考文献

小山望・太田俊己ほか(編著)(2013)『インクルーシブ保育っていいね』福村出版

河合高鋭・小山望(2015)「幼稚園におけるインクルーシブ保育への一考察——保育者の意識を対象とした分
　　析をてがかりに」『人間関係学研究』20(1), pp. 15-28.

厚生労働省(2008)『保育所保育指針』

文部科学省(2008)『幼稚園教育要領』

文部科学省(2012)『共生社会の形成に向けたインクルーシブ教育システム構築のための特別支援教育の推進(報
　　告)』

内閣府(2014)『認定こども園教育保育要領』

第4章　教育と人間関係

第2節　小学校における人間関係づくり
──新入生を対象とした教育実践と展望

【キーワード】
社会の一員，安心安全な学級，自分の気持ち・他者の気持ち，
アクティブラーニング，「仲間っていいね」

1　受容と自律そして希望──社会の一員としてのデビュー

　4月。期待に目を輝かせた1年生が入学して来る。いよいよ社会の一員としてのデビューである。

　小学校では，6年間かけて集団生活や活動に参加させながら，社会的な自己実現を図るための豊かな人間性や自律性を育てていく。集団の一員である自覚を養い，集団の生活をよりよくしようとする態度や，よりよい人間関係を築こうとする態度を育てていく。同時に，自分のよさや可能性に気づかせ，集団に自分のよさを提供したり役立てたりする力を育成していく。

　新入児童には，学校に慣れ親しませる指導を十分に行う。それは，保育所や幼稚園で遊びを中心に生活してきた1年生にとって学びが中心の学校生活は，戸惑いの連続であるからである。小学校では，集団での学習や活動が主であり，それぞれの到達目標を目指す。そのために，さまざまな学習規律やきまりやルールがあり，それに従うことで，自他の学習権を保障し合う。1日の時間の流れも決まっている。環境が急に変わることに加えて，1年生は幼児期の自己中心性を残しているし，まだ児童相互の人間関係も希薄であり，教師との関係が主である。個々の児童の単なる集合状態ともいえる学級集団のなかで，社会の一員としての育成が始まる。

　1年生にとって学級は，入学後初めて出会う集団である。そのため，教師はこの学級集団が児童にとって常に安全で安心できる場であり，児童相互が自分のよさや可能性を伸び伸び発揮できる場であるよう，常に心がけている。この学級集団のなかで，児童に他者の立場や気持ちを理解させ，自分も理解され嬉しかった体験を重ねさせたり，我慢することや人のために役立つ気持ちを育てたりしていく。集団の一員であることを自覚させながら，受容されたり自己コントロールしたりしながら，仲間とともに希望をもって成長していく喜びをもたせられるように，さまざまな工夫をしていく。

2 足場づくりと社会性

　1年生にまず教えるのは，日常の生活のルールである。返事の仕方，トイレや手洗い場の使い方，靴の入れ方・履き方，ランドセルの入れ方，机のなかの使い方など，集団の細かなルールを決め，ルール通りに行動させていく。

　手順についても同様である。登校後の朝の支度の手順，休み時間終了後席に座るまでの手順，給食の手順，清掃活動の手順，朝の会・帰りの会の進行手順……など。手順通りに行動できるようになるまで，励まし，小さな成功を大きく褒めながら，意欲を喚起していく。

　なぜ，教師側の提示通りに従わせるのか。それは，これらの指導は，社会生活の「基礎」を身につけさせていくことがねらいだからである。社会性の足場となる「基礎」になっていくからである。

　入学式翌日は，朝の支度について，時間をかけて指導する。「手順カード」を提示しながら，1つひとつの手順を丁寧に指導していく。その翌日からは，児童は，自分1人で「手順カード」を見ながら，考え判断し行動をする。教師は教室にいて，戸惑っている児童に個別に指導するが，カードを見て自分で判断できるように言葉をかけていく。

　初めはいわれたままに行動している児童であるが，そのうちにそのルールについて，集団で生活するうえで有用であることが理解できてくる。そして，さらには，そのルールを自分たちなりに工夫し，自分たちの生活をもっと良いものにしようという提案がなされてくる。

　一見型にはめるような指導に感じるが，実は，その先に自立を育成し，集団意識や仲間意識を育て，自分たちの生活をよりよくしようとする自主的・実践的態度の育成を意図しているのである。

3 自己開示とコミュニケーション
──自分の気持ちを表現していいんだよ。友だちの気持ちも理解しよう

　集団生活やルールに慣れ親しんでくると，集団やルールが，自分の気持ちや立場よりも優先してしまう場面に遭遇することがある。自分の気持ちを抑えたり，友だちの気持ちや立場も思いやったりすることなく，判断や基準がルールであったり，人にどう評価されるか気にしたりする様子が見え始める。

　人と人との温かい人間関係がまずあっての集団生活である。自分の気持ちに気づかせたり，それを上手に表現させたり，友だちの気持ちや立場に気づき思いやったりできるよう指導をしていく。

　低学年の生活科で，朝顔を育て観察する単元がある。成長を客観的に見取らせる視点

第4章　教育と人間関係

とともに，「うれしい」「かわいそう」「どきどきする」「こうなってほしい」「すごいなあ」
「がんばってね」など，児童本人の気持ちや願いに視点を向けさせている。初めは，自分
の気持ちがわからない児童が多いが，問いかけを繰り返しているうちに，できてくる。感
情の表現を促しながら，その語彙も広げさせている。また，朝顔の気持ちになりきっての
表現もさせている。「水がほしいよう」「私，こんなきれいな花を咲かせたよ。すごいで
しょ？」「僕はどこに巻きつけばいいの？　こまったな」「風さん気持ちいいよ」。児童は慣
れてくるにしたがってとても楽しそうに，体表現したりロールプレイを楽しんだり，朝顔
さんの日記をつけたりしている。

　学習での学びを，実際の生活場面に結びつける指導が必要かもしれない。

4　毎日がアクティブラーニング

　アクティブラーニング的な学習方法は，すでに小学校では日々実践されている。教科学
習や特別活動，学校や児童会行事，給食や掃除などでも，主体的な行動や他者との協働が
重点にされている。そして，学習の過程や，集団全体での学びや，得たことを活用してい
くことも重点にしながら，集団で学ばせる。

　一例を挙げる。2学期の生活科で，校外学習で拾った木の実や葉などを使って，グルー
プでオリジナルおもちゃづくりに取り組ませた。児童は，友だちと話し合い計画し，図書
館などで調べ，互いにアドバイスし合いながら制作に取り組んだ。遊んでいるうちに隣の
組とも交流したい，芋掘りでお世話になった近所の方々や保護者を招待したい，自分たち
の苦労やおもちゃについて発表したいなどの希望や意見が，児童たちから出てきた。そこ
で，学級みんなで，どうしたら実現するか，招待の方法はどうするかなど，実現に向けて
全員で話し合い考えていった。途中，思いが強すぎたり，考えがすれ違ったり，協力しな
い児童が出てきたり，たくさんの問題や課題が出たが，教師も力を貸しながら児童たちが
自ら解決し「秋のおもちゃ大会」が実現した。自分たちの意見から始まったこの活動の実
現は，児童に達成感や充実感や自信を生み出した。たくさんの称賛や新たなアドバイスも
もらい，児童は次への意欲を喚起した。新たな活動「さつまいもケーキづくり」にもつな
がった。

5　相互理解と仲間づくり――仲間っていいね

　日常生活のなかでのフィードバック，ロールプレイング，アサーショントレーニング，
構成的グループエンカウンター（SGE），ソーシャルスキルトレーニング（SST）などで
他者とのよりよいかかわり方や人間関係づくりを学ばせたり，自他の理解をさせたり，自
己肯定感を高めさせたり，仲間とともにある喜びを感じさせたりする場を意図的に設定し

ている。

　児童が，学校生活に慣れ始め，互いの様子に関心が出てきた頃を見計らって，帰りの会に「今日の嬉しかったこと」コーナーを設置する。友だちの「素敵」に気づかせ発表させている。発表した児童もされた児童も称賛されるので，児童は競って友だちの素敵なところを探すようになってくる。教師も，「先生の嬉しかったこと」コーナーで，学級全体にシェアする。2学期も半ばになると，他者に肯定的なかかわりをする様子が，学級に頻繁に見られるようになる。穏やかで温かい雰囲気の学級になってくる。

　朝活動を使うなどして，ミニSGEにも気軽に取り組む。子どもたちも慣れてきて，自分の気持ちの表出や他者理解を楽しんでいる。

　2学期も終わり頃になると，ロールプレイが大好きになり，何かトラブルが起きると，ロールプレイで振り返り解決しようという意見が出てくる。そして，多くの児童が進んでやりたがる。

　自他を大事にする体験を重ねながら，1年生は，仲間とともにある喜びや学級集団の一員である誇りを大きくしていく。集団のなかで人間関係を学び，ひと回りもふた回りもたくましくなっていくのである。

（福田 聖子）

参考文献

文部科学省(2008)『小学校学習指導要領』
文部科学省(2008)『小学校学習指導要領解説　特別活動編』

第4章　教育と人間関係

第3節　中学校期の教育と人間関係

> **【キーワード】**
> 仲間関係，親子関係，対教師関係，SNS を取り巻く関係，学校システム

はじめに

　中学校期は身体的に第二次性徴期であり，心理発達的には自己を確立していく。この変化の時期は，さまざまな人間関係により相互的な成長・発達が促されるとともに課題も生じる。本節では，ソーシャルメディアの視点も加えた中学生本人を取り巻く関係性と，多くの時間を費やす学校システムのなかでの関係性を取り上げる。

1　本人を取り巻く関係性

(1) 仲間関係

　絶対的依存の親から離脱し，承認対象が仲間へと移行する中学期は同質性や同調を求めて仲間集団に所属する。仲間関係は生活の充足感[1]を左右し，心理的・社会的な成長に重要な意味をもつ。松井[2]も友人関係が社会化に果たす機能に，①緊張を解き不安を和らげる安定化，②他者とのつきあい方を学ぶスキルの学習，③人生観や価値観を広げるモデル，を挙げている。

　他方，仲間「関係」そのものも発達変化する。対象が男女混合だった学童期から，中学期では同性同世代へ，続く青年前期では異性へと興味関心が移行する。関係性も，仲間だけの話題・秘密を通した連帯感へ，相互に支え合う濃密な関係へと変化し，流動的な特徴がある。

(2) 親子関係

　心理学的には依存から独立への移行期であり，愛着から敵対，親和と疎遠，支配服従から自立へと，さまざまな葛藤を孕む時期である。体の変化は著しく，精神面ではイライラしたり，態度は不機嫌や不服従など反抗的になる。それにともない，親子関係もバランスが崩れ，対応の変化を求められるのが中学期の特徴である。しかし近年興味深いのは，中学生の親に対する意識調査（内閣府，2013）において，頼りになる・自分の気持ちをわかってくれる，が父母とも8〜9割以上で7年前より約5ポイントずつ高く，親との関係性は良好である。また，思春期の親の養育行動では，統制（厳格的・説得的）・支援・モニタリング・民主的育成[3]という整理がある。

98

第3節　中学校期の教育と人間関係

（3）対教師関係

ベネッセの調査（2015）では，中学生は1日平均7時間35分，部活動など1時間強を学校で過ごす。したがって教師との関係性は重要で，前田ら[4]によると，「友人に対する信頼感」よりも「教師に対する信頼感」が学習意欲や規則への態度を左右する。

では，どのような教師が信頼されるのか。「理想の教師像」を調査した小柴らの研究[5]では，授業がわかりやすい，生徒とのコミュニケーションが上手，クラスをまとめる，が上位で，授業の力量で生徒の信頼や好感を得られることがわかる。一方，中学教師にコミュニケーションの課題を調査した高橋ら[6]は，教師の生徒理解，関係づくり，指導に困難さがあると指摘する。さらに教師が苦手とする生徒は，消極的で自分の気持ちを表現しない大人しいタイプであり，コミュニケーション量の不足・生徒の語彙不足のほか，多忙によるストレスも余裕を奪うとする。OECDの国際調査結果（2013）でも，34ヵ国・地域中，日本の中学教員の勤務時間が飛び抜けて長い現状であり，生徒との関係づくりが時間的にも難しい背景がみえる。

（4）ソーシャルメディア

ソーシャルメディアとは，一方通行のマスメディアと違い，情報の発信者と受信者が双方向に「クモの巣状」につながるメディア（媒体）である。なかでもSNS（ソーシャル・ネットワーキング・サービス）はコミュニケーションを目的とし，情報の発信者と受信者の関係性がより強まるものである（図1）。

中学3年生の携帯端末所有率は78.6％で，都市部や通塾生の所持率が高い（文部科学省，2015）。スマートフォンの所有率も2010年の2.6％が2013年には49.6％（内閣府）と急速に拡大し，その8割がインターネットを利用している。これにより現在の中学生は現実の対人関係のほか，可視化しにくく，既知・未知を問わず，仮想世界など多様な「関係性」をもつ。これらは簡単便利に享楽をもたらすが，問題や危険も伴い，昨今の教育課題となっている。

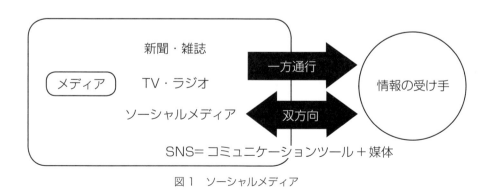

図1　ソーシャルメディア

第4章　教育と人間関係

そこで文部科学省は，情報モラルの指導手引書（2013）を作成した。なかでも問題とされるのが，ネット依存（長時間化・使用不可で苛立ち，実際の人間関係を嫌う）・ネット被害（詐欺・個人情報流出）・ネットトラブル（悪口・嫌がらせ・チェーンメール）・SNSトラブル（SNS内の人間関係に悩む）などである。いずれも教師や親の知らない閉鎖的空間で起こり，子どもが秘密にしているうちにトラブルが悪化する傾向がある。一方，プラスの効果も報告されており，メールの使用が多い中学生ほど孤独感が下がり，ネット使用が多いほどネット内外の友人からのソーシャルサポートが増える効果[7]も報告されている。

本来の人間関係は，実際の関係から学び・聞き・見て・感じ合い，リアルな体験を通して自分の位置付け・功罪両面と向き合う。その過程で自己決定に迷い，葛藤が起こり，ときに孤立して落ち込み，苦悩から脱出を試みる経験が成長には必須である。ところがSNSなどの仮想空間では，同調し合える関係だけを求め，困難なかかわりは，切り替えたりスルーし，あるいはファンタジーで紛らわせるなど，悩みや落ち込みを避けることができる。今後も，SNSを介した関係性は切り離せない。これからは，現実やSNSといった場面を選ばずに関係をつくり，困難を乗り越え，関係性を維持・発展する力の獲得がテーマになろう。

2　学校システムのなかの関係性

学校システムのハード面の課題は，教員の業務が膨大で「時間がない」ことであろう。本来は，人間関係をつくりあげるための潤沢な時間が学校生活にあることが望ましい。しかし，今のシステムは教師に教科指導（授業），担任，校務分掌，部活のほか，追加教育（環境・キャリア・こころ・いのち・ICT等）など多くの業務を課す。さらに業間は授業準備と生徒対応，放課後は保護者対応に時間が割かれ，不測のトラブルが生じれば最優先で対応しなければならない。生徒もまた授業，部活，塾，宿題，受験勉強と忙しく，「休日は何をしたい？」の問いに「まったりしたい」と冗談ではなく答える現状がある。ほかに日本は1947年の教育基本法制定以後，就学率の上昇や国際的な教育達成度のトップ歴など，目覚ましい成果をみる反面，過度の画一性，行動への管理強化，受験競争など課題も表出してきた[8]。然るに，教師・生徒双方の「多忙という課題」は関係性を育むゆとりを奪っているといえよう。また，教員は養成課程卒業後すぐに学校に入るシステムのため「社会」との関係性が薄いという課題がある。学校は，閉鎖的な空間で，今日的な社会状況が反映されにくい面がある。たとえば，悪質な雇用形態として「ブラック企業」が問題となっているが，教師にはその実態や，将来生徒がかかわるかもしれない危機感といった視点や実感がない。そのため社会情勢を視野にした即時的で柔軟な教育テーマの導入は

難しく，社会とは遮断された従来の単元通りの教育が行われる。

　ソフト面では，対人関係がテーマになる。今日，子どもの生活は，たとえば勉強は塾で，運動は習い事や校外チームへの参加，友人との会話や情報はネットで用が足りてしまい，学校の目的が見えにくくなっている。それでも学校には，学級・学年・部活・委員会・行事など「集団」の活動を通して人と向き合い「協力」し「支え合う」対人関係がシステムとして存在する。そこでは好まない集団への所属やトラブルも生じるが，教師や仲間という「援助者」を通し，社会的スキルが学び合える貴重な場と機会になっている。しかし，集団であるがゆえに不適応も出現し，その同調性や画一行動に適応できない事例に不登校がある。集団不適応が要因の不登校ケースでは，生徒らに会わない登校時間や別室登校の計らい，教師の担当シフトなどで「学校には来られる」ようになる事例が少なくない。ただし，筆者の行った不登校調査[9]では，現状の学校システムでは対応する教室や教師の空きがなく，教室参加できない不登校生が登校するほど学校の負担が増加するジレンマがあった。これからの学校システムは，児童生徒が関係を育みやすい集団サイズや時間，空間の柔軟な視点を持つことが好ましい。

（田中 典子）

引用文献

(1) 本田周二（2009）「日本における友人関係に関する研究の動向」『21世紀HIRセンター研究年報』6, pp. 73-80.

(2) 松井豊（1990）『社会化の心理学ハンドブック——人間形成と社会と文化』川島書店, pp. 283-296.

(3) 末盛慶（2007）「思春期の子どもに対する親の養育行動に関する先行研究の概観」『日本福祉大学社会福祉論集』117, pp. 51-71.

(4) 前田健一ほか（2008）「中学生の教師信頼感・友人信頼感と学校適応感の関連」『広島大学心理学研究』8, pp. 53-66.

(5) 小柴孝子ほか（2014）「中・高校生が求める理想の教師像——「教職実践演習」カリキュラム開発のために」『神田外語大学紀要』26, pp. 489-509.

(6) 高橋早苗ほか（2008）「『教師－生徒関係』におけるコミュニケーションの課題——中学校教師を対象とした面接調査を通して」『創価大学教育学部論集』59, pp. 23-34.

(7) 安藤玲子ほか（2005）「インターネット使用が中学生の孤独感・ソーシャルサポートに与える影響」『パーソナリティ研究』14(1), pp. 69-79.

(8) 斎藤泰雄（2007）「日本における教育発展の歴史」『サウジアラビアと日本における教育：論文集』, pp. 1-18.

(9) 田中典子（2016）「スクールカウンセラーによる不登校中学生へのキャリア支援に関する研究」法政大学大学院キャリアデザイン学研究科修士論文, pp. 87-88.

第4章　教育と人間関係

第4節　高校における人間関係

【キーワード】
適格者主義，主権者教育，アクティブラーニング，シティズンシップ教育，生徒参加

1　適格者主義の乗り越え

（1）高校教育と「適格者主義」

わが国では，高等学校に関する「適格者主義」の考え方は，今日でも根強く残っている。

旧文部省は，1963年の「公立高等学校入学者選抜要項」（初等中等局長通知）で「高等学校の教育課程を履修できる見込みのない者をも入学させることは適当ではない」とし，「高等学校の入学者の選抜は……（中略）……高等学校教育を受けるに足る資質と能力を判定して行うものとする」と規定している。また，同省は1984年の「公立高等学校の入学者選抜について」（初等中等教育局長通知）で「高等学校の入学者選抜は，各高等学校，学科等の特色に配慮しつつ，その教育を受けるに足る能力・適性等を判断して行う」と規定している。

（2）「適格者主義」の乗り越えと主権者教育

しかし，わが国では，高等学校進学率は1970年代半ばに90％に達し，事実上の義務教育になっている。また，厚生労働省の資料によれば，わが国の中学新卒者に対する求人数は，1991年1月末の時点では10万人弱であったが，2015年1月末の段階では2,000人を切るまでに落ち込んでいる（図1）[1]。このことは，最近のわが国では，中卒の学歴で就職して自立した社会人になることが事実上不可能であることを意味している。なお，法務省矯正局によれば，毎年の少年院新規入院者のうち，最終学歴が中卒または高校中退である者の占める割合は，ここ10年で6割～7割台である（図2）[2]。最近のわが国では，高等学校からのドロップアウトは市民社会からのドロップアウトを意味するのである。

それゆえ，今日のわが国では，すべての生徒に高等学校での教育を保障していくことこそ，彼らを市民社会に統合していくうえで必要であり，適格者主義は不適当である。さらに，高等学校では，選挙権年齢の引き下げにともない，彼らを市民社会のよき構成員として育成していくうえで，適切な主権者教育を行うことが必要になっている。本学会で推進している人間関係士の資格は，狭い意味での学力を中心とする適格者主義にとらわれず，市民社会のよき構成員を育成していくうえで，ぜひとも必要な広い視野と教養を付与する資格であると思料される。

第4節　高校における人間関係

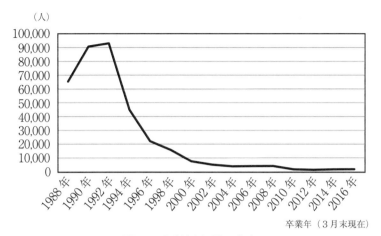

卒業年（3月末現在）

図1　中学新卒者の求人

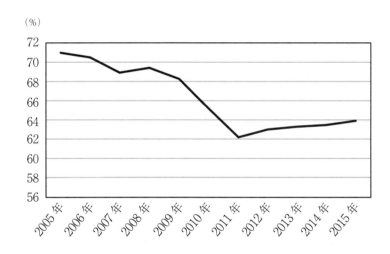

図2　少年院新規入院者に占める中卒または高校中退者の割合

2　高校生を主権者として位置づける教育
(1) 主権者教育と「参加型の学び」

　2015年6月，公職選挙法が改正され，選挙権年齢が満18歳以上に引き下げられた。これにともない，学校でも政治的教養を育む教育が求められ，総務省・文部科学省による副読本も制作・配布されている。また，シティズンシップ教育（市民性教育）が各地の教育委員会や学校で教育目標や教育課程に導入され，キャリア教育の充実やアクティブラーニングの積極的導入が掲げられるなかで，これまでの高校教育のあり方について大きな変革が迫られている。ここでは，教える〈対象〉としての高校生から，学ぶ〈主体〉としての高校生というように，高校生を学びの当事者として，さらには主権者として捉え直すこと

103

第4章　教育と人間関係

が求められる。そのためには，こうした高校生にふさわしい教育方法と教育内容とがあるはずである。

アクティブラーニングとは，一言でいえば，能動的な学習形態を指す。しかし，従来の高校教育では，一斉講義型の授業が多かった。こうした授業の最大の問題点は，学ぶ者同士の関係性が考慮されていないことである。このところ，小学校や中学校で「学びの共同体」の実践が急速に広がり，近年では高校でも実践校が増えている。ほかにも，「学び合い」などさまざまな参加型の学習が提起され，実践されている。電子黒板やタブレット端末をはじめとするICTの普及は，こうした実践を容易にしている。学びは，自分1人で知識をため込むものではなく，他者と協働しながら，自分や仲間，地域，さらには社会を捉え直す契機となり過程となる。学びにおける人間関係を，〈参加型の学び〉という視点で見直してみることも必要ではないだろうか。

(2) 主権者教育とシティズンシップ教育

18歳選挙権の実現は，高校生を主権者として，つまり，〈一人前の大人〉として位置づける。ここでは主権者にふさわしい学びとは何か，という課題が立ち現れてくる。シティズンシップ教育は，これまでは環境教育，人権教育，情報教育，消費者教育などさまざまな分野で取り組まれてきた。ここでは，筆者が総合学科の必修科目「産業社会と人間」において実践している内容を紹介しよう。

筆者はこの科目で，①自分を守る（権利意識），②自分の進路を考える（当事者意識），③社会的な問題に関心をもつ（社会意識），④自分とは異なる生き方を知る（寛容性）の4つの視点を重視し学習テーマを設定してきた。それぞれのテーマについて，①では労働組合委員長から「労働者の権利」について学ぶ機会または防災教育の専門家から「地域防災」について学ぶ機会を，②では上級学校教員や職業人によるガイダンスを，③では大学の研究者から平和や憲法について学ぶ機会またはホームレス問題から貧困問題について考える機会を，④では読書講座やLGBTIに関する学習の機会などを設けてきた。こうした学習を通して自分と異なる生き方を知ること，異質な他者を尊重すること（寛容性），より望ましい社会のあり方を構想することは，多文化共生時代にふさわしい学びと人間関係の質にとって重要である。18歳選挙権の実現をふまえ，模擬投票をはじめとした主権者教育の実践も広がっていくであろう。

(3) 主権者教育と生徒参加

こうした教育方法・教育内容も，学校内で民主主義が保障されて，初めて実を結ぶ。子どもの権利条約では，子どもの意見表明権が明確に規定されている。しかし，日本の学校制度では，生徒参加が保障されていない。こうしたなかで，1997年に始まった「土佐の教育改革」では，高知県内のすべての公立学校に「開かれた学校づくり推進委員会」が

設置された。委員会の構成は，児童生徒・保護者・教職員・地域住民などであり，生徒参加が制度的に位置づけられていた。このことは画期的であり，学校評議員制度やコミュニティ・スクール（学校運営協議会）と最も異なる点である。「開かれた学校づくり推進委員会」では，当初は校則の改善や学校行事などが論じられていたが，次第に授業改善，さらには教育課程編成にまで議論が到達していった。「何を」「どのように学ぶのか」といった学びの主体を問い直すこうした取り組みは，「三者協議会」などの名称で全国各地に広がってきている。

　貧困と格差の拡大のなかで，不安定な移行期を過ごしている子どもたちに対して，高校教育の機会を保障することは，貧困と格差の再生産を食い止める機会としてだけでなく，学びを通して人間関係の回復と成長・発達の権利を保障することにもつながる。この意味で，前項でも述べた通り，高校教育関係者の間で根強い適格者主義の克服も求められているのではないだろうか。

（加藤 誠之・藤田 毅）

引用文献

(1) 労働政策研究・研修機構（2016）『高校・中学新卒者の求人・求職・就職内定等状況の推移』(http://db2.jil.go.jp/tokei/html/Y09204001.htm)（2016年4月7日閲覧）
(2) 法務省（2016）『少年矯正統計統計表』(http://www.moj.go.jp/housei/toukei/toukei_ichiran_shonen-kyosei.html)（2016年4月7日閲覧）

参考文献

浦野東洋一・神山正弘ほか（編）（2010）『開かれた学校づくりの実践と理論——全国交流会一〇年の歩みをふりかえる』同時代社
小池由美子（編著）（2014）『新しい高校教育をつくる——高校生のためにできること』新日本出版社
佐藤学（2012）『学校改革の哲学』東京大学出版会
中山あおい・石川聡子ほか（2010）『シティズンシップへの教育』新曜社
宮下与兵衛・濱田郁夫ほか（2008）『参加と共同の学校づくり——「開かれた学校づくり」と授業改革の取り組み』草土文化
若槻健（2014）『未来を切り拓く市民性教育』関西大学出版部

第4章　教育と人間関係

第5節　大学における教育と人間関係

> 【キーワード】
> 人間関係調整能力，協働の精神，学びあう，教えあう，励ましあう

　学生の人付き合いは，表面的にはうまくやっているように見える。見かけは仲良しでも，あたらずさわらずの付き合いが展開されれば，慢性の孤独感が漂う。本当の自分が何を感じているのか，何を考えている人間なのか，自分で自分のことがわからなくなる，自己疎外の状況に陥っている。こうした学生を，問題発生時に学生相談等個別支援で対応するのではなく，予防的側面を重視し，講義（教育）のなかで自己を見つめ，他者を思いやり，生き方を考える教育を展開していく必要性を痛感する。

1　事例：オリエンテーションでの偶然の出会い

　最初に声をかけてきたのはＡちゃん。オリエンテーションの席で，私が落とした書類を拾ってくれたのがきっかけだった。同じ高校から来た子は同じ学科にはいないためどうしようと思っていたからホッとした。Ａちゃんと一緒に時間割を組み，チューターの先輩にも2人で相談した。そこに入り込んできたのがＢちゃんとＣちゃん。背後からいきなり「私もこの授業登録した。試験とか厳しいですか？」と質問の嵐。私には考えつかない情報も手に入れ，ラッキーだった。講義開始とともに私たちは4人で学内を動くようになった。

　前期試験が近くなると，ノートを貸してと頼まれるようになった。4人で一緒に講義に出ているのに，私とＡちゃんがノートを貸してばかり。講義中，ほかの2人は居眠りしている。Ａちゃんにどう思っているか，さりげなく聞いてみた。「大学の勉強は自分の頭で考えないと残らないから，いいじゃないかな。それに私もあなたのノートを見て，へぇ，こういう書き方もあるんだとあとで発見することもある。それも面白いよ」といわれた。そこまで割り切れて自信がもてたらいいのだが，なぜかノートの貸し借りはこだわってしまう。

2　事例の解説

　学生相談室では「高校まで友だちづくりに悩んだことは全然なかった。気がつけば友だちができていて，つくり方など意識したことがなかった」と大学での友人のできなさに悩

む相談を受けるが，よく聞くと，この受け身的な働きかけで今までやれてきた学生が多い。

クラス編成に学年担当の教師の苦労と意図が見え隠れする高校時代までとは異なり，大学ではほとんどの場合，クラス分けなど，各学生の個性までは配慮されない。入学時のさまざまな行事でどの場所に座るかは予想もつかず，一生の友人との運命の出会いの場になるかもしれないが，積極的な働きかけの随分少ない場でありながらも，とりあえずのグループは形成され，そこで人間関係の構築を図ろうとする。1年生は何もかもが一気に始まるため，最初にグループになった友人と，履修登録，サークルの見学など一緒に行動するという状況が起こりがちである。同じことをしていないと不安で，結果的に，講義のみならずほかの学生生活空間をすべて共有してしまう可能性が高い。グループのみんなが本当に気の合う友だちになれたら楽しい学生生活になる。しかし，「最初のグループは気が合わない」という状況になると，生活全部を変えなくてはならないと辛くなる場合がある。講義にも行きにくい，馴染んだサークルからも足が遠のくなど，最悪の事態に陥ることも稀でない。

大学でのグループは互助会的役割をもっている。レポート情報，過去問の情報交換，出席をとるときはほかの仲間の出席カードも書いてあげるなど，さまざまな助け合いをしている。グループにならず一匹狼で大学生活を過ごすと苦労が増えることが想像できる。

「互助」のうちは互いに気分よくやっていけるが，一方的に助けてばかりと感じる人がでてくると，人間関係のバランスを崩す。とくに，ノートの貸し借りは，単位の合否という評価にかかわるため，助けるバランスが崩れるとこだわりがでてきやすい生活の一場面である。真面目な努力とそれについてくるべき相応の評価が今までの自分にとって大切であるほど，ノートの貸し借りにはこだわりがでる。嫌だから「貸せない」といえばよいが，そんなことをいえばグループの人間関係にひびを入れると思えばいえない。断ればグループから外れそうに思うし，そのままでいれば自分のグループのなかの存在意義はノートの貸し借りしかないのだろうか，と思い悩む。「今日は会いたくない気分なのにいえない」と悶々とした気持ちを引きずりながらも，人間関係の維持にこだわってしまう。

3　教育場面での人間関係づくり

人間関係調整能力を高めたいがどうしたらいいかという相談は，学生相談室によくもち込まれる。しかし，個別対応では対処しきれない。このため，入学直後からコミュニケーションに焦点を当てた体験実習型の講義を積極的に実践していく必要性を痛感する。

(1) 講義で育む温かい人間関係

ある大学では，学生をより能動的に学習させる講義を展開し，学生同士が学びあう対話中心の講義「大学基礎論」を実践している。

第4章　教育と人間関係

この講義は，学生自身の学びと学習仲間の学びを最大にするため，基本的な信頼関係構築を目指し，クラスで集団の5〜6名のグループを形成し，グループ単位でさまざまな課題を解決する。グループを固定せず，毎回メンバーを換え，多くの仲間とさりげなくふれあい学生に認知と態度の同時学習が可能となるような仕掛けをしている。

　講義手法は，教師が学生に質問を投げかけ，回答を促す双方向型講義法に，チーム基盤型学習法を融合させる。これは，1人で考えるだけでなく，仲間とともに考える，仲間の考えを聞く，わからないことは仲間から学ぶ姿勢を身につけさせることを意図している。学生を孤立させることなく，学生同士を繋げ，学生同士が互いに学びあえる場を演出し，人間関係調整能力を講義の場面で身につけさせることを目指している。

a　違いを分かちあう学習活動

　読解力・要約する力を身につける学習では，指定課題を学生に読ませ，①「ここに書いてある内容を自分の言葉でまとめる」，②「著者の意見に賛成か反対か，その理由を自分の言葉でまとめる」，③「グループの仲間に，自分の考えを伝える」，④「仲間の意見を聞いて，感想・意見を簡潔にまとめる」，⑤「著者の意見に対して，グループとしての見解をまとめる」，⑥「ほかのグループの人に，自分たちがまとめた考えを発表する」，⑦「講義の振り返り」，という手順でワークシートを活用し，個別活動とグループ活動をミックスした学習活動を展開する。

　ワークシートの活用で，課題はまず自分で考える，自分の考えを仲間に伝える（仲間による傾聴），仲間の考えを聞き，振り返りをする（仲間との違いを分かちあう），グループごとの感想を全体にシェアする（視野の拡大を図る）というふれあい学習が可能となる。

b　仲間を励ます・認める学習

　講義中の課題（たとえば，「間違いやすい漢字」）では，まずは自分で課題を解かせ，その後，グループの仲間同士で採点をしあう。採点者は仲間に対して，批判的なコメントはせず，必ず「お疲れさま」「あと少しだね」などのメッセージを添えるようにする。このようにすれば，メンバーの数だけ励ましのメッセージをもらうことが可能となる。

c　共同作業

　課題で集めた新聞記事スクラップをグループでもち寄り，集めた記事の特徴，傾向等を見つけ出し，それらを模造紙にまとめ発表する。ここでは，①仲間で作業役割分担を決める（グループ活動のため暇にならない），②得意，不得意があっても協力して作業をするため，互いの欠点をカバーできる，③のり，はさみ，サインペン等道具の貸し借りはグループ間で調整するため，自然と「先に使わせてもらうね」「ありがとう」という言葉が出やすくなる，④手づくり（パワーポイントは使用しない）だからこそ模造紙にメンバーの個性を表現できるなどのメリットがある。

4 まとめ

このように，大学における講義においても豊かな人間関係の構築を意識し，互いが協力しなければ解決できない学習活動を意図的に仕組むことで，学びあい，教えあい，励ましあうことの素晴らしさを実感できる。ともに学び合うという協働の精神が涵養され，仲間についての理解が深まり，仲間を大切にするという人権感覚も高まるものと考える。

(杉山 雅宏)

参考文献

杉山雅宏(2015)「講義で育むあたたかい人間関係」『東北薬科大学一般教育関係論集』29, pp. 45-60.
武内清(編)(2005)『大学とキャンパスライフ』SUP上智大学出版
中井俊樹(編)(2015)『アクティブラーニング』玉川大学出版部
日本学生相談学会50周年記念誌編集委員会(編)(2010)『学生相談ハンドブック』学苑社

第4章 教育と人間関係

第6節　大学におけるキャリア教育

──大学生の社会的・職業的自立をめざすインターンシップの効果と課題

> **【キーワード】**
> 職業的自立，社会人基礎力，長期インターンシップ，キャリア教育

1　大学におけるキャリア教育の役割

　近年，若者の早期離職率の増加が社会問題として深刻化している。厚生労働省の調査によると，2012年に大学を卒業して就職した若年社員のうち，32.3%が3年以内に離職，さらに2014年に就職した新入社員のうち12.2%が1年で離職している[1]。また「初めて勤務した会社を辞めた主な理由」の上位に「労働時間・休日・休暇の条件がよくなかった」「仕事が自分に合わない」という回答が並んだ[2]。

　これは，学生が就職前に抱いている会社のイメージと，就職後に直面する現実の間に，大きなギャップが存在していることの表れと考えられる。

　そのため，大学におけるキャリア教育の重要性が高まっている。大学は多くの若者にとって社会に出る直前の教育機関であり，学生のキャリア教育の総仕上げを行うべき場所といえる。即戦力となる資格の習得のみならず，社会的・職業的自立を果たすための基本的な能力や態度の基盤をしっかりと身につけさせて，「学校から仕事へ」スムーズな移行を実現させなければならない。

　重要になるのは，やはり座学ではなくアクティブラーニングを中心とした学びである。とくに在学中に社会人基礎力を育てる手法の一つとして「インターンシップ」が，近年多くの大学で導入・実施されている。

2　大学コンソーシアム京都におけるインターンシップの効果

　ここで，日本で最初の大学コンソーシアムである「大学コンソーシアム京都」の取り組みを紹介したい。大学コンソーシアム京都は単なる就職支援のためではなく，それまでの学びと実社会での体験を融合させることで，学習意欲を喚起し，高い職業意識を育成し，自主性・独創性のある人材を育てることを目的とした産官学地域連携による教育プログラムとして，インターンシップを実施している。

　その内容は，受け入れ企業や団体が指示したテーマを約5ヵ月かけて実現するプロジェクト型の「プログレスコース」と，企業・行政団体・非営利組織で10日以上の就業体験を行う「ビジネス・パブリックコース」がある。長期インターンシップと短期インターン

シップの両方が用意されており，学生は自分の興味や都合に合うプログラムに参加できる。

2013年度はプログレスコースで9つのプロジェクトが実施され，ビジネス・パブリックコースでは合計172（ビジネス135，パブリック37）の受け入れ先で就業体験が行われた。

プログラム終了後のアンケートでは，受講生の9割以上が自分自身について「成長があったと感じる」と回答。成長の内容に関しては「多様な価値観の認識」「コミュニケーション能力の向上」「学習意欲の喚起」「自主性・独創性の形成」が高いポイントを示している。一方で「成長があったと思えない」という回答は，ビジネスコース0.8%，パブリックコース1.2%に対し，プログレスコースは0%だった[3]。長期インターンシップの方が，わずかであるが満足度が高いことがわかる。また，インターンシップ実施前と後で就職意識の変化を見る調査も行われており，とくに大きく変化した項目は「職場の人間関係への理解」「職場で働くことへの理解」であった[4]。なぜこのような結果が出たのか。

山本均（2012）によると，学生生活における人間関係は横のつながりが主であるという。体育会などの厳しいサークルでなければ，先輩後輩の関係であっても3，4歳程度しか年齢が離れていないため，ほとんど友人関係に近い対応で付き合うことができる。つまりインターンシップに参加することで，学生は初めて，厳しい縦社会のコミュニケーションに晒されることになる。異なる世代の価値観や，ターゲットの多様なニーズを1つずつ自分の頭で理解し，行動によって応えていかなければならない。学生時代の人間関係とのギャップに戸惑う新入社員に対して，人間関係士は，社会における人間関係の基礎知識や信頼関係を築くためにはどうしたらいいか，アドバイスをするべきであると考える。その過程で，自分に何が足りなくて，何を学ばなければいけないのかが明確になり，1つ新たに学ぶごとに，自身の成長を実感できるのだと考えられる。

3　長期インターンシップへの移行と課題

2014年度においてインターンシップを実施している大学は全体の95.4%であり，年々増加している。一方で，学生の参加率はいまだ20.7%という低い水準にとどまっている[5]。そのうちの多くが特定の資格取得に関係するプログラムへの参加であり，資格取得に関係しないプログラムの参加率は，わずか2.6%というきわめて少ない数字になっている[6]。

インターンシップに参加した理由，参加しなかった理由について，徳永英子（2014）の調査結果がある。参加した理由は「仕事理解」「業種理解」「企業・職場の雰囲気を知る」という回答が多く[7]，希望職種の現場に対する強い興味が感じられる。これは一人の社会人として企業で働くという，未知の体験への不安の表れと考えられる。

一方，インターンシップに参加しない理由については「インターンシップの内容に魅力を感じなかった」という理由が最も多く，次いで「採用選考上有利になると思わなかっ

第4章　教育と人間関係

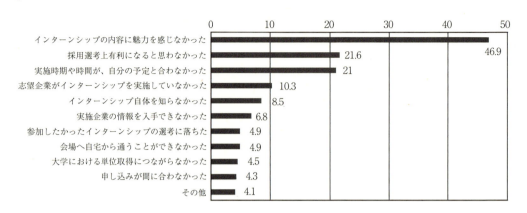

図1　インターンシップに参加しなかった理由（複数回答）[7]

た」「実施時期や時間が，自分の予定と合わなかった」「志望企業がインターンシップを実施していなかった」などが挙がっている[8]。

　インターンシップのなかには，優秀な人材を早期に確保することを目的として企業が独自に行う「採用直結型インターンシップ」がある。国や日本経済団体連合会は企業インターンシップを採用活動とは切り離して実施するよう通達しているが，学生には「就職への近道」というイメージが払拭できていないことが，このアンケート結果からも見て取れる。

　繰り返しになるが，大学におけるキャリア教育は学生に社会人としての基礎力を修得させることが目的であり，在学中に「社会で働く」ことを体験できるインターンシップは大きな効果が期待できるプログラムの1つである。社会に対する貢献や仕事のやりがいといったプラス面と，人間関係の難しさや自分自身の能力不足というマイナス面の両方を，座学ではなく体験による実感として学ぶことによって，学生が高等教育への積極性を高め，自らキャリアアップをめざす姿勢を養成するものである。

　さらに谷口知弘（2012）は，社会人として求められる態度や姿勢を大学で身につけさせることは困難であるとし，「実際に現場に入ることで社会のルールを学び，自信をもつことで態度や姿勢が変わります。そのレベルに達するためにはやはり半年程度の経験が必要です」[9]と述べている。宮城治男（2014）も，大学・企業の6割以上が「教育効果が高いインターンシップをおこなうには1ヵ月以上の期間が必要」と感じている[10]ことから，今後インターンシップは長期型へ移行していくべきであると述べている。

　また，宮城は教育効果が高い長期インターンシップを実現するための要件として「企業，大学，学生の三者で実施目的が明確に共有されていること」「実施目的に沿ったプログラムが設計されていること」「企業の現場等でのリアルな体験の機会があること」「学生の目標設定・フィードバック・振り返りが徹底されていること」[11]の4つを挙げている。

第6節　大学におけるキャリア教育
——大学生の社会的・職業的自立をめざすインターンシップの効果と課題

　長期インターンシップへの移行，プログラムの充実，受け入れ先・大学・学生の目標設定と共有など，すべてを1校で実現することはきわめて困難である。そのため，今後は大学コンソーシアムや地域のインターンシップ協議会に加盟するなど，大学が横のつながりを広げていくことが強く求められるだろう。

　自校以外の団体と共同でインターンシップに取り組むメリットは，受け入れ先やプログラムの幅が増すだけではない。1つのプログラムにおける募集対象が広がるということは，自校にはない学部の学生と異なる専門分野から意見交換をしたり，初めて出会った相手と協力しながらプログラムを遂行していくなど，新しい人間関係を体験してさまざまな「気づき」を得る機会を増やすことにつながる。

　大学という限られた空間から，他大学や地域社会，そして働く現場へと学生が足を踏み出し，新たな人間関係と価値観を発見する。そのための環境を整えることが，大学におけるキャリア教育の大きな使命となるだろう。

（布施　雅子）

引用文献

(1) 厚生労働省 (2014)『新規学卒就職者の在職期間別離職率の推移』(http://www.mhlw.go.jp/stf/seisakunitsuite/bunya/0000137940.html) (2016年11月13日閲覧)

(2) 厚生労働省 (2014)『平成25年若年者雇用実態調査の概要』p. 21.

(3) 大学コンソーシアム京都 (2016)『2015年度インターンシップ・プログラム実施報告書』p. 15.

(4) 前掲書, p. 35.

(5) 文部科学省 (2016)『平成26年度大学等におけるインターンシップ実施状況について』p. 4.

(6) 前掲書, p. 6.

(7) 徳永英子 (2014)「日本におけるインターンシップの現状」『カレッジマネジメント』リクルート進学総研 vol. 187, p. 13.

(8) 前掲書, p. 14.

(9) 谷口知弘 (2012)「他大学間交流でつくる長期プロジェクト型インターンシップ」『IKUEI NEWS』電通育英会 vol. 57, p. 15.

(10) 宮城治男 (2014)「長期インターンシップをカリキュラムに位置づける」『カレッジマネジメント』リクルート進学総研 vol. 187, pp. 6-11.

(11) 前掲書, p. 9.

参考文献

加藤俊明 (2016)『高等教育界から見る支援の在り方』(http://www.jasso.go.jp/gakusei/career/event/workshop/h26.html) (2016年11月13日閲覧)

大学コンソーシアム京都 (2016)『2015年度インターンシップ・プログラム実施報告書』pp. 1-4.

中央教育審議会 (2011)『今後の学校におけるキャリア教育・職業教育の在り方について (答申)』p. 3, 67-68.

山本均 (2012)「就職活動の成功を左右するインターンシップの使い方」『IKUEI NEWS』電通育英会 vol. 57, pp. 9-10.

第4章　教育と人間関係

第7節　新しい教育パラダイムと人間関係
──アクティブラーニングの特徴と可能性

【キーワード】
能動的学習，知の構成者・創造者，能力観の変換，共同的・協働的人間関係
多様で複雑な思考・創造

　現在，日本の教育は，伝統的な「教師の教える知識を記憶する」受身型の学習から「自ら考え・学び，自ら選択し・決定する」能動的な学習へパラダイム転換を図っている。その顕著な表れが，小中高校から大学に至るすべての教育段階でのアクティブラーニングの導入である。本節では，アクティブラーニングに代表される能動的学習は，教育に何をもたらし，どのような人間関係を育成するのか，事例をもとに検討する。

1. 実践事例

　筆者は，A大学において1年生プレゼミの再履修講座を担当した。受講生は，高校時代に受けたいじめによって重度の学習性無力感に陥り，入学当初から半期間欠席している全科目未履修の学生たちであった。彼らは，対人恐怖や場面緘黙や自殺念慮の症状を示し，リストカットとOD（overdose：薬物の多量服用）のアディクション（addiction：依存症）状態となって，自暴自棄に風俗街をさまよっている学生もいるという状況であった。

　教師を信頼しておらず系統主義的教育に強い忌避感と恐れを抱く彼らには，別のパラダイムの教育方法が必要であった。筆者は，彼らの学習性無力感の中核となっている自己能力不信，自己不承認，対人関係不全の3要素の改善を図るために，以下のようなアクティブラーニング（主要例）を実践した。

①広領域能力観への変換

　彼らは自らの能力を学校の成績評価という狭い領域で判断し，「能力がない」など自己能力不信に陥り絶望していた。このため，彼らの能力観を，人間は学校教育以外にも多様な能力を持っているとする多重知能論（ガードナー，2003）[1]や三頭論（スタンバーグ，1998）[2]を活用して，広い領域から能力を再考する広領域能力観へと変化させるように促した。

②増大的能力観への変換

　彼らは「自分はこの程度の人間」「努力しても仕方がない」など自己の能力を固定的に捉えていた。このため，増大的能力観（Dweck，2000）[3]を活用し，本当に好きで興味

第7節　新しい教育パラダイムと人間関係
——アクティブラーニングの特徴と可能性

を抱くことであれば，能力は努力によって必ず伸長・増大するという増大的能力観への変換を促した。ちなみに，①②の授業後，欠席者はゼロになった。

③P／P学習（Project Based Learning：課題探究型学習と Problem Based Learning：問題解決学習を組み合わせた学習）

　学習性無力感に陥った受講生たちは，内向化し，出口のない内的世界を幾度となく反芻する無気力で抑うつ的な日々を送っていた。このため，自己内に自己軸を想定するならば，構成する時間軸（縦軸）も意味軸（横軸）も若者らしく伸びやかに外の世界に伸ばすエネルギーを失い萎縮したままであった。この改善のため，自分の興味ある事柄を，より深くより遠くまで，しかも目前に立ち現れる問題を一つひとつ解決しながら自分で探究することによって，世界を深化・拡大するエネルギーを賦活できるようにした（例えば，リストカットと OD のアディクション状態だった学生は「境界性人格障害の症状と臨床的支援」について探究した）。同時に，対話の少ない受講生同士が話し合い助け合うように促し，研究発表では他者の承認と同時に疑問や意見に応えることができ，自己に対する自信と受容（自己承認）が獲得できるようにサポートした。

　結果

　①～③と毎回のブレインストーミングやマインドマップ作成，ボランティアの勧めなどの実践によって，受講生すべてが学習性無力感から立ち直った。中には，最優秀評価を数多く取得して卒業，「人の役に立ちたい」と福祉の仕事で活躍するようになった学生もいた。

　また，これらのアクティブラーニングの取り組みを改良して，一般学生の3，4年生を対象にした2つのゼミにも活用したところ，首席，次席での卒業や複数の大学院進学者や海外での孤児救済ボランティア従事者を出すなどの結果を得た。

　これらの実践を踏まえると，アクティブラーニングは教育に以下のような事柄をもたらすといえるだろう。

2. アクティブラーニングは教育に何をもたらすか

(1) 知の受身者から知の構成者・創造者へ

　アクティブラーニングは，①学習者主体の教育であり，学習者が能動的に自分で考え創造し，自分で学ぶ教育である。②自分で問題解決法を考えたり，実際にフィールド調査などを行い体験して学ぶ教育方法である。つまり，教師から教授された知識を記憶するのではなく，学習者が主体的に考え，対象に取り組むことを学びの中心とする。自分で体験し考え学び発表し，省察して新しい見解を発見することなどで，知的な構成力や創造力などが育成される。知は内化と外化を通して深く内在化され，自己の中に意味を持った世界と

第4章　教育と人間関係

して関与し（学生に理解・把握され：engagement）定着される。伝統的な受身の学習が知の効率的な記憶を促しても，概念の意味の世界を理解していなかったり，深化した内在化に至っておらず意味世界も丸覚え状態のため，活用できなかったり長期的には知を忘れ去っていることが多いのとは対照的である。

　この経験を踏まえると，学生はアクティブラーニングを通して自分が知の受身者に留まる存在ではなく，知の構成者（波多野・稲垣，1989）[4]・知の創造者であることに気づいていく。さらに，自らの構成や創造が他者に認められて知の構成者・創造者であることに歓びを見出すと，大きく変容する。彼らは，思考や営為を様々に工夫するようになる。セルフアサーション（self-assertion: 自己の意見の表出）をし出し，自己の研究発表を積極的に行うようになり，セルフエスティーム（self-esteem: 自尊感情）が上昇し，ローカス・オブ・コントロール（locus of control: 自己統制の位置）も内的統制傾向に変容する。

（2）プロセスの重視

　アクティブラーニングでは，結果よりもそこに至るプロセスを重視する。アプローチするプロセスは1つでなく，個人の思考・選択によって違ってくることが多い。また，系統主義による受身学習のように直線的な思考ではない。例えば，ある現象を調査すると，現象と結果の整合性のリフレクション（reflection：反省的問い返し）にとどまらず，調査の対象とする人々の関係性や状況や心情や変容過程，現象の変容や停滞の背景など多岐にわたるアプローチと関係付けや統合を試みる複雑な思考プロセスを歩むことが多い。結果的に直線的な結論づけより，より豊かな世界性修得が可能となることが多い。

（3）認知プロセスの外化

　アクティブラーニングは，自らが認知し考えたことを書く，話す等で発表する方法をとる。また，それを基に友人や教師からの意見を聞き省察と批判的思考を繰り返して深い認知や考えとなり，その見解をまとめるなど認知プロセスの外化（溝上，2014）[5]を通して省察を繰り返す過程自体が重要な学びとなる。

（4）共同的・協働的人間関係の成立

　アクティブラーニングはグループで共同探究したり協働することが多いため，対人関係調整能力やコミュニケーション力が身につき，支えあい励ましあう関係が成立しやすい。対人関係が苦手な学生やバーチャルな世界との交信にふけり，考えが一方的になりがちな学生が多い現状を改善できる一助となりうる。モデリング（modeling：他をモデルにして，学びを深めること）によって，互いに学び合う姿勢や共同性が育ちやすい。

（5）多様で複雑な思考・創造を重んじる

　伝統的な系統主義教育では，教師の直線的な教授観・知識観を受身で学ぶため，知識や思考が直線的で単一的になり，他者性（他者の立場から物事を考えること）や当事者性

第7節　新しい教育パラダイムと人間関係
──アクティブラーニングの特徴と可能性

（当事者の立場・状況などから物事を考えること）など人間関係や実践知（スタンバーグ，1998）[3] に必要な複雑な思考が欠落しやすいなどの欠点を所有している。それに対してアクティブラーニングでは，多様で複雑な思考・創造を重んじる。因果律にとらわれないで多様性を重視し，追証不可能な事象も対象とするポスト実証主義的世界も把握する。このため，深い世界理解や人間理解を行うようになる。自己中心主義を排し他の人々（特に弱者）へのいたわりやインクルーシブな思い（共に生きる思い）を育成することも可能になる。

(6) 新たな枠組みと新たなパースペクティブの発見

　系統主義教育＋アクティブラーニングという活用方法によって既定知の正統的な見解に接近するワンループ学習（one loop learning）もあれば，アクティブラーニングを主体として支えてきた枠組み自体を問い改革し，新たな枠組みによる新たなパースペクティブで新たな見解にいたるツーループ学習（two loop learning）も可能となる。

（占部 愼一）

引用文献

(1) ガードナー, H.（著）黒上晴夫（監訳）(2003)『多元的知能の世界──MI理論の活用と可能性』日本文教出版, pp. 4-55.

(2) スタンバーグ, R.（著）小此木啓吾・遠藤公美恵（訳）(1998)『知脳革命』潮出版社, pp. 65-144.

(3) Dweck, C. S. (2000) *Self-Theories: Their Role in Motivation, Personality and Development.* Taylor & Francis Group, pp. 20-58.

(4) 波多野宜余夫・稲垣佳世子 (1989)『人はいかに学ぶか──日常的認知の世界』中央公論社, pp. 184-190.

(5) 溝上慎一 (2014)『アクティブラーニングと教授学習パラダイムの転換』東信堂, pp. 7-23.

参考文献

ディー・フィンク, L.（著）土持ゲーリー法一（監訳）(2011)『学習経験をつくる大学授業法』玉川大学出版部

Greeno, J. G. and Engeström, Y. (2013) Learning in Activity. In Sawyer, K. R. (Eds), *The Cambridge Handbook of the Learning Sciences*, Cambridge University Press.

松下佳代・京都大学高等教育研究開発推進センター (2015)『ディープ・アクティブラーニング』勁草書房

第5章

福祉・医療の分野における
人間関係

福祉・医療は人間関係の援助に深くかかわっており，人間の生活基盤に直結している分野でもある。それだけに人間関係を取りもち，つなぐ専門的な理論，技法を身につけることが必要である。子どもから高齢者まで，たとえどのような状態であったとしても人間として尊ばれて育まれて暮らすことができる社会づくりが急務であり，「人間関係力」という専門性を福祉・医療の分野でどのように活用していくことができるのか，本章では福祉・医療の研究者や実践者がそれぞれの立場から人間関係のあり方について提起していく。

第5章　福祉・医療の分野における人間関係

第1節　家庭・保育所における育児支援

【キーワード】
孤立化，子育て，アウトリーチ

　近年の少子化と核家族化の進展にともなって，子育て家庭への育児支援の必要性が論じられて久しい。自分が子どもを授かるまで乳幼児に触れたことがなく，どうやって子育てをしてよいのかわからないといった不安を抱える保護者や，近くに相談できる人がいないといった孤立化している保護者の存在も指摘されている。そのような現状を受けて，これまでにもさまざまな育児支援策が講じられてきた。たとえば，1995年の「今後の子育て支援のための施策の基本方向について」（エンゼルプラン）から始まる一連の子育て支援策がそれにあたる。なかでも2002年の少子化対策プラスワンでは，保育園整備が中心とされてきたそれまでの施策とは異なり，在宅での子育ても含めたすべての子育て家庭を対象とし，子育て支援サービスの推進とネットワークづくりの導入が盛り込まれた。これ以降，この「すべての子育て家庭への支援」という流れは，その後の育児支援策の中核に据えられている。この節では，「すべての子育て家庭への支援」のなかで，とくに孤立化しがちな保護者への育児支援にはどのようなものがあるか，また今後どのような育児支援が求められるか，トピックを交えて考えていきたい。

事例・トピック

育児不安を抱え，孤立化する保護者への支援

　育児不安を抱える保護者の問題が取りざたされている。2013年の「子ども・子育てに関する調査」によると，子育てするなかで，「ストレスを感じることがある」と答えた割合は男性の64.3％に比べ，女性が86.8％と高い数値を示している[1]。また，勤務形態別に育児不安について尋ねた調査においても，専業主婦が最も育児不安度が高い項目が多く，なかでも「子どものことがわずらわしくてイライラする，子どものことでどうしていいかわからないときがある」といった項目で，有職の母親との差が顕著に大きいことが示されている。育児不安から虐待が引き起こされることが明らかにされている[2]ことからも，育児不安を解消していくための支援策を検討していく必要がある。

　ではまず，実際の事例を通して育児不安を抱えた保護者の状況はどのようなものがあるのか，具体的に確認していこう。

第1節　家庭・保育所における育児支援

　Aさんは，現在9ヵ月の男児Bくんの母親である。結婚後，しばらくは仕事をしていたが，転勤族である夫の転勤にともない退職し専業主婦となった。ある日，かかりつけの小児科にBくんを連れてきていたAさんの様子を怪訝に感じた看護師が話を聞いたところ，「産後の体調が悪いなか，自分1人で子どもの世話をするのが辛い。夫は仕事ばかりで相談にものってくれず，引っ越してきたばかりで友だちもいない。両実家ともに遠方のため，ほぼ1人で子育てをしている状況である。慣れない育児のため，子どもが泣きやまずイライラすることや，自分の子育てが正しいのか不安に思うことも多くある。ときどき電話する親から『たった1人しか子どもはいないのに，何がそんなに大変なのか。もっとしっかりしなくちゃだめよ』といわれて落ち込んでいた。ときどき泣きやまない子どもにも手を上げそうになる」と涙ながらに話した。

　これは専業主婦の特徴的な事例である。有職の母親とは異なり，核家族家庭の専業主婦は子どもといる時間も長く，夫が長時間労働をしている場合では，1人で子どもと対峙し孤立が深まる状況にある。女性の社会進出が進み，共働き家庭が多くなってきているものの，いまだ3歳未満の子どもをもつ女性の約8割が家庭で育児をしている現状において，その悩みや不安を緩和させていく支援が求められている。

演習課題【トレーニング】

　では，地域のなかで孤立しがちな保護者に対してどのような育児支援が必要なのだろうか。日本では，すでにさまざまなフォーマル・インフォーマルな育児支援が実施されている。保護者の孤立化を防止するためにはどのような取り組みがあるのか，新聞や書籍，インターネットなどを参照してみよう。そして，それらを参考にあなたが住む地域（中学校区内を目安として）でできると思う育児支援について考えてみよう。

解説

　子育て中の保護者を孤立化させないためには，保護者が家に閉じこもるのではなく，何らかの場所に出ていき，そこでの人間関係を構築していく仕組みが求められる。ここでは，現在実施されている育児支援をいくつか紹介していこう。まず，子育て中の当事者が互いに支え合う支援策として「地域子育て支援拠点事業」がある。これは，地域の子育て支援機能の充実を図り，子育ての不安感等を緩和し，子どもの健やかな育ちを支援することを目的としたものであり，厚生労働省によると，全国6,538ヵ所設置されている（平成26年度実施状況）[3]。基本事業として，①子育て親子の交流の場の提供と交流の促進，②子育て等に関する相談，援助の実施，③地域の子育て関連情報の提供，④子育ておよび子育て支援に関する講習等の4事業を実施していくこととなっている。実施場所は，保育所，

第5章　福祉・医療の分野における人間関係

児童館，商店街の空き店舗，公共施設等といった，地域のなかでベビーカーを押しながら歩いていくことのできるような身近な場所での開設が求められている。すなわち，子育て中の保護者が毎日子どもを連れて散歩がてらその場所へ集い，やがてはママ友となりそこで悩みや不安を解消していくという構図が企図されている。2010年に策定された「子ども・子育てビジョン」において，平成26年度までに全国1万ヵ所設置という数値目標が設定されており，現段階ではまだその目標に達してはいないものの，年々その数は増加している状況である。

　また，そのほかの相談機関として1998年の児童福祉法改正により創設された「児童家庭支援センター」がある。児童家庭支援センターは，地域の児童の福祉に関する問題について，児童に関する家庭その他からの相談のうち，専門的な知識および技術を必要とするものに応じて必要な助言を行う施設である。とともに，市町村の求めに応じ，技術的助言その他必要な援助を行う。保護を要する児童またはその保護者に対する指導，また児童相談所や児童福祉施設等との連絡調整等を総合的に行い，地域の児童，家庭の福祉の向上を図ることを目的とする機関である。これは専門的な相談機関として設置されており，より専門的な相談にのってもらえるという利点がある一方で，全国に87ヵ所（平成23年度実施状況）[4]と決して多くはない。また認知度も低いことが指摘されており，利用が難しいことがうかがえる。

　そして，これらのほかにも各自治体が実施している母親学級や父親学級，両親学級，子育てひろば，育児サークル，子育てセミナーなどさまざまな育児支援策が実施されている。しかし，上記のような場所はいずれも，保護者自らが足を向けなければそこでの人間関係は築けないという欠点がある。そして，支援が必要な保護者ほどそのような場を利用しないというジレンマがある。すなわち，利用しない保護者にとっては，いかに場が開かれていても意味がないのである。

　では，そのような保護者にとってはどういう支援策が必要となるだろうか。ここでは2点提示したい。すなわち，1点目は実際に保護者のもとへ赴く支援（アウトリーチ）である。たとえば，生後4ヵ月までの乳児がいるすべての家庭を訪問する「乳児家庭全戸訪問事業（こんにちは赤ちゃん事業）」，ならびにこの「乳児家庭全戸訪問事業」を受けて，養育支援がとくに必要であると判断された家庭に対し，保健師や保育士等がその居宅を訪問し養育に関する指導，助言を行う「養育支援訪問事業」がこれにあたる。さらには，先述した「地域子育て支援拠点事業」において，拠点を利用したくても何らかの理由によって利用できない保護者に対する訪問支援，地域の主任児童委員，民生委員が実施している子どもや子育て家庭への見守りなどの支援活動ボランティアも含まれる。このように，実際に自ら人間関係を構築していくことが難しい保護者に対しては支援を届けていく取り組み

が求められよう。2点目は地域におけるネットワーク形成の必要性である。1点目で述べたアウトリーチのような積極的な育児支援は孤立しがちな保護者にとっては敬遠され，なかに入り込むことが難しい場合もある。そのようなときには支援がかえって保護者を追い詰めてしまうという危険性もあることから，どのようなかかわり方が受け入れられやすいのかを関係者全員で考えていくことが求められよう。

　地域にはさまざまな人材，機関，団体等が存在し，それらが連携し協働していくことで，保護者に受け入れられやすいかかわりを見つけ，人間関係を構築していくきっかけとなると考えられる。そのためには，それぞれが常日頃から互いの状況についての情報交換や相互の連帯意識を高めておくことが重要である。人間関係士が連携や協働を行う場合にも，地域の諸事情や状況などの情報をしっかりと得ておくことが必要であろう。

（香﨑 智郁代）

引用文献

(1) 日本労働組合総連合会(2013)「子ども・子育てに関する調査」(http://www.jtuc-rengo.or.jp/news/chousa/data/20130621.pdf)(2016年6月15日閲覧)

　特定非営利活動法人子育て学協会(2014)「幼児期の子育てに関する悩み調査」(http://kosodategaku.jp/wp-content/uploads/2014/03/38d2e046eb5052f98404c117a99bbff1.pdf)(2016年6月15日閲覧)

(2) 望月由妃子ほか(2014)「養育者の育児不安および育児環境と虐待の関連——保育園における研究」『日本公衆衛生雑誌』61(6), pp. 263-274.

(3) 厚生労働省ホームページ「平成26年度　地域子育て支援拠点事業実施状況」(http://www.mhlw.go.jp/file/06-Seisakujouhou-11900000-Koyoukintoujidoukateikyoku/kyoten_kasho26.pdf)(2016年6月20日閲覧)

(4) 厚生労働省ホームページ「社会的養護の施設等について 7　児童家庭支援センターの概要」(http://www.mhlw.go.jp/bunya/kodomo/syakaiteki_yougo/01.html)(2016年6月16日閲覧)

第5章　福祉・医療の分野における人間関係

第2節　学童期の児童に対する福祉支援

【キーワード】
子どもの貧困，国・民間の取り組み，それらを結ぶ人間関係

　「子どもの貧困」がニュースでも多く見られるようになった。世界を見渡せば，日本より経済状況の劣悪な国々は多いと思うが，OECD 加盟国中（36 ヵ国）6 番目（2011 年）に高い水準になっている。子どもの貧困を測る指数として用いられている，「相対的貧困率」とは，OECD 作成基準にもとづき，等価可処分所得（世帯の可処分所得を世帯全員の平方根で割って調整した所得）の中央値の半分に満たない世帯員の割合である。2014 年 7 月に厚生労働省より発表された「平成 25 年国民生活基礎調査」によると，2012 年の全世帯収入の平均は 537.2 万円であり，中央値が 244 万円，その半分の 122 万円が貧困線となる。同調査では，子どもの相対的貧困率は 16.3％，子どものいる現役世帯全体で 15.1％，大人が 1 人で 54.6％，大人が 2 人以上で 12.4％である。各種世帯について，平均所得金額以下の割合は，「高齢者世帯」が 90.1％，「児童のいる世帯」が 41.5％，「母子世帯」が 95.9％となっている。総所得の平均所得金額について，児童のいる世帯では 673.2 万円に対し，母子世帯では 243.4 万円と 36％の収入しかない [1]。その多くの所得種別は，稼働所得が 179.0 万円，年金以外の社会保障給付金が 49.3 万円となっている。平均貯蓄額は 263.8 万円であり，児童のいる世帯の 706.7 万円の 37％ほどしかない。これらから，「子どもの貧困」と呼ばれる世帯状況は，母子家庭の子どもたちが多く含まれることがわかる。

事例・トピック

子どもたちの貧困を救うために家庭（家族）も支援する

　子どもの貧困は，母子家庭という環境で高いことが示されており，学童期では不登校などのさまざまな問題を抱えている。では，実際の事例 [2] では，どのような貧困の状況があるかを確認してみたい。

　小学校 3 年生の男児の事例である。学校が始まっても，男児は家の玄関先でうずくまっていた。「お母さんが仕事で夜中まで帰ってこない。妹は寝るけど，僕は寝られへん」と，家と連絡がとれず訪ねてきた男性教諭にいった。母親は部屋で寝ているという。「行こう。しんどかったら，保健室で休んでええから」。教諭は手を差し伸べた。男児は母親の離婚を機に転校。母親はハローワークで職が見つからず，スナックで週 6 日働き，未明に帰宅。

第2節　学童期の児童に対する福祉支援

男児はしばしば欠席した。

　中部地方のある中学校の保健室は，夜も窓から明かりが漏れていた。日中から続く健康相談会。校医を務める小児科の女性医師が定期的に開いている。この日，生徒が10人ほど相談に来た。寄せられる相談の多くは「不定愁訴」。体調がすぐれないのに原因が見当たらない状態のことだ。「大きな病気じゃないのよ。眠りが浅くて睡眠の質が悪いの」。落ち着かせながら家庭環境を尋ねた。頭痛，尿失禁など思春期の不定愁訴に貧困がひそむ事例を何度も目にしてきた。不安や手の震えを訴えた中3女子は，ホステスで稼ぐ母親とぎりぎりの生活を送っていた。恋愛話で盛り上がったあと，「誰にも言えんかった」と抱えていた苦しみを打ち明けた。独り夜を過ごす寂しさからネットで男と知り合い，性的関係を強要されていた。

　いずれの事例も，保護者から直接，関係機関や学校への相談があるのではない。また，子どもたちは，自分の状況を誰に相談してよいか理解できず，不登校や不良行為をせざるを得ない状況に追い込まれてしまう。その結果，学校関係者，多くは担任や養護教諭が子どもの異変に気がつき，自ら行動して危機的な状況を発見している。学校には，子どもたちの危機的貧困状況からの脱却を促し学校に安心して通える状況をつくり出すか，児童と家庭を支援するという視点からの支援が求められている。

演習課題【トレーニング】

　子どもの貧困は，児童時期だけの貧困問題として捉えることはできない。「父親，母親の学歴別　子どもの貧困率」（2012）によると，小中学卒業の親をもつ子どもの貧困率は父親で33.1％，母親で42.8％と高い。次に高校卒業が父親14.0％，母親20.3％となり，この2つの卒業歴が，母親では全体の63.1％と高く，専門学校，短大・大学，大学院と比較しても高い数値である。親の学歴が貧困率に影響している。とすれば，教育の平等（機会の平等と質の平等）は，子どもにとって重要な権利である。では，貧困状況にある子どもたちを教育の場へ戻すため，官民の取り組みを調べ，学校現場における児童と家庭に対しての福祉支援のあり方について，考えてみよう。

解説

　子どもの貧困が社会問題化するにつれて，国の対応としては，2013年6月に「子どもの貧困対策の推進に関する法律」が成立し，2014年1月17日に施行された。この法律は，子どもの将来がその生まれ育った環境によって左右されることのないよう，貧困の状況にある子どもが健やかに育成される環境を整備するとともに，教育の機会均等を図り，同時に国・地方公共団体・国民等の責務を明らかにすることを目的としている。この法律を踏

第5章 福祉・医療の分野における人間関係

まえ，政府は，同年8月29日に「子供の貧困対策に関する大綱」を策定した。この大綱では，基本的な方針として，児童期における貧困対策として，「教育の支援では，『学校』を子供の貧困対策のプラットフォームと位置づけて総合的に対策を推進するとともに，教育費負担の軽減を図る」と示されている。

事例においても，子どもが登校しないという異変に，家と連絡がとれず家庭訪問を行った教諭の行動が子どもの家庭環境を把握し，学校内での「ケース会議」を開き「まずは経済的な安定」という対策を示すことで，子どもの教育の支援を図る総合的な貧困対策を行った。また，学校の保健室で行われている小児科医による健康相談の事例では，医師の相談内容の知らせを受け，担任が家庭訪問を繰り返し，養護教諭も子どもの栄養の確保や子どもの悩みを聞く場としての保健室登校を促すなどの窓口としての役割を行った。

このように，子どもたちの異変に気がつき行動を起こしたのは，担任，養護教諭，スクールソーシャルワーカー（以下SSW）であることが多くみられる。「ケース会議」で大きな役割を果たすのがSSWである。SSWは，子どもたちの身近にいる担任，養護教諭より，子どもとその家庭を含めた環境を把握し，貧困家庭の子どもたちを早期の段階で生活支援や福祉制度につなげる専門職としての位置づけがなされている。子どもの貧困は，家庭の貧困である。家庭の貧困を解決するには，生活支援や福祉制度の活用が必須であり，その調整役としてのSSWの活性化は今後大きく期待される。

政策としての支援について大きく「教育の支援」「生活の支援」がある。「教育の支援」については，経済的支援として，就学援助制度の利用，高校生等奨学給付金制度，日本学生支援機構の奨学金制度の活用もある。民間としては，大学・専門学校生が経済的理由により修学を断念することがないよう，独自の経済的支援を実施している学校もある。貧困状況での不登校等による学習の遅れについては，フリースクールや学習支援を行っているNPO，学生によるピアサポート，学習塾による無料授業，授業料減免等，地域による学習支援の場ができている。とくに学生によるピアサポートでは，大学生が子どもたちにとって親しみやすいお兄さん・お姉さんのような存在であり，家庭を訪問し，勉強だけではなく遊びながら子どもとの信頼関係を構築する方法の1つとなっている。

「生活の支援」については，子どもの現状を支える保護者の生活支援と，子どもの生活支援，子どもの就労支援，支援する人材・人員の確保が重要である。保護者の生活支援としては，母子家庭の母親への就労支援は重要である。就業支援策として，①就業相談・就労支援，②職業能力開発，③雇用・就業機会の拡大がある。①就業相談・就労支援としては，マザーズハローワーク，母子家庭支援等就業・自立支援センター事業，一般市等就業・自立支援事業が創設されている。また，母子家庭の相談，指導にあたる，母子相談員については，母子及び寡婦福祉法の2002年の改正により，母子・父子自立支援員に改

称され，就労支援も実施している。②職業能力開発は，2003年より教育訓練講座を受講，修了した場合に給付される自立支援教育訓練給付金事業が実施されており，2003年からは国家資格（給付対象資格は地域事業によって異なる）を取得するために養成機関で修業する場合に，生活の負担を軽減する高等職業訓練促進給付金が都道府県等から支給されており，現在は母子に限らず，父子家庭の父親にも支給されている。③雇用・就業機会の拡大は，母子家庭の母親等の就職が困難な者を新たに継続して雇用した事業主に対して，雇用保険の事業として，特定求職者雇用開発助成金，職場適応訓練費が支給されることになっている[3]。

　子どもの生活支援としては，子どもが安心して入れる居場所づくりとしての学習支援事業，子どもの就労支援として，ひとり親家庭や児童養護施設児童等に対する，就業講習会の開催，情報提供等の情報提供が重要になっている。

　子どもの貧困に対する支援は，ある時期での短期的な支援だけで終結ではない。親の就労の確保に始まり，家族の生活保障を行ったうえで，子どもらしい子ども時代を過ごすための環境づくりを，家庭を中心に学校がサポートする必要がある。しかし，支援が始まるのは，学校とつながっていることが前提である。SOSを出せない，出しにくい子どもたちと家庭を支援するには，人が人に関心をもつ人間関係を構築することが大切であることを忘れてはならない。人間関係士の出番もこうした状況を鋭敏に察知し，向き合っていくなかから生まれるものかもしれない。

（宮﨑 由紀子）

引用文献

(1) 阿部彩（2014）「相対的貧困率の動向――2006, 2009, 2012年」『貧困統計ホームページ』（https://www.hinkonstat.net/平成25年国民生活基礎調査-を用いた相対的貧困率の動向の分析-1/）（2016年9月30日閲覧）
(2)『朝日新聞デジタル』（2016年2月23日，2月26日付）「特集：子どもと貧困」（2016年9月30日閲覧）
(3) 一般財団法人厚生労働統計協会（2015）『国民の福祉と介護の動向（厚生の指標　増刊）』，第26巻第10号，p.109.
　「子どもの貧困対策の推進に関する法律」
　「子供の貧困対策に関する大綱～全ての子供たちが夢と希望を持って成長していける社会の実現を目指して～」

参考文献

内閣府（2015）『すべての子どもの安心と希望の実現プロジェクト』（http://www8.cao.go.jp/kodomonohinkon/kaigi/k_4/pdf/s2.pdf）（2016年12月6日閲覧）
内閣府（2016）『平成27年版　子供・若者白書』（http://www8.cao.go.jp/youth/whitepaper/h27honpen/index.html）（2016年12月6日閲覧）
日本財団（2016）『子どもの貧困対策プロジェクト報告資料』（http://www8.cao.go.jp/kodomonohinkon/iinkai/k_1/pdf/ref7.pdf）（2016年12月6日閲覧）

第5章　福祉・医療の分野における人間関係

第3節　女性の健康問題に対する支援

【キーワード】
学校（性）教育，未婚，女性の健康，支援

　女性の健康問題への支援は，生まれてから亡くなるまでのさまざまなライフサイクルに求められる。中でも，思春期は将来健全な身体をつくるために重要な時期であることから，本節では思春期からの健康支援や性教育に焦点をあてて述べる。

　女性のライフサイクルは生まれてから思春期・青年期・成熟期・更年期などがあり，疾患が引き起こされる背景には女性ホルモンとの関係が深い。無理なダイエットから月経が停止する思春期やせ症，卵巣機能の停止による骨粗鬆症や更年期うつは，女性ホルモンが減少したため生じる。その反対に子宮内膜症は女性ホルモンに暴露され生じる。晩婚化が進む今日では月経回数を多く経験する成熟女性の10人に1人は罹患しており，将来的に不妊になる[1]可能性がある。

　本節では女性の社会進出・高学歴化などから今，社会問題になっている「不妊」についての支援を考えたい。「不妊」の原因比率は男女1：1と男性にもあるが，女性からの視点で「不妊にならないためにはどうしたらよいか（不妊予防）」，または「不妊になってしまった人への支援を行うにはどのようにしたらよいのか」を考えてみたい。

事例・トピック

「卵子の老化」

　「卵子の老化」について2012年2月放送したテレビ番組[2]は大きな反響があった。また，急増する不妊の背景には，女性の社会進出が進む一方で妊娠・出産を考慮してこなかった社会の姿があり，一部のクリニックにおいては独身女性の「卵子保存」が行われていた[3]と指摘している。そして，「不妊」は加齢と関係することから，未婚者・既婚者を問わず生じるのである。

　2005年，合計特殊出生率は1.26と過去最低となり，不妊患者は46万人となった[4]。国は2004年，「特定不妊治療助成事業」を開始し，不妊治療を受ける患者への経済的支援を行っている。35歳以上の出産は2000年から10年間で倍増したが「妊娠適齢期」を逸脱した妊娠の高齢化は変わっていない[4]。日本生殖医学会は「妊娠適齢期」は20歳代中頃であり，35歳ごろまでの自然妊娠がベストと指摘しているが，2012年の女性の平均初

第3節　女性の健康問題に対する支援

婚年齢は29.2歳，第1子出産年齢は30.3歳であり，晩婚化・晩産化にもなっている[5]。

日本は世界各国において，妊娠にかかわる知識の習得度が40％弱と平均の64.3％を下回り[6]，このような状態になった背景には性教育など教育機会を提供することが少なかったとの声もある。2016年度に発表された「女性の健康と経済成長」では，日本は女性特有の健康リスクと治療を目的とした包括的な施策の実施において，他の先進諸国に遅れをとっているとも指摘している[7]。

演習課題【トレーニング】

では，不妊にならないため（不妊予防として）にはどのようにしていったらよいのか考えてみよう。加齢と卵子の数については図1に示すとおりである。

解説

1990年，WHOの性と生殖に関する健康と権利「リプロダクティブ・ヘルス／ライツ」では，「人々が希望する数の子どもを希望するときにもつことができ，安全に妊娠・出産を経験して完全な子どもを産み，性感染症のおそれなしに性的関係をもてること」と定義し，女性が妊孕性（妊娠できる可能性）を調節し，抑制できるとしている[1]。しかし，妊娠には適齢期があり，図1から加齢とともに卵子の数が減少してくることがわかる。

国は「不妊特定支援事業」として不妊治療を受けている女性に経済的支援を行っているものの，35歳以上の女性は妊娠率が期待できないことから，年齢制限と受給回数を制限している。しかし，経済的支援だけでは不妊の問題は解決しない。

では，行政としてはどうであろうか。ライフプランを作成することが重要と掲げてはいるものの，全自治体にはまだ浸透していない。

しかし，神奈川県など一部の自治体では，自分のライフプランを考えられるよう，子どもをいつ産むか，仕事，結婚，妊娠・出産，10年後の自分などと個人が活用しやすい

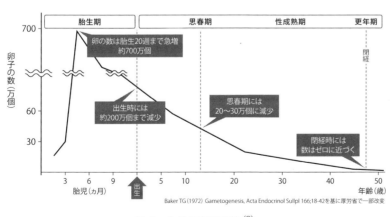

図1　女性の卵子の数[8]

第5章　福祉・医療の分野における人間関係

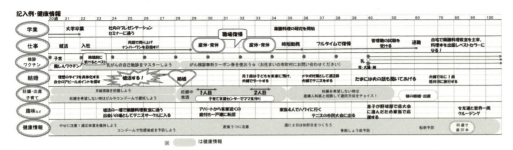

図2　神奈川県のライフプラン資料[9]

資料[9]が作成されている（図2）。

　では，教育面ではどうであろうか。「卵子の成り立ちや老化」「妊娠適齢期」について学校教育では取り上げられておらず，「性病予防」「避妊」が主体の教育で妊娠の知識をいかす授業が行われてこなかったと，2012年の国会において女性議員も指摘している[10]。不妊体験者を支援する会NPO法人Fineも2014年，「性教育または社会教育のカリキュラムの中に妊娠・出産・不妊等に関する正しい知識教育を追加する要望書」[11]を文部科学大臣に提出している。

　また，「女性の健康と経済成長」では，子宮内膜症が不妊症の原因になることに関して76％の学生が知らず，知識の欠如は健康管理，ワークライフバランスに悪影響を及ぼす……避妊に限定されない婦人科疾患の予防，治療，ライフプランニングを含めた包括的な女性の教育プログラムを学校教育（大学を含む）にも盛り込むことを推奨している。女性がライフステージごとに抱えている健康上のリスクを積極的にコントロールできるようになることは日本の経済と社会の成長に大きく寄与する。実現には本人たちの自己努力だけではなく，政府，企業による包括的な取り組み，サポートが必要[7]と指摘している。

　以上のように，性教育に対してさまざまな指摘があるものの，国はいまだに性教育の改善を行っていない。そのため，性教育の不足は専門的知識をもった産婦人科医師，助産師，保健師，養護教諭が「卵子の成り立ち」「妊娠適齢期」について健康教室を開催するなど不妊を含め早期から健康教育を行う必要がある。今日のような女性の社会進出から未婚であっても不妊になる女性もいることを考えると，そうならないためにライフプランを視野に入れた早急な健康支援が求められる。また，女性自身も自主的に知識を修得する機会を得，ライフプランについて考えていく努力が必要である。さらには，企業における健康教育の一貫として「不妊予防教育」も行っていくことも必要である。

　妊娠・出産によって女性が休業することが企業に影響を与える可能性もある。しかし，長期的に考えるならば女性労働力の獲得，ひいては有能な人材定着にもつながり，将来的には企業経営に貢献するのである。しかし，何といっても重要なのは思春期からの支援で

第3節　女性の健康問題に対する支援

ある。思春期は将来に向けて，健康な身体づくりの時期でもある。月経の乱れが不妊になる可能性もある。学生の将来を考え，身体の悩みに関する訴えを聴く養護教諭の役割も重要である。また，助産師などの専門職も出前授業を行うなど学校教育に参加し，健康な身体づくりについて啓蒙活動をしていくことも不妊予防につながる。

　その一方，すでに不妊になってしまった女性への支援も重要である。患者は人には言えない様々な悩みを抱えている。不妊を含め女性の身体に関する悩みはデリケートであるため，支援する側にもその悩みや苦しみを自分のこととして考える立場変換が求められる。そうすることによって真の患者の気持ちが理解でき，そうすることが患者のケアにもつながる。その第一歩としてまず，患者の話を十分に聴くことであり，それがケアになる[12]。そして，ケアが適切かどうかは，患者との信頼関係に大きくかかわってくる。つまり，ケアするには患者との良好な人間関係が望まれるのである。

（馬橋　和恵）

参考文献

(1) 吉澤豊予子・鈴木幸子(2003)『女性の看護学——母性の健康から女性の健康へ』メヂカルフレンド社

(2) NHK取材班(2013)『産みたいのに産めない——卵子老化の衝撃』文藝春秋

(3) NHK(2012年2月14日放送)『クローズアップ現代　急増　卵子提供』(http://www.nhk.or.jp/gendai/articles/3158/)(2016年12月6日閲覧)

(4) 厚生労働省(2013)『「不妊に悩む方への特定治療支援事業等のあり方に関する検討会」報告書について』(http://www.mhlw.go.jp/stf/houdou/0000016911.html)(2016年12月6日閲覧)

(5) 内閣府(2012)『婚姻・出産等の状況　平成26年度少子化社会対策白書』(http://www8.cao.go.jp/shoushi/shoushika/whitepaper/measures/w-2014/26webhonpen/html/b1_s1-1-3.html)(2016年12月6日閲覧)

(6) Bunting, L., et al.,(2013) Fertility knowledge and beliefs about fertility treatment. *Human Reproduction,*, 28(2), pp. 385-397.

(7) EUROPEAN BUSINESS COUNCIL IN JAPAN(2016)『女性の健康と経済成長』(http://accj.paradigm.co.jp/documents/ACCJ-EBC_WH_paper_J_full.pdf)(2016年12月6日閲覧)

(8) 厚生労働省(2015)『知っていますか？男性のからだのこと女性のからだのこと』(http://www.mhlw.go.jp/file.jsp?id=144718andname=2r98520000035kxv_1.pdf)(2016年12月6日閲覧)

(9) 神奈川県保健福祉局保健医療部健康増進課(2014)『□流ハッピーライフプラン』(http://www.pref.kanagawa.jp/uploaded/attachment/771062.pdf)(2016年12月6日閲覧)

(10) 野田聖子(2012)『妊娠適齢期についての教育及び若い時期に女性が働きながら産み・育てることができる社会基盤の欠如に関する質問主意書』(http://www.shugiin.go.jp/internet/itdb_shitsumon.nsf/html/shitsumon/a181050.htm)(2016年12月6日閲覧)

(11) 不妊体験者を支援する会NPO法人Fine(2008)『中学・高校の学習指導要領におけるカリキュラムへの「妊娠・出産に関する正しい知識教育」の追加に関する要望書』(http://j-fine.jp/activity/act/yobo-chishiki1410.pdf)(2016年12月6日閲覧)

(12) 東野妙子ほか(2006)「過去に流産を経験した妊婦へのスピリチュアルケアを考える——妊婦自身の流産体験および体験を語る場を提供し傾聴することの意味」『聖母大学紀要』3, pp. 11-19.

第5章　福祉・医療の分野における人間関係

第4節　障害児・者への支援

> **【キーワード】**
> 障害者権利条約，障害者総合支援法，障害者差別解消法，インクルーシブ教育，
> 共生社会，社会参加

　日本国憲法第13条には，すべての国民の基本的人権の亨有は妨げられないと規定されている。また，第14条にはすべての国民は法の下の平等で，差別されないと規定されている。しかし，実際には障害児・者への差別はなくならない。例えば，障害のある子どもの学校選択の自由は奪われて普通小学校の入学拒否を受けることや，障害者の雇用を拒否する民間企業・団体もあり，多くの差別を受けている。

　2006年12月に国連総会本会議で採択された「障害者の権利に関する条約（障害者権利条約）」が，その後の我が国の障害者施策に大きく影響を与えることになった。障害者権利条約とは，障害者の人権や基本的自由の亨有を確保し，障害者固有の尊厳の尊重を促進するため，障害者の権利を実現する措置を規定しているものである。例えば，障害に基づくあらゆる差別（合理的配慮の否定を含む）の廃止，障害者が社会に参加し，包含されることの促進，条約の実施を監視する枠組みの設置などを含んでいる。障害者権利条約を我が国が批准することが，我が国の障害者の人権を守り，障害者への差別をなくす政策として大きな改革の機会につながったと思われる。そのため，2009年に内閣に設置された「障がい者制度改革推進本部」では同条約の締結に必要な国内法の整備を検討し，下記の4本の 法律を成立させる準備にかかった。

　① **2011年7月　障害者基本法の改正**：第1条「すべての国民が，障害の有無にかかわらず，等しく基本的人権を亨有するかけがえのない個人として尊重される」ものであるとの理念にのっとり，すべての国民が障害の有無によって分け隔てられることなく，相互に人格と個性を尊重しながら共生する社会を実現するための部分を加筆修正。第2条に障害者の定義には，身体障害，知的障害，精神障害（発達障害を含む），その他心身機能の障害がある者を追加した。

　② **2012年6月　障害者総合支援法の成立**

　③ **2013年6月　障害者差別解消法の成立**

　④ **2013年6月　障害者雇用促進法の改正**

　⑤ **2013年12月　障害者権利条約の批准**が参議院本会議で承認された。

第4節　障害児・者への支援

国内法の整備が済んで，障害者権利条約は2014年1月に批准され，同年2月に国内でも効力を生じている。

障害児・者福祉制度の経過

● 2003年4月　支援費制度

支援費制度の導入により従来の措置制度から大きく変換。支援制度では障害者の自己決定に基づきサービスの利用ができるようになった反面，サービス利用者の増大，財源問題，障害者種別（身体障害，知的障害，精神障害）間の格差，サービス水準の地域格差の課題が生じることとなった。

● 2005年　発達障害者支援法の施行

これまで既存の障害者福祉制度の谷間に置かれ，その気付きや対応が遅れがちであった自閉症・アスペルガー症候群，LD（学習障害），ADHD（注意欠陥多動性障害）などを「発達障害」と総称して，それぞれの障害特性やライフステージに応じた支援を国・自治体・国民の責務として定めた。

> 発達障害の定義：「発達障害」とは自閉症，アスペルガー症候群，その他広汎性発達障害，学習障害，注意欠陥多動性障害，その他これに類する脳機能障害であって，その症状が通常低年齢において発現するものと政令で定めるものをいう。この法律において「発達障害者」とは，発達障害を有するために日常生活または社会生活に制限を受ける者をいい，発達障害児とは，このうち18歳未満の者をいう（発達障害者支援法第2条）。

● 2006年4月　障害者自立支援法の施行

従来の応能負担から原則1割定率受益者負担とすることで，障害種別ごとに異なっていたサービス体系を一元化して障害の種別にかかわらずサービスの利用が可能になったが，利用者の負担増が問題となり，改正や廃止を求める訴訟が全国で起こった。

● 2010年12月　自立支援法改正法の成立

サービス利用の1割定率負担から応能負担に見直された。

● 2013年4月　障害者総合支援法の施行

基本理念として障害児及び者が日常生活を営むための支援は，「すべての国民が障害の有無にかかわらず，（略）等しく基本的人権を有する個人として尊重されるものである」と明記され，障害者総合支援法の実現のために障害者福祉サービスによる支援に加えて，地域生活支援事業その他の必要な支援を総合的に行うことになる。

● 2013年6月　障害者差別解消法の成立
● 2016年4月　同法律の施行

障害のある人への不当な差別的取り扱いを禁止し，合理的配慮の提供を求めるもので，

133

第5章　福祉・医療の分野における人間関係

障害のある人もない人も共に暮らせる社会を目指す法律。国，都道府県，市町村などの役所や会社などの事業者が，障害のある人に対して，正当な理由もなく，障害を理由として差別することを禁止をしている法律である。

インクルーシブ教育の促進

　障害者権利条約の第24条（教育）では，障害者を包括する教育制度（インクルーシブ教育システム）により，障害のある児童と障害のない児童とが可能な限り一緒に教育を受けられるように配慮することが求められている。その際に，障害のある児童に対して学校設置者及び学校は合理的配慮の提供をしなければならない。

　障害者権利条約における「合理的配慮」とは，「障害のある子どもが，他の子どもと平等に『教育を受ける権利』を享有・行使することを確保するために，学校の設置者及び学校が必要かつ適当な変更・調整を行うことであり，障害のある子どもに対し，その状況に応じて，学校教育を受ける場合に個別に必要とされるものであり，学校の設置者及び学校に対して，体制面，財政面において，均衡を失した又は過度の負担を課さないものとする。なお，障害者の権利に関する条約において，『合理的配慮』の否定は，障害を理由とする差別に含まれるとされていることに留意する必要がある」（文部科学省）。

　例えば，発達障害のあるA君が小学校の通常学級に入学した場合，学校はA君のための合理的配慮を提供することが求められる。具体的には，教育内容（学習・生活上の困難を改善するための配慮），教育方法（コミュニケーションの教材の配慮，心理・健康面の配慮），支援体制（専門性のある指導体制の整備）などが考えられる。

雇用の促進

　障害者権利条約の第27条（労働及び雇用）の趣旨を踏まえ，2013年6月に障害者雇用促進法が一部改正され，雇用分野における障害者差別の禁止や精神障害者を法定雇用率の算定基準に加えることなどが盛り込まれた。

　ここで，実際に障害者福祉について，事例をもとに考えてみよう。

事例・トピック

　東京都内に住むAさんは1,700gの未熟児で生まれ，痙直型の脳性マヒで，四肢の運動が困難である30歳の男性。幼児期は肢体不自由児の療育機関にリハビリ訓練に通うが，あまり改善されなかった。5歳になり，障害児も受け入れてくれる都内の私立K幼稚園に入園して障害のない幼児たちと一緒に過ごした。K幼稚園は，障害のある子どもも障害のない子どもも一緒に遊んで生活を過ごすインクルーシブ保育を目指した幼稚園であった。

第4節　障害児・者への支援

Aさんは車椅子を使用して，園外の遠足も運動会などの行事もできる限り一緒に参加した。Aさんは運動に障害があったものの，子どもたちとは普通に話すことができたので，楽しく園生活を送ることができた。

卒園後は，自宅から近い公立小学校の通常学級に入学を希望したが，学校ではAさんが車椅子での移動と四肢の運動に障害があることを理由に入学を拒否して，肢体不自由児の養護学校（特別支援学校）の就学を勧めた。Aさんは，幼稚園と同様に障害のない子どもと過ごしたいという思いから，普通小学校への入学を強く希望した。お母さんがその願いを叶えようと何度も教育委員会に通って交渉した結果，お母さんの付き添いを条件に小学校入学の許可が下りた。小学校では，担任の先生や友達に助けてもらいながら，6年間楽しく過ごすことができた。Aさんは手足が不自由で自分で排泄したり，食事をしたりできない。親は働いているため日中はほとんど独りである。Aさんは唇でパソコンのマウスを操作しながら，絵本を2冊作った。

現在Aさんは，会社員で，在宅勤務である。人とのコミュニケーションが大好きで，携　帯電話を使って連絡することはできるが，一人で外出できないため，人と会って話す機会がないことが悩みである。

　　　── DVD『安部隼人物語　「生まれてきてよかった」』（希望を育む慈愛の会制作）
※誕生から学校を卒業して，絵本を製作するまでの人生を描いている。

解説

Aさんは，両手・両足に麻痺があるため，自分で移動したり，排泄したり，食事をしたり，着替えたりできない。しかし，電話をかけたり，話したりすることはできる。一番の希望は，外出することである。

障害者の福祉サービスについて

障害者は，障害福祉サービスを受けるためには，自身の現住所のある区・市町村の障害福祉課などの行政機関の窓口に支給申請をしなければならない。支給申請を受けた区・市町村は，障害支援区分認定調査を行う。障害支援区分の認定調査は，障害者自身または，障害児の保護者の面接によって，申請者の心身の状況を捉え，市町村の審査会を経て，利用者の意向を聞きながら，支給が決まる。介護給付の申請がある場合は，二次判定に進む。これは区・市町村審査会を経て，支給が決定する。

区・市町村は，障害福祉サービスの種類ごとに，障害支援区分の認定の有効期間内の支給量を月単位で定める。支給量を明記した障害者福祉サービス受給者証を障害者に交付する。

支給決定を受けて，サービス利用者は，サービス利用計画書を自分で作成するか，事業者に計画書を依頼することができる。その他，自分が利用したい事業所・施設に受給者証

第5章 福祉・医療の分野における人間関係

を提示して，利用契約を結ぶ。サービスを提供する事業者との契約にあたり，サービス内容を相談しながら決めていく。その際には，支給量の範囲に定められた内容に基づいてサービスを受けることになる。

Aさんへの福祉支援（自立支援，地域生活支援）について

福祉サービスには，自立支援と，地域生活支援の2種類がある。

自立支援とは，介護給付，特例介護給付，訓練給付，自立支援医療費，補装具などである。地域生活支援とは，相談支援，移動支援，コミュニケーション支援，地域活動支援センター事業などである。

Aさんは，両手・両足の麻痺のため重度訪問介護サービスとして，在宅で食事，入浴，排泄など日常生活を送るうえでのサービスを受けている。また，外出時の移動などの福祉サービスを受けています。外出時は車椅子での移動になるが，移動中や移動先のトイレの使用についての不安があるため，水分補給を控えたりしているという。また昼間のディ・サービスも利用してみたけれども，ほとんどが高齢者専用の支援施設のため，年齢の若い自分のニーズには合わなかったので現在は利用していないということであった。障害者の作業所も利用してみたが，自分にできる作業がなかった。ということから，現在は在宅勤務できる仕事をしながら，社会とのつながりを求めて過ごしている。障害者にとって，自分の障害程度にあった福祉サービスと個人の特性やニーズが異なるため，なかなかニーズとサービスが一致することは現状では難しい。

支援の方法と実際

障害児・者の相談機関としては，下記の機関がある。それぞれの役割を簡潔に説明する。

①**保健所・保健センター**　乳幼児及び学童期の発達相談の窓口で，乳幼児の健康診査，成人の精神健康相談も行っている。

②**医療機関**　小児精神科，児童精神科，精神科のある病院。神経学的検査や発達診断などを行う。

③**児童相談所**　18歳未満の子どもに関する相談，療育手帳の窓口，知的障害児・者への給付を行う。

④**発達障害者支援センター**　主として発達障害（ADHD，ASD（自閉症スペクトラム），LDなど）の支援を活動総合的に行う専門機関。発達障害の保健，医療，教育，労働などの相談・窓口である。

⑤**精神保健・福祉センター**　精神障害者の保健福祉相談，自立支援医療・精神障害者保健福祉手帳の審査を行う。

⑥**身体障害者更生相談所**　身体障害者に対して医師や心理判定員，ケースワーカーなど

の専門職員が医学的・心理的な判定や相談・指導を行う施設。

⑦**大学の心理相談センター**　子育て相談，発達相談，教育相談を行う。

　障害の手帳の申請は市町村の福祉事務所や障害福祉課が窓口で，障害の種別ごとに手帳が異なる。

①**療育手帳**　知的障害児・者の福祉。18歳未満は児童相談所，18歳以上は知的障害者更生相談所が判定を行う。

②**身体障害者手帳**　身体障害者とは，18歳以上の者で次のような障害があって，都道府県知事から身体障害手帳の交付を受けた者。視覚障害，聴覚または平衡機能の障害，音声・言語機能障害，肢体不自由，心臓，じん臓または呼吸器の機能障害など。

③**精神障害者保健福祉手帳**　統合失調症，うつ病，そううつ病などの気分障害，てんかん，薬物やアルコールによる急性中毒又はその依存症，高次脳機能障害，発達障害（自閉症，学習障害，注意欠陥多動性障害等），その他の精神疾患（ストレス関連障害等）。

④**特別児童扶養手当**　精神障害または身体障害のある子どもに1級は月額51,400円，2級は34,300円を満20歳になるまで支給。ただし，受給者の所得制限がある。

　人間関係士としては，障害児・者の基本的人権や基本的な自由を尊重し，障害があろうがなかろうが共に認め合って生きていく社会，ソーシャル・インクルージョン（共生社会）を実現するように支援していく。障害のあることは本人のせいではなく，それによって日常生活の行動や社会参加が妨げられないように公的なサービスや民間ボランティア団体を活用しながら，障害者とその家族や周囲の人との人間関係が円滑に行われるように支援していく。

（小山 望）

参考文献

『安部隼人物語 「生まれてきてよかった」』希望を育む慈愛の会（※DVDの問い合わせ先：埼玉学園大学
　小山望　n.oyama@saigaku.ac.jp）

杉山登志朗・辻井政次（監修）（2016）『発達障害のある子どもができることを伸ばす！』日東書院本社

主婦の友社（編）（2013）『発達障害をもつ子どもの心ガイドブック―自閉症・アスペルガー症候群・ADHD・
　LD……』主婦の友社

福祉行政法研究会（2015）『障害者総合支援法がわかる本』秀和システム

文部科学省ホームページ（http://www.mext.go.jp/b_menu/shingi/chukyo/chukyo3/044/attach/1321668.
　htm）（2016年11月閲覧）

第5章　福祉・医療の分野における人間関係

第5節　高齢者とその家族に対する支援

【キーワード】
ダブルケア，ダブルケアラー，ダブルケアサポート

　内閣府の『平成27年版高齢社会白書』の「高齢者の姿と取り巻く環境の現状と動向」における「高齢者の家族と世帯」の動向によると，65歳以上の高齢者のいる世帯について世帯構造別の構成割合でみると，三世代世帯は減少傾向である一方，親と未婚の子のみの世帯，夫婦のみの世帯，単独世帯は増加傾向にある。2013年では夫婦のみの世帯が一番多く約3割を占めており，単独世帯と合わせると半数を超える状況である。

　近年，核家族化の進展と相まって高齢者の夫婦のみ世帯や親と未婚の子のみ世帯の「老老介護」の厳しい実情は各種メディアでも積極的に紹介されている。介護疲れがピークとなり認知症の親を子どもが殺害した，また，介護の心身疲労の限界で夫婦心中したケースなどの悲惨なニュースも後を絶たない。だが，高齢者とその家族の関係を考えていくうえで新たな課題が浮かび上がってきた。20〜30代で親や祖父母の介護を経験，もしくは現在介護をしている者が自ら名乗り出ることで，メディア等がこの状況をヤングケアラーと呼んでいるが，その介護者たちの置かれている環境の問題である。

　さらにここにきて新たな問題が登場してきている。「ダブルケア」と呼ばれる老親介護と自身の乳幼児の世話を同時進行で行わなければならない世代の者（ダブルケアラー）の厳しい実態である。少子高齢社会の進展により今後，重要課題になっていくのではないかと想起される。「ダブルケア」についてトピックを紹介しながら考えてみたい。

事例・トピック

「育児・介護──助けてくれない」「届かぬ公的支援──離職も」

　新聞のダブルケアの特集記事では，「子育てと親の介護を同時に行うダブルケアに直面する家庭が増えている。背景には晩婚化，晩産化がある。政府が掲げる一億総活躍社会の実現に向けてもその重要課題である子育てと介護の両立は今後より大きなテーマとなりそうだ」として紹介している。

　高齢社会白書の「日常生活を送る上で介護が必要になった場合に，どこで介護を受けたいか」についてみると，男女とも「自宅で介護してほしい」人が最も多くなっている。また，同居している主な介護者が1日のうち介護に要している時間をみると，要介護3以上

第5節　高齢者とその家族に対する支援

では「ほとんど終日」が最も多く，要介護4以上では半数以上がほとんど終日介護している。要介護状態になっても自宅で暮らしたいという高齢者の強い希望，希望を実現するために努力する介護者の心身疲労は，重度の要介護高齢者であった場合には共倒れの危険性さえある。これがダブルケアだった場合の心身疲労は想像もできない。

　では，実際のダブルケアの事例で状況を概観してみたい。ダブルケアをしている女性44歳の事例である。

　3年前に脳出血で倒れた母と同居することとなり，その介護と3人の子育てをしながらパートにも通う。仕事が終わるとデイサービスの送迎に間に合うようトイレに行く間もなく自宅に駆け戻ることもある。母のショートステイ先が見つからず，キャンプ旅行には夫と子どもだけで出発した。そんなことが多くなると自分が写っていない家族写真が増えていく。素直に「良かったね」といえなくなった。さらに「子どもが認知症の母を怖がる」「母の世話に追われているうちに子どもが不安定になり学校に行けなくなる日もある」など，ダブルケアならではの悩みと葛藤を抱えていく場面が多くなることを提起している。

　この事例は，氷山の一角であり，全国では同様の悩みを抱えて苦悩しているダブルケアラーが相当数いるのではないだろうか。相馬の調査ではダブルケアに直面している者は平均41歳で，晩婚化が進んだことで子育てと介護の時期が重なったとみられ，心身のつらさや経済的負担を訴える声が多く，困っても「誰も助けてくれなかった」とする回答もあったという。団塊の世代が75歳以上となる2025年頃には，ダブルケアが大きな社会問題になる恐れがある。当事者を孤立させない仕組みを早急につくるべきだと訴えている。

　一億総活躍国民会議が，緊急に実施すべき対応として「子育てを家族で支え合える三世代同居・近居がしやすい環境づくり」を提言したが，このことが実現していくためには，重い介護状態であっても高齢者本人が住み慣れた町で家族と一緒に暮らしていきたいという希望があれば，家族負担の軽減を十分に考慮しながら家族が，家族として共生できる環境づくりが必要である。

演習課題【トレーニング】

　では，子育てと親の介護を同時に行うダブルケアラーが心身疲労の軽減を図り，家族との関係性も確保しながら，要介護高齢者自身においても生活の質や満足を低下させることなく暮らしていくことができるようにするためにはどのような方策が必要となるのか。ダブルケアを中心とした高齢者とその家族支援のあり方や取り組みを新聞や書籍，必要に応じてインターネットでも検索し，これらを参考に，ダブルケアの当事者たちを救い守るために必要なことはどういったものなのかを考えてみよう。

第5章　福祉・医療の分野における人間関係

解説

『月刊ケアマネジメント』2016年5月号に掲載された現役の男性ダブルケアラーである山下茂氏（兵庫県宝塚市在住）の「子育てしながら介護，幸福感が両立の支えに」という取材記事が示唆を与えてくれる。

「病院を退院して生活が始まって最初の1年は大変だった。義父の状態は安定せず，誤嚥も絶えなかったことから胃ろうを造設。私は介護福祉士養成校の講師を，妻は時間的に融通のきく非常勤ケアマネとして働きながらこの時期を乗り切った。そして同居2年目で息子を授かる。これからどうしようかという話になったとき，一番うれしかったのが介護関係者の皆さんがとても応援してくれたことだ。ショートステイ先からも『大変なときは子育て優先ですよ』といってもらえ，これなら何とかやっていけると感じた。実際，出産前は半年ほど，ほぼショートステイを利用。今でも隔月，1ヵ月単位でショートステイを使い，その間はしっかり仕事をする期間としてメリハリをつけている。両立できているのは，このように介護に全力投球していないからこそだと思っている」と語っている。介護に全力投球しないということは，必要となる社会資源を積極的に活用していくことで，長期間介護を継続させていくことが可能となるという実感であろう。

山下氏は両立のポイントを5つにまとめて解説しているので紹介する。

①**情報の重要性**　支援者がもつ情報や選択肢によって，介護者の生活は左右される。わが家の場合も，透析のできるショートステイを知らなければ在宅介護をあきらめていた。また情報をつなげることで新たな付加価値が生まれることもある。チームを組むことで在宅生活の基盤がより強固になることは，ケアマネジャーであれば実感しているだろう。情報提供は早いほどいいので，入院時点からチーム体制を整えていくという視点も重要だと思う。

②**支援者があきらめたら終わり**　家族はただでさえ不安なものである。「心配なことはあるかもしれませんが，一緒にがんばりましょう！」「無理なときは無理と言ってくださいね」という支援者の態度に，私自身ずいぶん助けてもらえた。

③**介護の基盤を整えること**　両立のためには，介護生活の基盤を整えておく必要がある。いざというときのヘルパーの手配やショートステイは，働く家族にとっては欠かせないもの。ただし，何でもサービスで解決するのではなく，どこまでなら家族が担えるのかという見極めも大切である。

④**ワークライフバランス**　私の場合フレックスのため，一番大変な朝と夕の介護と育児にべったりかかわることができている。しかし一般的には男性は仕事優先となり，夜遅くに疲れている夫に相談できない女性も多いと思う。「介護があるので，今日は帰り

第5節　高齢者とその家族に対する支援

ます」ということを，介護職自身も発信していけるといいと思う。

⑤介護と育児は案外相性がいい　育児が始まってからのほうが介護が楽になった。義父は孫の言葉でリハビリを頑張るし，子どもたちは義父がちょっと取ってほしいものがあれば，「じいじ何？」と先に行ってくれる。クッション役というか，自然にそうした場面が見られるようになった。また，高齢者や子どもが1つの施設でサービスを受けられる「宅幼老所（地域共生型サービス）」の取り組みがあるが，施設や人材の有効活用という面だけでなく，働く家族にとってもメリットが大きいと思う。

山下氏は次のようにも語っている。「これからの時代に求められるのは無限に介護サービスを増やしていくことではなく，うまくサービスを活用しながら介護と育児とのバランスを考えていくことではないか。今の私が感じているように介護と仕事，そして育児を両立できることで得られる幸福感は，何物にも代えがたいものだ」と。

国の「介護離職ゼロ」の重点施策を考えるうえにもダブルケア支援の対策の必要は大きく関係していくだろう。また，行事での取り組みではなく，子育て支援の専門機関である保育園や幼稚園と介護事業所との日常の連携や協働は聞かない。役所の縦割り行政がネックとなっているのなら双方の事業者レベルでダブルケア支援策を考えていくことも必要であろう。ダブルケアサポーター横浜では，ダブルケアサポーターのメンバーとして子育て側から，保育士，幼稚園教諭，学童保育，親と子のつどいの広場，子育て支援拠点，介護側からケアマネジャー，地域包括支援センター，ホームヘルパー，これらを仲介・連携する者として民生委員，保健師，市町村職員が想定されている。

家族を孤立させず，垣根を越えて横のつながりをもち，互いがもつ専門性や人的，物的資源を有機的に連携活用しつつ高齢者，家族の支援を充実させていくためにさらなる仲介・連携また調整者として「人間関係士」がどのような役割を担っていくことができるのか，経験の積み重ねと技術と知識の習得を得て，活動への積極的な関与が待たれる。

（三好 明夫）

参考文献

一億総活躍国民会議(2015)『一億総活躍社会の実現に向けて緊急に実施すべき対策——成長と分配の好循環の形成に向けて』(http://www.kantei.go.jp/jp/topics/2015/ichiokusoukatsuyaku/kinkyujisshitaisaku.pdf)(2016年8月10日閲覧)

内閣府(2015)『平成27年版高齢社会白書』(http://www8.cao.go.jp/kourei/whitepaper/w-2015/zenbun/27pdf_index.html)(2016年7月20日閲覧)

山下茂(2016)「両立して幸せに①　子育てしながら介護 幸福感が両立の支えに」『月刊ケアマネジメント』2016年5月号，環境新聞社

『読売新聞』(2015年12月2日付)「育児・介護　助けてくれない」

『読売新聞』(2015年12月3日付)「届かぬ公的支援　離職も」

第5章　福祉・医療の分野における人間関係

第6節　認知症の人と家族に対する支援

【キーワード】
認知症，中核症状，行動・心理症状，承認欲求，認知症サポーター

　介護保険制度において要介護者または要支援者と認定された人は年々増加し，2013年度末で569.1万人となっている。介護が必要になったおもな原因は，「『脳血管疾患』が17.2％と最も多く，次いで『認知症』16.4％」[1]である。2015年に厚生労働省が発表した「認知症施策推進戦略（新オレンジプラン）」によると，2025年には認知症の人が700万人前後となり，65歳以上の約5人に1人の割合になることが予想されている。

　認知症とは，いったん発達した知能が比較的短期間にかつ持続的に低下し，日常生活に支障をきたした状態をいう。アルツハイマー型認知症，脳血管型認知症，レビー小体型認知症，前頭側頭型認知症がおもな認知症である。認知症の症状には，中核症状として記憶障害，時・場所・人がわからない見当識障害，判断力の低下などがある。それらの中核症状に，本人の性格や環境の変化などが加わって起こる症状を行動・心理症状（BPSD）という。事実でないことを思い込む妄想，ないものが見えたり聞こえたりする幻覚，暴力や徘徊などの症状があり，うつや不安感，無気力といった感情の障害が起こることもある。

　認知症の人を介護している家族は，身体的にも精神的にも大きな負担を感じることが多い。家族介護者だけで背負ってしまわないように，介護サービスの利用のみでなく，周囲の助けを借りることが必要不可欠である。

事例・トピック

Rさん（80歳代，女性，アルツハイマー型認知症）

　Rさんは10年前に夫を亡くし，息子夫婦と暮らしている。5年ほど前から記憶力が低下し，買い物に行っても計算ができなくなり，感情も不安定になった。長男夫婦は仕事をしており日中は留守になるため，訪問介護とデイサービスを利用しながら，自宅で生活している。身体機能は維持されており，歩行はできるが出かけると帰宅できないことが多い。ホームヘルパーは朝と夕方に訪問し，デイサービスに出かける準備と帰宅後の身のまわりの世話をしている。朝は嫁が着替えと朝食の支援をして，仕事に出かける。しかし，ヘルパーが訪問すると，Rさんは庭に水を撒いていて，衣服が濡れて汚れていることがよくある。

第6節　認知症の人と家族に対する支援

　Rさんは嫁いだあと，夫と一緒に農業で生計を立て，3人の子どもを育てた。地域での活動に積極的であり，今もときどき「隣の家の建前だから，酒を用意しなくちゃ」「祭りの準備を始めないと」などといいながら，家から出ていこうとすることがある。家族が止めようとすると，Rさんは大きな声で抵抗する。家族の説明には耳を貸さないため，どうしてよいか戸惑っている。デイサービスでは急に大きな声を出し，他の利用者に物を投げるなどの行動がみられる。そのようなときは，職員がRさんをお茶に誘い，気持ちが落ち着くまで対応している。家族はRさんの言動への対応と，日常生活での介護に疲れている状況である。

演習課題【トレーニング】

　認知症の人への対応の基本は，①環境を変えず安心できる空間をつくる，②生活習慣や人間関係を変えない，③感覚（五感）を大切にする，④行動の動機や理由を考える，⑤否定せず本人の認識やペースに合わせる，⑥得意なことやできることはしてもらい，満足感が得られるようにすることである。対応の基本をヒントに，Rさんへのかかわり方について考えてみよう。また，Rさんを介護している家族に必要な支援についても考えてみよう。

解説

　Rさんには，認知症の中核症状である記憶障害，時間や場所が認識できない見当識障害，判断力の低下がある。また，実際にはない行事をあると思い込んでいる言動や，突然暴れ出すなどの行動・心理症状も見られている。「認知症の行動・心理症状は，認知症の人のQOL（生活の質）を低下させ，家族の介護負担を増大させる主たる要因」[2]であり，Rさんの言動に，家族は戸惑い疲れている状況である。Rさんは記憶力の低下が著しく，自分がしたことや家族に言われたことをすぐに忘れて同じ言動をくり返し，それも家族の精神的負担を増大させている。

　認知症の人の行動は，周囲の人には理解できないと思われがちであるが，何らかの理由があることが多い。その人のそれまでの生活習慣や仕事，趣味などを知ることが，対応策のヒントになる。Rさんは夫とともに地域のリーダー的存在であり，行事の際には先頭に立って活躍していた。その記憶から，地域の行事を自分が何とかしなければ……という言動が生じていたと考えられる。家族はRさんに対し，現実ではないことをわかってもらおうと説明し，説得を試みていた。しかし効果はなく，Rさんは家族の説明が理解できずに興奮状態になった。

　ケアマネジャーとヘルパーは，Rさんが言っていることに対し，「それは大変ですね」「でも遅いから，明日にしましょう」などの声かけをした。するとRさんは穏やかな表情

第5章　福祉・医療の分野における人間関係

になり，昔のことをあれこれと話してくれた。認知症の人に対しては言動を否定せずに受け入れ，その理由を考えて対応することが重要である。しかし，長時間生活をともにする家族にとっては，たやすいことではない。Rさんの家族もケアマネジャーの助言に対し，「そういわれても，同じことをくり返されると，ついイライラしてしまう。私たちはプロではないから」と，対応の難しさを訴えていた。しかし，ケアマネジャーやヘルパーが対応したときのRさんの様子を何度か見るうちに，Rさんの昔の姿を思い出したようで，「お母さん，頑張っていたからね」「今も，そのつもりなんだな」などと話すようになった。その後も，家族はRさんの言動にイライラすることはあると話していたが，徐々に対応に慣れていった。

　認知症の人の行動を迷惑な困った行動ととらえずに，本人のできることや強みに目を向けることが重要である。Rさんが庭に水を撒くことは，それまでの生活で習慣として行ってきたことである。しかし，時間や場所を問わず行い，衣服を濡らすことで問題行動とされていた。そこで，庭の一角に花を植えてもらい，ヘルパーが一緒に水やりをすることにした。徐々にRさんはヘルパーが来るまで待つようになり，1人で水を撒くことはなくなった。そして，通りがかった近所の人と話をしたり，咲いた花をデイサービスにもっていったりするようになった。花に水やりをすることでRさんの生活習慣が保たれ，近所の人との会話のきっかけにもなった。「きれいなお花ですね」と話しかけられ，それに応えるRさんはとても嬉しそうだった。花をデイサービスにもっていくと，職員や利用者から感謝され，Rさんは興奮することが少なくなっていった。Rさんの承認欲求が満たされ，それと同時に他の利用者との関係改善にも役立ったのである。認知症により介護が必要な状態になると，肯定されたり認められたりすることが少なくなり，自尊心が低下しやすい。自分の行為が必要とされたり感謝されたりすることよって，承認の欲求が満たされると精神的に安定し，よりよい生活の維持につながる。また，認知症の人は理解する力は低下しても，感情は十分に保たれていることが多い。そのため自分の言動を拒否されることや迷惑に思われていることを察知し，疎外感をもつことも少なくない。誰かと一緒にいる，受け入れられているという，所属欲求が満たされるようにすることも大切である。

　Rさんの対応に慣れてきた家族ではあるが，それでも介護負担は大きく，市内に住む次男家族の協力を得ることになった。Rさんにとって，隔週末に次男の家に行くことは新たな楽しみになった。長男夫婦は自由時間が確保でき，精神的に余裕をもってRさんの介護が行えるようになった。介護している人の姿を肯定的にとらえ，介護者の承認欲求を充足することも重要である。「承認された体験があると他人を承認しやすくなり」[3]，認知症である親や配偶者のことを否定せずに，良い面を見ようとする気持ちになれるのではないだろうか。

第6節　認知症の人と家族に対する支援

　認知症は高齢者にのみに起こるものではなく，若い人にも発症する疾病であり，65歳未満の人に発症する認知症を若年性認知症という。認知症を発症すると，記憶障害によって重要な約束や予定を忘れてしまったり，出かけると戻れなくなったりするため，仕事を続けることが難しくなる。仕事を継続できないと経済的に困難な状況になり，家族の生活に大きな影響を及ぼす。また，買い物のときに計算ができない，料理の手順がわからない，車の運転が危険になるなど，日常生活における支障も多くなる。若年性認知症では，とくに本人の精神的ショックが大きく，家族をはじめ周囲の理解と支援が重要となる。手順をノートに書き，見ながら料理できるようにする，カレンダーに予定を書き込んで確認できるようにする，タンスや引き出しに入っているものを書いたラベルを貼るなど，その人に保たれている機能を十分に発揮するための工夫が求められる。

　認知症の人に対しては，家族の力のみでなく，介護サービスの利用はもちろんのこと，ボランティアや近隣の人々など，社会的な支援により生活を支えることが重要である。新オレンジプランでは，認知症への理解を深めるための普及・啓発の推進として，全国的なキャンペーンの展開や認知症サポーターを養成し，さまざまな場面で活躍してもらうことなどを実施している。認知症サポーターとは，「認知症を正しく理解し，認知症の人と家族を温かく見守る応援者」[4]である。サポーターの活動により，認知症の人が尊重され，住み慣れた地域でのより良い生活を支えることが期待されている。人間関係士が認知症に関する理解を深め，人間関係調整力や連携・協働力などの力を発揮することで，認知症の人と家族の大きな力となることができると考えている。

（森　千佐子）

引用文献

(1)内閣府（編）(2015)『平成27年版高齢社会白書』日経印刷，p. 24.

(2)遠藤英俊(2012)「介護の対応次第でBPSDは軽減できる」『介護福祉』86, pp. 20-26.

(3)ペ・ホス(2014)『理由を探る認知症ケア』メディカル・パブリケーションズ，p. 231.

(4)厚生労働省『認知症施策推進総合戦略（新オレンジプラン）——認知症高齢者等にやさしい地域づくりに向けて（概要）』(http://www.mhlw.go.jp/file/06-Seisakujouhou-12300000-Roukenkyoku/nop101.pdf)（2016年6月6日閲覧）

参考文献

上野秀樹(2016)『認知症医療の限界，ケアの可能性』メディカ出版

第5章　福祉・医療の分野における人間関係

第7節　精神的な問題を抱えた人と家族への支援

【キーワード】
社会的入院，退院促進，地域移行

　精神的な問題を抱えた人とは，どのような人たちのことを指すのだろうか。それはいわゆる心の病にかかっている精神障害者，精神科の病院や心療内科，あるいはこころのクリニックに通っている人，精神障害者保健福祉手帳を交付されている人をはじめ，最近では精神的に生きづらい人と表現される人々までを含めて，幅広く「精神的な問題を抱えた人」と呼ばれるようになっている。また，その人々は幼い子ども（自閉症スペクトラム等）から成人まで年齢や男女を問わず，誰もが該当する可能性をもったごく一般的（特殊ではないという意味）な人の問題といえよう。このような精神的な問題を抱えた人やその家族の支援は，近年とみに多岐にわたり，その内容はただ単に医療面での支援にとどまらず，彼らやその家族の福祉（経済的な面も含めて）からの広い意味でのリハビリテーションまでに及び，その領域の広さは彼らやその家族の人としての権利擁護をも視点に置いて，心の健康を目指すものとなっている。

　その支援の実践にあたっては，より専門的な知識や，そのためのトレーニングを受けた専門職，すなわち医師（精神科医・精神保健指定医）をはじめ看護師（精神科認定看護師），作業療法士，精神保健福祉士，社会福祉士，臨床心理士（今後，公認心理士も）などの資格を持つ専門家によってすすめられなければならない。たとえ善意であっても，無資格の者が彼らやその家族に安易に関わることによって，その人たちの病状を悪化させることになったり，あるいは家族への負担や苦悩を大きくしたり，場合によっては生命に関わることにもつながりかねない。そのため本節では，彼らやその家族に対してどのような専門的で具体的な支援方法があるかについて考えるが，その実践は，より日常的でありながらも科学的で効果的なエビデンスを踏まえたものでなければならない。

　さて，日本の精神科医療施策は，1900年（明治33年）の「精神病者監護法」に始まり，それが1950年（昭和25年）には「精神衛生法」と改められた。この精神衛生法の時代は，病院への入院が推進された。その後1987年（昭和62年）に「精神保健法」に改められ，翌年より施行された。この頃から入院中心の医療体制は地域でのケアへと方針転換された。それが，さらに1995年（平成7年）には「精神保健及び精神障害者福祉に関する法律」として公布され，同時に精神障害者保健福祉手帳も導入された。また，2006年（平

成 18 年）には「障害者自立支援法」が施行され，それまで「精神保健及び精神障害者福祉に関する法律」に位置づけられていた施策が変更された。そして 2013 年（平成 25 年）には，「障害者自立支援法」も「障害者の日常生活及び社会生活を総合的に支援するための法律（障害者総合支援法）」として改められ，施行された。

　つまり，精神衛生法の時代（わが国の経済成長が著しかった時代）は，いったん精神の病を発症すると社会から隔離され，長期療養という医療政策がとられてきた。しかし，少子高齢化が進み，経済成長も停滞する昨今は，精神科医療の流れは「入院治療から外来治療」へと変わり，向精神薬の開発進歩もあって「入院期間の短縮」，「地域での医療（在宅医療）」，「医療と福祉の連携」，さらには「福祉と介護との連携」へと，キーワードは次々と変わってきている。

　誰もが罹りうる「こころの病」について，本節では，この 10 数年来注目を浴びてきたいわゆる「社会的入院」，「退院促進」，「地域移行」に焦点を当てて近年の支援のあり方を述べるが，あわせて精神的な問題を抱えた当事者はもちろん，家族の苦しみも推し測れないほどのものがあることへの理解も不可欠である。そこには周囲からの無理解や偏見，あるいは誤解があることも知らなければならない。人間関係士には，そのような当事者や家族の苦しみについても学び，理解を深め，少しでも支援の手を拡げることが望まれる。なお「社会的入院」の解消をすすめながら，精神的な病を抱えた人やその家族のニーズに応じた支援を行う場合には，多職種による協働，連携が必要である。

　統合失調症を例にあげると，本人の主観的な訴え（症状）として，「とても不安でたまらない」，「誰かに操られているように感じる」，「周りから監視されている」（妄想），「自分の言っていることが相手に伝わらない，他人の言っていることがわからない」，「夜眠れない」，「イライラする」というようなことがその特徴として挙げられる。今日は薬の開発進歩によって，これらの症状はほぼ抑えられるようになっており，通院治療，あるいは短期間の入院治療で元の生活に戻ることができるようになっている。しかし，「old long stay」といわれる，病棟を「生活の場」としてきた当事者は，その入院の際にはキーマンとなっていた家族も世代交代をしていたり，帰る故郷があったとしても浦島太郎状態だったりする。つまり長い入院生活の間に，変わってしまった社会の仕組みや，地域の人々にうまく対応できない事態も想定しなければならない。金銭感覚，発展した身の周りのモノや生活状況への対応などを考えると，いきなり地域社会へ戻ったら，すぐさま不適応ともなりかねない。

　社会的入院の解消に向けて，精神保健法が施行された時には援護寮（精神障害者生活訓練施設）という精神科病院と地域を橋渡しする中間施設が設けられた。そこでのスタッフ同士の連携においては，当事者が入居前に入院していた医療機関のスタッフや，あるいは

第5章　福祉・医療の分野における人間関係

退居を見据えた上での地域に散在している社会資源の関係者，さらには家族を含む多様な支援者との連携がとても重要になっていた。そして支援に関わる関係者は，それぞれの立場からの評価を情報交換し合い，医療機関（デイケアを含む）の治療指針と生活の場である生活訓練施設での支援や助言には常に一貫性を保つ必要があった。つまり，当事者を困惑（混乱）させるような支援や助言はあってはならないのである。また，当事者の多面的なニーズに応えるためには，まず，服薬管理など精神科医療の大切さを熟知した上で，それぞれの立場を生かすためのトレーニングを積み，常にスキルアップに取り組むことが必要である。なかには，地域社会での暮らしをあきらめて病院へ戻ることを希望する当事者もいるが，それは極力避けられるべきで，当事者と支援者のお互いが安心できる「程よい距離」に居場所を見つけるようにしなければならない。

事例・トピック

遅れた国民への精神疾患や精神障害者への理解の促進

厚生労働省は，平成14年12月19日付「社会保障審議会障害者部会精神障害分会報告書 『今後の精神保健医療福祉施策』」において，精神保健医療福祉施策に関する課題と今後の方向性を示した。そこでは「7万人の退院・社会復帰を目指す」という数値目標を掲げ，より一層の情報化や，権利擁護，ケアマネジメントなどへの取り組みが当面の課題とされている。また，国民への精神疾患や精神障害者への理解の促進も謳われた。そして，この課題は今も継続されている。

演習課題【トレーニング】

自分の命が狙われているとの不安から自室に閉じこもっていたA氏は，25歳の時に自宅から100km以上離れた県内の精神科病院へ両親に連れられて受診し，精神分裂症（統合失調症）と診断されて入院することとなった。入院後は症状も改善され，安定した毎日を過ごし外勤作業にも参加するほどになったが，本人に退院の意思がないまま30余年の歳月が過ぎた。入院した頃の精神病院の主なスタッフは医師と看護職員であったが，そのほとんどは職場を去り，その後の精神科医療の現場には作業療法士や精神保健福祉士等のスタッフが加わった。新人の担当看護師が「どうしてこの人は入院しているのか」との疑問を持ったことをきっかけに，入院生活を続けたいというA氏に働きかけを行った。その結果，A氏から退院希望が出され，退院調整のための「退院支援チーム」が結成された。

解説

両親，兄弟はすでに亡くなっており，身元引受人は実家を継いだ弟の妻である。A氏

第7節　精神的な問題を抱えた人と家族への支援

は故郷へ帰って，入院するまで就いていた林業に従事して生活したいというが，年齢的，体力的にも厳しいと考えられ，義妹は「今さら帰ってきても，知り合いはなく浦島太郎状態になる」との意見を申し出ていた。そこで義妹にも「退院支援会議」に出席してもらい，本人を交えて，担当医，看護師，作業療法士，薬剤師，臨床心理士，精神保健福祉士で会議を持ち，本人に納得してもらった上で30余年生活をしてきた病院の近隣でアパートを探し，そこでの生活を目標とすることになった。ただ，いきなりアパートでの一人暮らしは難しいので，まずはグループホームに住み，精神科デイケアや就労支援事業所への通所，さらに訪問看護・指導の介入を提案し，本人の希望に応えることにした。次の会議では，病院関係者に加えて，グループホームの関係者，行政の福祉窓口担当者，希望する日中活動先の関係者，訪問看護ステーションのスタッフ，障害者総合相談支援センターの相談員，計画相談事業所の相談員が加わり，支援体制を整えて3ヵ月後に地域での生活が実現した。

　その後A氏はデイケア，就労支援の事業所へ通い，困ったことがあれば相談員に相談したり，訪問看護・指導を受けて生活のスキルを学んだり，コミュニケーション能力を高めながらグループホームで1年ほど暮らし，病院から5キロほど離れた，以前通っていた市街地にある外勤先の近くのアパートへ引っ越した。もちろん，アパートへ引っ越しても専門職の支援体制はそのまま継続され，さらに外勤先の町工場の社長や奥さんも加わり，A氏は安堵と落ち着きを持ち始めている。

（佐藤 貴志）

参考文献

岩尾貢・平山正実（2010）『福祉の役わり・福祉のこころ3　とことんつきあう関係力をもとに』聖学院大学出版会

厚生労働省（2002）『社会保障審議会障害者部会精神障害分会報告書「今後の精神保健医療福祉施策について」』

寺田一郎（編）（2004）『精神障害者社会復帰施設運営ハンドブック』中央法規出版

日精協将来ビジョン戦略会議報告書（2012）「我々の描く精神医療の将来ビジョン」『日本精神科病院協会雑誌』第31巻別冊

(社)日本精神科看護技術協会（監修）（2010）『実践 精神科看護テキスト 第9巻　退院調整』精神看護出版

第5章 福祉・医療の分野における人間関係

第8節 がん患者・長期入院患者を 抱えた家族への支援

【キーワード】
家族の存在，家族支援，関係構築，終末期ケア，地域連携

わが国は少子高齢社会となり，2025年には後期高齢者が約4人に1人という時代を迎える。そこで国は，「可能な限り，住み慣れた生活の場において必要な医療・介護が受けられ安心して自分らしい生活を実現する社会を目指す」という目標のもと，高齢者もしくは疾患をもって生活する人々を，社会全体で支える地域包括ケアシステムの構築を進めている。そのなかで医療・福祉関連者は連携が重要となり，すべての人々に支援が必要となる。さらに，疾病構造は時代とともに変化し，現代では約10人に1人ががん疾患に罹患する（慢性疾患や難病などによって，生涯にわたり治療を要する人も多い）。診断・治療時，再発予防，完治後の生活などさまざまなニーズを理解し，個人において高い質で生きていけるよう支援することが大事であるとされている。本節では2つの事例について，患者・家族とのかかわりを通じて人間関係のあり方の一面を紹介する。

事例・トピック

(1) A氏 70歳代 男性 病名：脊髄小脳変性症

背景：A氏は，1998年からめまい・小刻歩行が出現し，2001年には歩行困難となった。2003年に呼吸状態が悪化し，呼吸を保つため入院した。気管を切開して人工呼吸器を装着し，2年5ヵ月の長期入院となった。両上下肢麻痺により歩行はもちろん，自力で体を動かすこと，話すこと，食べること，排泄すること，清潔を保つことはできず，全面介助である。また，在宅での長期療養の間に，臀部に大きな褥創ができていた。

A氏は妻と2人暮らしで，息子夫婦は遠方に住んでいた。妻はほぼ毎日病院に面会に来ていた。A氏は，医療者の質問に瞬き・表情で返答でき，意思疎通は可能だった。そのため，表情から不快か快適なのか理解することができた。

演習課題【トレーニング】

全面介助が必要であり，長期的な療養をしている患者とその家族に対する支援のポイントについて，考えてみよう。

第8節　がん患者・長期入院患者を抱えた家族への支援

解説

急性期治療時期の家族対応

　最初，患者・家族との関係においては，救命をともなう急性期治療中心となるため，医療者側が人間関係において優位な立場で対応せざるを得ない。そのような状況のなかで，A氏の家族に治療の内容・必要性の理解を促すことが大切である。家族の意思を確認しつつ，家族が取り残されないように常に患者の状況を説明した。急性期の状況は，患者・家族との関係を構築する一歩であり，のちに長期入院となった場合の患者・家族との関係に影響を及ぼす大切な時期である。

　妻は「大変な状況はつかめたが，ただ家族として良くなることを願い，ただ待つしかなかった」という言葉を発していた。福田（2012）は患者と家族が隔離されてしまうクリティカルケア領域において，その患者の救命や回復をひたすら願い，さまざまな苦痛を体験する家族の存在は大きいとしている。そのようななかで看護師は，家族のつらさを理解し，看護師の五感などで家族の思いを汲み取るなど，家族の思いに寄り添い家族との関係を構築することが重要であると考える。

患者とのコミュニケーション

　症状が安定し，A氏との関係構築を進めていくなかでは，患者との意思疎通が重要となる。長期的な入院生活となり，A氏が何に関してつらさや苦痛・快感があるのかを知り，ケアをすることが大事であり，思いを表出できるかかわりとそれを理解するかかわりを行った。それは，ケアのさまざまな場面で声がけをする，そのときの反応を見て患者の苦痛や快感を知ることである。共感をともなう言葉がけを行い，「痛かったね・気持ち悪いね・気持ちいいね」など，患者を支える関係づくりを行った。A氏への長期的なかかわりで，A氏が満足を得られるような対応を日々重ねていった。

　妻は常に患者のそばに寄り添っていた。妻からA氏の若かりし頃の生活や仕事の様子，普段の活動の様子などを聞きながら，A氏との会話を進めた。もちろん，看護師の一方的な問いかけだが，A氏の表情から嬉しさや誇らしさ，苦肉の表情を見ることができた。妻がいないときは寂しい表情をすることがあり，妻の存在の大きさを問うとうなずくこともあった。長期入院のなかでA氏・妻・医療者での関係構築が進み，3者で会話を通じて支える関係ができていった。

　ロイ（Roy）は，患者にかかわるものすべてを刺激と考え，この刺激を焦点・関連・残存の3種類に分類している（Rambo, 1993）。この刺激は個人の認知機構や体内の調節機構を介して処理されるとしており，入ってきた刺激の強さは個人の適応能力に応じて異なると述べている。A氏は，在宅の療養期間から自己の身体状況を受けとめ，今回の入院

151

第5章　福祉・医療の分野における人間関係

における身体的状況も理解しつつ，医療者との関係を受け容れていったと考える。医療者はそのつらさと身体状況を理解して対応し，とくに療養期間が長い場合は，患者の精神的・身体的な反応を感じながら日々のかかわりを大切にしていくことである。

家族の支援と相互作用

A氏の妻は，重要な用事がない限り毎日面会に来て夕方に帰る日々を過ごした。在宅の療養期間が長く，突然の入院による生活の変化に対応できないでいたと思われた。木下（2002）は，個人の健康や健康行動は家族に影響を及ぼすとしている。A氏の妻は，長期入院の面会によりときどき疲労や体調を崩すことがあった。看護師は，一定の期間，家で休息を取るようにすすめた。A氏に妻の休養の説明をすると，心配する表情を見せたが休養することを理解した。妻は看護師の指導を快く受け入れ，休息を取ることができた。妻の体調がもどり面会に来たとき，休息した期間の出来事，A氏の様子などを報告すると安心した様子がうかがえた。

急性期治療から長期療養の期間にA氏・妻・医療者との関係構築がすすみ，お互いに働きかけ合い，相手の内面的な気持ちを感じ，これに反応し合う相互作用がすすんだと考えられる。佐藤ら（2012）は相互作用の特徴として，個人を中心として相手となる個人との直接的な接触を通じ，通い合うものをよりどころに発展し，相互に置かれている状況や相手を理解することとしている。

事例・トピック

(2) B氏　60歳代　男性　病名：肝細胞がん

背景　B型肝炎のキャリアであり，インターフェロンなどの治療も試みたが，2008年に肝細胞がんを発症した。肝動脈塞栓術などの治療を繰り返しながら外来通院していた。B氏は数年前に当院で妻をがんで亡くした。妻の闘病を当時学生だった娘さん2人と，自らも仕事をしながら支えた。妻との死別後は，娘2人と三人暮らしであったが，それぞれ独立し家を出たことで，一人暮らしになった。治療による入院のたびに，亡くなった妻を思い出し，本当は来たくないと話していた。

肝細胞がん発症より3年後，腫瘍の増大がみられ，これ以上の積極的治療は望めない状態となった。医師より，病状の進行により3ヵ月先の命の保障がなく，これ以上の積極的治療は困難である旨を説明された。この頃は，腹水も貯留し下肢の浮腫や黄疸も認め，倦怠感が著明で，一人で歩行することが困難になっていた。この日は娘さんに付き添われ，車椅子での受診だった。

本人は普段から，可能な限り治療を続けるが，もう手立てがなくなったら入院してここで最期を迎えるしかないと話していた。医師の説明を聞いたあと，「いよいよそのときが

来た」と落ち込んだ表情であった。本人と娘さんに面談し，以下の気持ちを聞くことができた。

本人の気持ち　妻を亡くした病院で自分も最期というのはつらい。できるなら，飼い猫と一緒に苦痛を緩和してもらいながら，穏やかに自宅で過ごしたい。最後に行ってみたいところもある。会いたい人もいる。しかし，もう叶わない願いなのかもしれない。自分のわがままで娘や他の人に多大な迷惑をかけてしまうことは避けたい。だから，やっぱり入院するしかない。一度決めたことだから，やっぱりこれが最善の方法なのだから……。

娘さんの気持ち　母親を亡くした同じ病院で父親を看取るのは，非常につらい。母親の闘病時には自分は学生で，ただ見ているだけしかできなかったが，医療職として社会に出て，あのとき母にできなかったことを今は患者さんへのケアとして提供している。今度は悔いの残らないように最後まで父親に寄り添いたい。父親の希望を可能な限り叶えてあげたい。職場上司に事情を説明したところ，快く介護休暇を了承してくれた。残された時間はそう長くはない。父が希望しているように在宅で看取りたい。だが，自分はこの地域の在宅ケア事情がわからず，どうしてよいのかわからない。

　主治医に患者，家族の意向を伝え，在宅ケアに向けて準備を進めた。まず，当院の地域医療連携室に依頼した。がん患者の在宅ケアを担う施設へ連絡し，相談翌日には在宅でのケアについてカンファレンスがもたれた。在宅ケアに移行することで，今まで世話になった医師に対して申し訳ない気持ちもあり，最初は不安な表情であった本人と娘さんであった。しかし，主治医も，本人の希望が最大限叶うようにと快く紹介状を作成したことを伝えたところ，安心した様子であった。苦痛緩和を第一に，残された時間を家族や大切な人，ペットと一緒に過ごせること，24時間体制のサポートが何より安心材料となり，残された時間を住み慣れた自宅で過ごすことを，本人や家族が納得したうえで選択することができた。

　在宅ケアに移行してから1ヵ月後，「父が亡くなりました。行きたがっていた母との思い出の場所にも一緒に行くことができました。苦痛緩和していただいたおかげで，猫と一緒に日向ぼっこしながら，穏やかな最期でした。あのとき，思い切って在宅で看取りたいといってよかったと思います。すぐに対応してくださりありがとうございました。おかげで，父の望みを叶えられました。短時間ではあったけれど，濃厚な時間が過ごせ，お互いたくさん感謝の言葉も伝えることができました。悔いはありません。本当にありがとうございました」と娘さんが病院を訪ねてきてくれた。在宅で過ごした時間が，本人や家族にとって濃密で素晴らしい時間となったことを確信できた瞬間だった。

第5章 福祉・医療の分野における人間関係

演習課題【トレーニング】

　上の事例を読んで，がん患者の終末期において，本人および家族が望む形で，最期の時間を過ごすためには，どのようなかかわりが重要であるか考えてみよう。

解説

　もともと患者の家族関係，絆が非常に強かったこと，それぞれがお互いを思いやっていたことが，良い方向へ展開していくことにつながったと考える。明智は，「病気を受け入れその人なりの方法でがんを理解し，適応していくことを援助することが有用である。医師の信頼関係というのは，一方的なものではなく，相互的なものである」[1]と述べている。患者さんの話を親身になり穏やかに聞いてくれる主治医との出会いにより，闘病生活において，医療者側の一方的な押し付けでなく，患者側の思いを傾聴することで，信頼関係が生まれた。

　また，病状の深刻さから，外来受診時には可能な限り同じ看護師が診察介助につき，自宅での様子や患者さんの思いなどを丁寧に聞く積み重ねにより，看護師に安心して愚痴や不安などを話せる関係ができたこと，患者の思いを否定せず，揺れ動く気持ちに寄り添えたことが良かったと考える。

　娘さんは，父親への愛情が深く，キーパーソンとして自分が中心になるという責任感が強かった。医療従事者であり病院の実情も理解できるだけに，その苦悩は大きかったと考える。明智は，「家族とは情緒的結びつきの強い1つの集合体であり，したがって家族の誰かががんに罹るということは，家族全体にきわめて大きな精神的，物質的負担をもたらす。2番目の患者である」また，「家族は医療スタッフから当然のように，患者さんの心身両面のケアをするにあたっての協力者と認識されることが多いが，家族は患者さんと同様に苦悩している」[2]と述べている。医療職ではあるものの，親子である立場を理解し合いながら，双方が患者を中心に「最善は何か」を模索し，最後は迅速にかかわれたことが一番の成果であったと考える。

　以上の2事例における長期的な入院患者・がん患者とのかかわりから，患者本人との関係構築を中心としながらも家族との関係構築が大きく患者の療養環境に影響すると考えられる。

　長期的な入院，または在宅療養では，急性期の時期を経過しながら，病気の進行もしくは不変などで長期化する。今回の2事例は1つの病院での人間関係の構築であったが，今後，国が進めている病床機能分化が明確になると，高度急性期・急性期・回復期・慢性期などを1つの病院で対応するのではなく，多くの病院や施設に患者が移動をすることにな

る。そのときこそ，患者・医療者・福祉関係者・家族を含めた連携と人間同士の相互作用を進めていかなければならないと考えている。

(鈴木 郁子・大坂 鉄子)

引用文献

(1)明智龍男(2003)『がんとこころのケア』NHK出版, p. 113.

(2)前掲書, p. 98.

参考文献

明智龍男(2003)『がんとこころのケア』NHK出版

一条真也(2007)『愛する人を亡くした人へ──悲しみを癒す15通の手紙』現代書林

岡堂哲雄(1987)『病気と人間行動』中央法規出版

岡堂哲雄(編)(1997)『患者の心理とケアの指針』金子書房

木下由美子(2002)「家族を看護する」『大分看護科学研究』3(2), pp. 55-57.

佐藤登美・箕浦とき子(2012)『看護学入門 4　看護と倫理／患者の心理』メヂカルフレンド社

杉山雅宏(2015)『聴くこころ』東京六法出版

福田和明(2012)「クリティカルケア領域における家族の捉え方・その特徴」『家族看護』19, pp. 19-27.

星野命(1998)『対人関係の心理学』日本評論社

三上ふみ子・福岡裕美子(2014)「クリティカル領域における家族の看護に関する一考察──文献検討から看護師のアプローチ方法を探る」『弘前学院大学看護紀要』9, pp. 15-21.

Rambo, B. J.(著)松木光子(監訳)(1991)『適応看護論──ロイ看護論によるアセスメントと実践』HBJ出版局

第5章　福祉・医療の分野における人間関係

第9節 アルコール依存症・薬物依存症の 本人と家族への支援

【キーワード】
依存，嗜癖，自助グループ

　「依存症の時代」といわれるほど依存の問題が注目を集めている。したがって依存症を抱えた本人と家族への支援を考えることは，今日的な要請に適ったことと思われる。しかし，この問題に入っていく前に，まずは用語の整理と確認から話を始めたい。

　「依存症」に関連した用語としては，「依存」のほかに「乱用」や「嗜癖」が挙げられる。また「中毒」という言葉を使う人も多い。ここではあとの記述の理解に役立つ程度に簡略な素描を試みることとする。

　「乱用」という言葉は，薬物などを本来の使用目的から逸脱して使うこと，とくに社会的な価値基準に照らして不適切な使用であることを指している。シンナーの吸引などはこの例である。シンナーの場合，乱用を続けたからといって体に依存性は起きない。これに対してアルコールやヘロインなどは依存性の形成が強く，常習的な摂取を続けると体がそれに慣れ，摂取しないではいられなくなる。俗にいわれる「禁断症状」（医療の世界では「離脱症状」という）が生じるからである。「嗜癖」（英語の「アディクション」も頻繁に用いられる）という語はこうした「乱用」から「依存」まで含めた広い範囲で用いられる。なお「中毒」という言葉は，薬物などのために臓器が機能障害を引き起こすことであり，「依存」とはまったく異なる。

　また「依存」には，「身体依存」と「精神依存」という2側面がある。先にシンナーなどでは依存性がないと述べたのは身体依存に関してであって，シンナーのもたらす酩酊状態に逃避することを覚えてしまった場合，精神的な依存は形成されることになる。「依存」という用語では身体的なものも含まれてしまうことから，本節ではおもに「嗜癖」という記述で説明を進めたい。

事例・トピック

アルコール依存症・薬物依存症に関与する人間関係士

　Aさん（50代・男性）は10代初めに父親から勧められるまま初飲。Aさんの父親も多量飲酒者で，暴力を振るうことが多かったこともあり，Aさんは父親の勧めには逆らおうとは思わなかったという。その後はアルコールのほか，シンナー，ボンド遊びなども覚

第9節　アルコール依存症・薬物依存症の本人と家族への支援

えたが，高校までには卒業している。高校卒業後，地元でスーパーの店員として就職した
が，すぐに店長とぶつかり，退職。以降，数ヵ月で職を辞めるような状態で転職を繰り返
す。

　24歳時，行きつけの飲み屋で知り合った女性と結婚。1児をもうけるが結婚3年目で離
婚。原因はAさんの飲酒と暴力であった。子どもは元妻に引き取られ，以降，現在まで
接触はない。

　30歳時，知人の紹介で知り合った現在の妻と再婚。妻は看護師をしているが，Aさん
の飲酒に問題があることは結婚後に知ったという。その後もAさんの就労が安定しない
状態は続いており，そのことで口論しては飲酒，妻への暴力ということが繰り返されてい
た。素面のときには反省したようなことも口にするため，妻としては「今度こそ」とい
う気持ちで決心がつかないままズルズルと来てしまったという。またAさんとぶつかる
のが面倒で，お酒を与えてしまうことも多かったらしい。仕事には就かなくなり，一日中，
家で酒を飲み続けるようになったAさんを妻が近隣のB精神科病院に連れて行こうとし
たが，「俺は病気ではない！」と頑強に拒否され，あきらめたこともあるという。この頃
には酒と一緒に鎮痛剤を飲むなどして，いっそう飲み方が乱れ始めている。

　困り果てた妻は友人から紹介されたC人間関係士に相談をしてみた。C人間関係士の
助言に沿って，妻はAさんにかかわり続けた。それでもAさんはなかなか応じなかった
が，妻の粘り強い勧めもあり，入院治療に納得。入院中の酒害教室やAA（「アルコホー
リクス・アノニマス」の略称。日本語では「匿名アルコール依存症者の会」と訳されてい
るアルコール依存症を持つ当事者たちの自助グループ）への参加を通じて，今では断酒1
年目を達成している。

演習課題【トレーニング】

　①2人1組となり，妻役，C人間関係士役を決め，妻の相談に乗る場面をロールプレイ
で演じてみる（可能であればスマートフォンなどにより録画も行う）。
　②ロールプレイを振り返り，後述の「解説」も参考としながら重要なポイントが相談に
組み込めていたか，より良い対応上の工夫はないかを検討する。

解説

　最初に人間関係士としてするべきことは，相談の対象者に対する共感と労い（ねぎら）である。ア
ルコール嗜癖に限ったことではないが，家族は大変な思いを長い時間，耐え続けてきた人
たちである。そのつらさ，時間の重さに思いを巡らすことのない他人に心を開くことはな
い。

157

第5章　福祉・医療の分野における人間関係

　次にすべきは，精神科病院への相談を勧めることである。当事者でなければ病院に行っても無駄といった誤解をしている人が多い。困っている家族という立場で相談に乗ってもらうことができるし，ぜひ，すべきである。入院等の話になったときも対応がスムーズになりやすいからである。

　アルコール依存症は「否認の病」ともいわれる。Ａさんの「病気ではない」といった発言，受診拒否はその表れである。自身は病気ではない，父親はもっとひどい飲み方だったなど，ときには珍妙とも思えるほどの主張を重ねて「ああいえば，こういう」といった態度を示す人も稀でない。こうした状態の本人に"説得"を試みても意味はない。

　Ａさんの妻はＡさんへ酒を与えることで衝突を回避している。このように家族が飲酒を助長させてしまうことがある。これを「イネイブリング」という。家族としては苦しみ迷いながら取っている行動が，結果的にイネイブリングとなっていることも少なくない。またギリギリの状況の中で取っている行動であるだけに，周囲から指摘や助言しただけではイネイブリングが止まらないことも多いのが現実である。まずは家族の行動がイネイブリングとなっていることへの気づきを促すことが最初の一歩となる。気づくことで，少しずつ家族も変化していくからである。

　次に大事な助言として，コンフロンテーション（直面化）を促すことが挙げられる。「家族として，これ以上，問題を看過することはできない」という現実をＡさんに対して明確に示すのである。ただし，伝え方の工夫は必要である。突き放したり，批難するようないい方では否認や拒絶しか生まない。そこでたとえば「あなたの体のことが心配だから，病院の診察を受けてほしい」といった伝え方を具体的に例示することが必要となる。「相手を大切に思いながらいいましょう」といった抽象的な助言は，ここでは役立たない。また，はっきりと伝えることも大切である。きついいい方になるのを恐れて，あいまいないい方をすることは，問題解決につながらない。

　話すタイミングも重要である。本人が素面のときに話すように助言することを忘れてはならない。暴力的になったときは，一時的に家から出て，避難することも必要になる。ただし，この点についての助言は慎重にしてほしい。妻が逃げ出したのち，酒に酔った夫が「お前が余計なことを吹き込んだのか！」と人間関係士に怒りを向けてくることもありえる。したがって，この部分の助言は病院の職員や警察官など，機関によって守られていてトラブル対応ができる人に任せるようにしたほうがよい。

　以上をまとめると，上記の相談中に組み込んでほしい要素は以下の諸点である。

　　①妻の苦労や大変さへの共感や労いを伝える。
　　②Ａさんは受診を拒んでいるが，妻だけでも病院に相談に行くことを勧める。

③Aさんを放っておけない気持ちへの共感を示しつつ，Aさんとの押し問答には意味がないことを伝える。

④妻の気持ちとは裏腹に，これまでの妻の行動でAさんの飲酒を助長させてしまっていたものがないか，振り返ってみることを勧める。見つかれば，それに「イネイブリング」という名前をつけることを提案する。

⑤イネイブリングをやめることはできそうか確認する。イネイブリングをやめられそうであれば，それによってどんな変化が起きそうか想像してもらう。逆に「やめられない」なら，どんな気持ちがあるためにイネイブリングをやめられないのかを確認する。やめないことによって，どんな状況が続くのかも想像してもらう。

⑥Aさんへの思いやりを含みつつ，妻としての気持ちをはっきりと伝えられる言葉はどんなものかを一緒に考えてみる。その際，伝えるときはAさんが素面のときにするよう助言しておく。

⑦Aさんが暴力を振るいそうなときにはどうしたらよいかを病院で相談しておくように勧める。

以上を概観していただければわかるように，相談対応の基本をきちんと守れば，それほど難しいことではない。

以上のほかに追加したほうが適切と思われるものは，「アラノン」についての情報提供であろう。アラノンは「アルコール依存症者の家族」が集う自助グループである。先述のイネイブリングを手放すことへの抵抗など，同じ家族という立場でこそ真に共感され，受け入れ合えるものもある。ピアサポートの活用である。

なお，本節中では当事者へのかかわりを厚く述べることができなかった。これは「否認の病」であるアルコール嗜癖の場合，本人から人間関係士に助力を請うことが少ないと思われるためであるが，基本的な対応は大きく変わらない。相手への共感的な姿勢を大切にしつつ，病院への受診を勧めてほしい。このことはほかの薬物嗜癖の問題を抱えた人たちについても同様である。

（福森 高洋）

参考文献

斎藤学(1998)『魂の家族を求めて──私のセルフヘルプ・グループ論』小学館

第5章　福祉・医療の分野における人間関係

第10節　地域における福祉支援について

【キーワード】
福祉課題，社会福祉法人，地域公益活動

　社会福祉従事者には，社会福祉法第4条において「地域住民，社会福祉を目的とする事業を経営する者及び社会福祉に関する活動を行う者は，相互に協力し，福祉サービスを必要とする地域住民が地域社会を構成する一員として日常生活を営み，社会，経済，文化その他あらゆる分野の活動に参加する機会が与えられるように，地域福祉の推進に努めなければならない」と地域福祉を推進することが明確になっている。

　地域における福祉課題は多様化・複雑化しており，一人暮らしや夫婦のみ世帯高齢者，認知症，家庭内の閉鎖的環境から生ずる児童や高齢者等に対する虐待，精神疾患による精神的・経済的な困窮，発達障害，地域での孤立などの社会生活上の困難を有する人々は増加傾向にあり，こうした人々に対する日常生活の見守りや権利擁護など，制度で提供されるサービスだけにとどまらない福祉支援が必要となっている。

　こうした状況のなかで，社会福祉法人は社会福祉法の定めるところにより，社会福祉事業を行うことを目的として設立された特別法人として，社会福祉制度の狭間のニーズや市場原理では必ずしも対応できない福祉課題に組織的かつ継続的に取り組んでいくことが強く求められている。

　筆者が代表を務める社会福祉法人（以下，「法人」）が実施している地域公益活動の実践事例を通じて，日本人間関係学会の「人間関係力」に求められる「人と人，個人と集団をつなぎ発展させる力（媒介力）」や「個人と個人，個人と集団，集団と集団との関係を共に育み，充実させ，展開する力（創造・発展力）」に焦点をあて，地域における福祉支援について考えてみたい。

演習課題【トレーニング】

　地域において制度等で対応できない課題を解決するために，どのような取り組みが必要なのか考えてみよう。例として全国社会福祉協議会の取り組みイメージを紹介する。

- ●地域性を考慮する（真に地域ニーズに沿った事業展開を図る）
- ●多様化し複雑化する新たな福祉ニーズに対応する
- ●制度によるサービスだけでは対応できない課題（単身高齢者に対する見守りや，ひき

こもりの人々に対する支援など「制度の狭間の課題」）に対応する

●制度の範囲で提供されるサービスだけにとどまらない支援を行う

●事業者の参入がない過疎地等における制度に基づくサービスの実施，継続

　課題は地域によって違いがあり，それを把握し解決するためには，法人だけでなく，さまざまな関係団体と協働，連携しながら解決に向けて検討し，取り組む必要がある。

解説

　地域における福祉課題に対応するために法人内における職員の意識を高める必要がある。また，職員自身も家に帰れば地域住民で，地域の福祉課題とは無関係ではなく，職員一人ひとりの理解と協働が不可欠であり，社会福祉法人というきわめて公益性が高い法人に勤務していることの意味を理解する必要がある。そのために地域福祉推進の拠点であることを職員が理解できるように勉強会や外部講師を招き，福祉課題への積極的な対応が法人には必要であることの説明を続けた。その結果，活動推進のコアとなる職員が必要となったので，法人内に地域公益活動推進委員会を立ち上げた。

　今回の「地域」について説明しておくと，地域という表現からは人によってさまざまなイメージが浮かぶだろうが，この節においての地域とは約450世帯，住民約1,200人規模の地域の福祉課題に対応するための活動に対する実践内容としておく。

　次に県内各地域の福祉課題，それを解決するためのノウハウをもっている県社会福祉協議会（以下，「県社協」），地域の社会資源に精通している市社会福祉協議会（以下，「市社協」）と法人で地域の福祉課題を整理し，これからの活動について何度も話し合いを進めることとなった。

　そのなかで以下のことが地域の福祉課題となっていることが判明した。

●買い物することが難しい人が増えている

●住民同士が気兼ねなく集う場が少ない

●通院等の移動が難しい人が増えている

●ちょっとした困りごとが増えてきている（清掃やゴミ出しなど）

　このように地域の福祉課題が明らかになり，法人でのソフト，ハードで何ができるかを検討し，まず県社協，市社協，法人と協働して地域公益活動として何ができるのか，何から始めるかなどを検討し，具体化していくことになった。

　その後，地域の代表である区長会（地域によっては班長のような役割）に説明を行い，次に民生・児童委員，老人会や南部地域包括支援センター，老人会などとの連携も進めていくことになった。

　話し合いを進めるなかで，まずはじめに法人としても実現可能で地域の福祉課題にも対

第5章　福祉・医療の分野における人間関係

応可能な地域公益活動として住民同士が気兼ねなく集う場を提供し，地域住民のつながりを深め，自主的な運営を目的に当法人の職員住宅を使用し集う場所をつくり出し，集える場を設けることで住民の地域や福祉への関心を深め，地域での支え合いができる活動を法人として支援することになった。

地域公益活動の経過については，以下の通りである（2015年6月〜2016年2月まで）。

6月中旬	県社協，市社協，法人との合同会議 ＊地域の困りごとについて整理を行う ＊地域の社会資源の確認（医療・介護・福祉サービスやボランテイア団体など）
7月中旬	区長会長への地域公益活動について説明を行う ＊地域公益活動の趣旨については説明し，地域の課題についても議論する
7月中旬	区長会の総会に出席し説明を行う ＊各地区の代表である区長に説明をするが趣旨を理解できず，これ以上区長の仕事を増やしてほしくないという気持ちがあり，困惑している様子である
7月中旬	地域公益活動を実施するために他の具体的な実践や取り組むために必要な手順等を理解するための研修に地域公益活動を担当する法人職員が参加する
8月中旬	法人内に地域公益活動推進委員会を立ち上げる ＊法人内の各施設，事業所から委員を選任する
10月下旬	近隣の常設サロンを見学する（住民主体で実施している） ＊実践している場所に職員が見学することで具体的なイメージをもつことが目的
10月下旬	法人の職員宿舎を活用し「えっと来亭」と命名することが法人内の役員会議において決定する 市役所地域福祉課と民生委員への活動説明と協力依頼を兼ね会長へ説明に行く
11月中旬	地域のコアメンバーと区長，地域包括支援センター職員，他介護事業所（在宅サービス）の管理者，県社協，市社協，法人内の地域公益活動推進委員等が集まり，「えっと来亭」の開設準備に向けた第1回テーブル会議を開催する
12月中旬	第2回テーブル会議を開催する。前回メンバーに加え，地区でグラウンドゴルフを開催している団体の代表者が参加する ＊グラウンドゴルフの団体のメンバーは地域の方が中心で，活動に対して，前向きで理解があったことから活動に対して協力を依頼する
12月下旬	法人の理事会において地域公益活動の予算，事業計画等について承認される
1月初旬	市社協の広報誌に「えっと来亭」の紹介文を作成する
1月中旬	法人内の地域公益活動推進委員会のメンバーに進捗状況と意思統一を図るために会議を開催する。今後決めておくべき内容について意見交換も行う。また，当面は週1回の開設で地域公益活動推進委員がかかわり，少しずつ地域のコアメンバーに「えっと来亭」の運営を担ってもらうことを確認する
1月下旬	第3回テーブル会議を開催する。2月下旬の「えっと来亭」の開設に向けてそれぞれの役割について確認し，餅つきを行い，開設式に参加した方に餅をふるまうことに決まる

2月初旬	第4回テーブル会議を開催する。会議内容として以下の通りである ・開設日に向けて当日の流れと役割分担 ・開設日の準備物と役割の確認 ・平時の開設に向けての必要物品 ・「えっと来亭」のルール決め ・利用者のシートづくり ・連絡帳づくり ・「えっと来亭」近辺の1人暮らし高齢者の案内 ・「えっと来亭」の広報活動
2月中旬	法人全職員対象に「地域公益活動事業」についての研修会を行い，法人職員に地域公益活動の意味と社会福祉法人の使命について説明を行う
2月下旬	「えっと来亭」を開設する
その後	「えっと来亭」は週1回の開設で毎回10～15人の地域住民が参加している。法人からは職員住宅を提供しているが，地域住民の自主的な活動を促進するために，活動内容や必要な物品については地域の参加者を中心に話し合いによって決めている（法人職員も話し合いには参加している）

　以上が活動の内容であるが，地域における福祉支援の成果として人間関係力にある「人と人，個人と集団をつなぎ発展させる力（媒介力）」を地域において発揮するために個人が地域を支え，地域のつながりが個人を支えることの循環できる取り組みを法人として行うことで，個人や地域の福祉課題の解決に向けて，新たな取り組みが生まれてくる土壌づくりができたのではないかと考えている。まさに「個人と個人，個人と集団，集団と集団との関係を共に育み，充実させ，展開する力（創造・発展力）」を法人として実践することができたと考える。

（山中 康平）

参考文献

全国社会福祉協議会（2014）『社会福祉法人であることの自覚と実践』（http://www.shakyo.or.jp/news/20141015_koueki.pdf）（2016年6月20日閲覧）

日本社会福祉士会（2009）『新 社会福祉援助の共通基盤　第2版（下）』中央法規出版, pp. 66-92.

第5章　福祉・医療の分野における人間関係

第11節　児童虐待防止への対応

【キーワード】
児童虐待，ネグレクト，一時保護

テーマの背景

　誰もが生まれ出て，最初にもつ人間関係の対象は親である。この世に生を受けることにより，誕生を喜び，家族皆の笑顔で迎えられ，大切に育てられるはずの命が存在する。親は命を授かった際，自分の子が少しずつ大きくなることを喜ぶ気持ちと，子育てに対して不安に思う気持ちの相反する感情を誰もが抱いている。親によって異なるのは，それらの感情のうち，不安に思う気持ちがこの先どのように変化するかという点にある。そして，子に向き合う親は，日々の子育て経験のなかからさまざまなことを学び，それらの不安を少しずつ自信に変えていくことができる。

　しかし，子育ての不安などがあり育児の方法がわからないために，何の抵抗もできない児童に対して，親などから命と心に傷を残す悲惨な虐待行為が発生している。虐待の理由としては，「無意識だった」「躾だ」などの言葉が聞かれる。ただ，それらは単なる親自身の言い訳に過ぎない。親においては，「生まれる」とは母親の体から放り出されることではなく，人権をもつ大きな可能性をもった小さな芽がそこに存在することを，再認識しなければならない。本節では事例を交えて，児童虐待への支援のあり方を考えてみたい。

事例・トピック

（1）虐待を受けた発達障害児の一時保護と母親への支援

　母親は夫からの家庭内暴力に堪えかねて，母子3人で避難してきた。長女は以前から夫と一緒になって暴言を吐き，母親をバカにしていた。長男は発達障害をもち，思うようにならないと奇声を発する。精神面で治療を要する母親は，心療内科に通院しながら，2人の子と一緒に生活保護を受けながら生活を始めていた。

　長女は母親との新しい生活が始まっても，父親が言い包めたとおりの言葉で母親に反抗し，「ダメなやつ」「バカでどうにもならない」などと暴言を発していた。母親はそれを聞くたびに受けた暴力を思い出し，わが子への愛情を否定されたように感じ，とても苦しい思いをしてきたと話している。

　ある日，長男が通うデイサービス事業所から，「背中にアザがある」との連絡が行政に

164

入った。行政の担当者はすぐに面会し事実確認を行い，アザの存在を確認したため児童相談所に連絡した。長男は一時保護となった。その後の面接で，母親の交際相手の男性が家庭に出入りし，思い通りにならないことで大きな声を出した長男に対し，暴力を振るったことがわかった。その男性は，「いうことを聞かないから，わかるように教えた。軽く叩いたつもりだったのに，自分でテーブルにぶつけた」と虐待行為を否定する話をしており，指導を受け入れる余地がまったくなかった。また，その男性は，母親の生活保護費を搾取することが交際の目的であったこともわかり，その後，母親と喧嘩別れしたと聞いている。

　長男の自宅戻しに向けた指導・面接を繰り返し行うなかで，母親の主治医（精神科医）と連絡を取り，長女の精神的な問題や長男の発達障害を含めて受診を継続し，3ヵ月後には母子3人の生活に戻ることができた。当初，母親からは「行政が勝手に長男を連れて行って保護した」と，憤慨した様子が見られたが，児童相談所や信頼関係のある主治医からの指導を受け，一時保護解除後も生活保護担当ケースワーカー（以下，「CW」）・保健師・児童担当CW等の定期的な訪問を受け入れ，穏やかな生活を送っている。

(2) 重篤な虐待ケースにおける支援の困難性

　父親は職場の同僚である母親と再婚した。その後，男児を授かり出生後8ヵ月のとき，父親が男児の手の動きに異変を感じ，小児科を受診すると骨折していることがわかった。また，その骨折が不自然であり，故意に力を加えたと判断され，さらに硬膜下血腫も見つかり入院となった。

　医師は虐待があったのではないかとして，両親に事情を聴くが，母親はそれらの経緯をはっきりと覚えておらず，父親も仕事で家にいなかったと話す。とくに隠している様子もなく，起こってしまったことに動転しているようであった。行政や小児科医は，母親に何らかの原因があるのではないかと感じ，心療内科等の受診を勧めたが，本人が同意しなかったため受診には至らなかった。

　母親の男児に対する思いは強く，一日も早く良くなって退院し，帰って来ることを望んでいた。しかし，病院と児童相談所は，重篤な状況に至るほどの行為があったことを重く判断し，保護入院に切り替え，退院後も乳児院に措置入所の手続きを取った。

　その後，半年が経過し，男児の容体も落ち着き，いくつかの指導条件を付して家庭戻しとなった。母親は，親族や地域の人との関係性を築くことが苦手で，支援を素直に受け入れられず，事実に向き合えない。また，自分の心にある情緒の不安定さや精神的な問題に対して医療的な受診が必要なことも十分理解していながら，他人からの指導には反発してしまう。相談を受け支援を進める立場としては，受容と指導のバランスを取るのが困難なケースである。

第5章　福祉・医療の分野における人間関係

演習課題【トレーニング】

　事例以外に，どのような児童虐待事例があるのか，新聞や書籍，インターネット等で調べてみよう。また，今後，児童虐待事例の発生を防止するためには，どのような具体的な対策が必要となるかを考えてみよう。

解説

　現在，親などによる児童虐待が深刻な社会問題になっており，全国の児童相談所における児童虐待対応件数は，2014年度で88,931件（速報値）となり，1990年度の1,101件から大幅に増加している[1]。

　児童虐待とは，児童虐待の防止等に関する法律（児童虐待防止法）によると，保護者がその監護する児童（18歳に満たない者）について行う，身体的虐待，性的虐待，児童の心身の正常な発達を妨げるような著しい減食または長時間の放置・監護を著しく怠ることを意味するネグレクト，心理的虐待の4種類に分類される。児童虐待防止法は，2000年11月から施行され，第3条に「何人も，児童に対し，虐待をしてはならない」ことが明記されており，児童虐待の防止に向けてさまざまな対策がなされてきた。しかし，児童虐待は増加の一途をたどり，2013年度中の児童虐待による死亡事例において69名[1]の尊い命が奪われ，児童虐待防止への対応が早急に求められている。

　児童虐待防止への対応を考える際，児童虐待の発生要因を把握する必要がある。発生要因は，「①親の問題，②家庭の状況，③社会からの孤立，④子ども自身の特徴，⑤親と子どもとの関係」などに整理される[2]。なかでも①と⑤に関しては，「はき違えた親子関係」「自分の自由と主張を優先する父母」「子育てを学ぶ環境をもてない親」などの状況が増えつつあると感じる。児童虐待においては，発生要因が単一ではなく，さまざまな要因が複合的に関連し，行政等の介入だけで解決することは困難である。

　虐待問題への対応において，行政では，身近な相談機関としてケースに寄り添い，関係性を築いて対応することが求められている。また，いつでも誰でも対応できるように，虐待対応マニュアルを備え，通告から48時間以内に子どもの安全確認を行い，児童相談所，保健所，医療機関，保育所・幼稚園・学校，家庭裁判所，警察署等，多職の関係機関と連携を図り，対応を行っている。しかし，実際のケースにおいては，親が行った行為は隠し通されることも多く，子どもの安全を守るために，強制的な保護の必要性も大きい。一方，松田（2008）[3]は，虐待を早期に発見し，適切に対処することは重要であり，そのシステムづくりがすすめられているが，虐待に至る前に予防的に支援できればそれに勝るものはないことを指摘しており，児童虐待防止の重要性が示唆されている。

児童虐待防止への対策として，厚生労働省では[4]，育児の孤立化や育児不安の防止，虐待に関する通告の徹底等による早期発見・早期対応の強化，行政等の相談機関における人員強化，社会的養護体制の質・量の拡充等の対策を進めている。しかし，児童虐待については，「特別な家族の特別な問題ではなく，どの家庭にも起こりえる」[5] ものであり，虐待防止に向けては，専門機関だけに任せるのではなく，地域住民が地域での見守りも含め，子育て家庭をサポートしていくことが求められる。

住民相互の連帯感等の意識が希薄化しつつある現在，虐待のサインが子育て世帯から発せられても，誰も気づくことができないことも考えられる。そのため，子育て家庭も含めた地域住民一人ひとりが常日頃から互いを想い合い，地域住民同士の人間関係を強めることが児童虐待防止の土台として求められる。そして，地域住民がそれぞれの経験を生かし，自分にできる子育てサポートのあり方を考えていくことが重要である。

（田中 康雄・武井 明美）

引用文献

(1) 厚生労働省（2015）『子ども虐待による死亡事例等の検証結果（第11次報告の概要）及び児童相談所での児童虐待相談対応件数等』(http://www.mhlw.go.jp/stf/houdou/0000099975.html)（2016年12月6日閲覧）

(2) 庄司順一（2001）『子ども虐待の理解と対応――子どもを虐待から守るために』フレーベル館，p. 105.

(3) 松田博雄（2008）『子ども虐待――多職種専門家チームによる取り組み』学文社，p. 211.

(4) 厚生労働省『児童虐待の定義と現状』(http://www.mhlw.go.jp/seisakunitsuite/bunya/kodomo/kodomo_kosodate/dv/about.html)（2016年12月6日閲覧）

(5) 松田博雄（2008）『子ども虐待――多職種専門家チームによる取り組み』学文社，p. 213.

第5章　福祉・医療の分野における人間関係

第12節　ターミナルケアへの対応

【キーワード】
ターミナルケア，主要死因，地域包括ケアシステム，
「家族」の変化，死にゆく人の心理過程

ターミナルケア（terminal care）とは

　「回復が期待されず，かつ死期が迫っている患者（末期患者）に対して，単なる延命措置のみを施すのではなく，精神的・肉体的苦痛の緩和に力点をおいた医療・援助行為全体を表す言葉。これには家族などの介護者側に対する配慮も含まれる。患者や家族に充実した生活を提供するため，種々の専門家がチームとなりケアにあたる。患者の全人的苦痛（身体的苦痛，精神的苦痛，社会的苦痛，霊的苦痛）を緩和し，安らかで尊厳ある死を迎えることができるように支援することが重要である。このようなケアを目的とする施設にホスピスがある」[1]

　なお，終末期医療，末期医療，臨死患者医療，死の臨床は同義語として用いられている。

『エンド・オブ・ライフケア』とは

　「実際の終末期の臨床現場では，がん患者の高齢化があり，しかも高齢化の中で慢性腎不全，慢性呼吸不全など慢性の臓器不全患者が非常に多くなり，これらのターミナル・ケアが現実の問題になってきている。さらにはパーキンソン病や筋萎縮性側索硬化症（ALS）といった神経変性疾患，また，進行性の認知症，そしてごく最近には施設ケアにおける寝たきりの認知症高齢者の看取りをどうするかという問題がおこっている。このような多様な現場における多様な疾患の終末期医療のあり方を模索する動きを反映して『エンド・オブ・ライフケア』という新しい考え方が生まれつつある」[2]。これは，従来の「緩和ケア」や「ターミナル・ケア」では説明ができない，死にゆく人々のケアを長い人生のなかで最期までどう生きるかを支えるあり方を幅広く考えるものである。

終末期をめぐる現在の状況

　わが国は世界に類のないスピードで高齢化を迎え，男性も女性も世界一の長寿国になった。主要死因別にみると1955年から1980年まで第1位であった脳血管疾患に代わり1981年には第1位に悪性新生物になり，以来2014年まで第1位を占めている。2014年の

第12節　ターミナルケアへの対応

表1　年次別死因順位（厚生労働統計協会，2015より筆者作成）

年次	第1位	第2位	第3位	第4位	第5位
1940（昭和15）年	全結核	肺炎および気管支炎	脳血管疾患	胃腸炎	老衰
1955（昭和30）年	脳血管疾患	悪性新生物	老衰	心疾患	全結核
1970（昭和45）年	脳血管疾患	悪性新生物	心疾患	不慮の事故	老衰
1981（昭和56）年	悪性新生物	脳血管疾患	心疾患	肺炎および気管支炎	老衰
1985（昭和60）年	悪性新生物	心疾患	脳血管疾患	肺炎および気管支炎	不慮の事故
1990（平成2）年	悪性新生物	心疾患	脳血管疾患	肺炎および気管支炎	不慮の事故
2005（平成17）年	悪性新生物	心疾患	脳血管疾患	肺炎および気管支炎	不慮の事故
2014（平成26）年	悪性新生物	心疾患	肺炎	脳血管疾患	老衰

　第1位は悪性新生物，第2位は心疾患，第3位は肺炎となっている（表1）。いまや3人に1人は悪性新生物で死亡するといわれている。がんと診断を受けたら即死亡，その終末期は疼痛に悩まされるという思いから終末期をどのように過ごしたらよいのか論議されてきた。また背景には急速な超高齢社会となり加えて少子化，人口減少，生涯未婚率の増加，「家族」の変化（核家族・単身・高齢者世帯の増加）は終末期医療のあり方や国民皆保険制度の崩壊も危ぶまれる状況を迎えている。そのようななかで政府は，最期まで地域で暮らし続けられる仕組み「地域包括ケアシステム」の構築を目指している。

　政府が目指す地域包括ケアシステムは，住まい，医療，介護，介護予防，生活支援のそれぞれの面から高齢者を支え，重度の要介護状態になっても住み慣れた地域で暮らせる仕組みをいう。団塊の世代（1947～49年生まれ）が75歳以上となる2025年をめどに構築したいとしている。在宅の高齢者が地域で暮らし続けるためには，かかりつけ医による継続的な健康管理だけでなく，いざというときに在宅で医療を受けられる体制も重要になる。

事例・トピック

胃がん末期の男性。手術不適応と告げられ化学療法を受けている

　A氏，50代，男性，胃がん，肝臓に転移がある。身長173cm，体重45kg，妻50代，息子（高3）の3人暮らし。職業は運送会社勤務である。

　2ヵ月前頃から体がだるくて疲れやすくなり，近くの医院を受診した。検査の結果，進行度が高い胃がんで肝臓に転移していることがわかり，手術を勧められて入院した。予想以上に進行したがんで手術は適応とならず化学療法で治療が進められた。抗がん剤の作用で発熱，吐き気が強く，イライラしているため4人部屋から2人部屋へ転室した。「働きづめに働いてきたので，回復後は田舎へ帰って畑仕事をしたい」と話している。妻は患者だけを頼りにしてきたので，経済的にも精神的にも不安がある。

169

第5章　福祉・医療の分野における人間関係

解説

　死にゆく人の状況や思いをイメージし，どのような人たちによるどのようなかかわりが必要であるか，またかかわる際の留意点は何か，考えてみよう。

演習課題【トレーニング】

　その人らしい死が迎えられるように援助するためには，まずＡ氏や妻が何を望み，何を考えているのかを把握する必要がある。身体的な苦痛を除き，安定した気持ちで話が進められるようにする。そのうえで社会的なこと，経済的なことも含め情報収集を行う。最近は各病院に退院調整者や地域連携室部門が設置され（図1），調整の役割を担っている。Ａ氏はすでに進行がんと告げられており予断を許さない。医療者側は説明したつもりでいても本人や家族に伝わっていないこともあるので，身体的な状況説明を再度担当医師から行うことも必要になる。また高校生の息子がこの状態を理解できているのか確認する。一方，化学療法による副作用のつらさがＡ氏本人の理解力も低下させている。こまやかな看護の積み重ねと高度な知識・技術と判断力で対応する。Ａ氏の希望どおり田舎へ帰ることが可能なのか，治療処置がフォローできるのか，体調が変化していくことを妻は受け入れることができるのか，十分に確認しなければならない。

　その人らしい死が迎えられるように援助するためには，本人や家族・医療者が十分に話し合い，一体となって対応していくことが不可欠である。

「家族」の変化（核家族・単身・高齢者世帯の増加）

　少子高齢化が進展するなかで，その人が住み慣れた地域で暮らせるためには家族の存在が重要となる。しかし，生涯未婚率（50歳時の未婚者の割合）が上昇し，世帯の家族類型別割合では単独世帯が増加しているなかで，単独世帯，核家族で夫婦のみの世帯，夫婦と未婚の子のみの世帯，ひとり親と未婚の子のみの世帯ではこの実現が困難となる。老々介護，介護のために子どもが退職して親を介護する例，あるいは介護のための別居，遠距離の介護などさまざまな問題がある。また，かつては手術を必要とする疾患では治るまで入院ができていたが，近年は入院期間が短縮して自宅で必要な医療処置を行う事例も多い。在宅での医療を受ける場合には医療の専門職の連携（図1）が必要であり，受ける側もどのような支援を受けたいのかを考え，関係の医療福祉施設へ自ら申請をすることが不可欠となっている。終末期においては，これらの問題がさらに深刻なことになってくる。したがって実現には自分の最期をどう過ごしたいのか，日ごろ元気なときに家族と話し合っておくことが大切である。

第12節　ターミナルケアへの対応

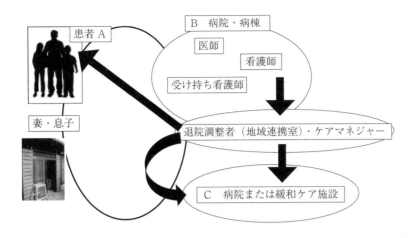

図1　患者A氏にかかわる医療職の連携（筆者作成）

終末期の人の特徴

　人間は，誰もがいずれは死を迎える。ふだん多くの人はそのことを意識せずに生きている。そして死を迎えるときには「家族に見守られながら畳の上で死にたい」と思い，かつてはそのことが当たり前であった。しかし近年では，病院などの施設で死を迎えるのが多くなった。家で死を迎えていたときには，そのような場面に出会うことで生きることや死ぬことを学んでいたともいえる。その意味では死について身近に学ぶ機会は少なくなった。ところが高齢化とQOL（生活の質）を重視する社会の変化は，再び在宅で死を迎えることを望む方向にあるように見受けられる。2008年に行われた，痛みをともなう末期状態（余命が半年以下）の場合の一般集団を対象にした調査[3]による「希望する療養の場について」では，63％が自宅を希望している。しかし，「希望する看取りの場について」の回答では，自宅を希望した人は11％，47％の人が緩和ケア病棟を希望し，32％が今まで通った病院を希望していた。

死にゆく人の心理過程

　多くの臨死患者に面接を行ったロスは，死にゆく人の心理過程を「第1段階：否認，第2段階：怒り，第3段階：取り引き，第4段階：抑うつ，第5段階：受容の5段階」[4]に示している。しかし，この段階をすべての人がこの段階どおりにたどるわけではない。

　自分の残された生命があと〇ヵ月といわれたとき，人生や自己の存在の意味を悩み，それまでの人生のあり方を振り返り，締めくくり方を考えざるをえない状況におかれる。これらの苦痛を軽減することを目標にして在宅ホスピス，病院などには緩和ケア病棟がある。しかし，在宅ホスピスや在宅緩和ケアを希望しても，地域により医師の偏在化などがあ

第5章　福祉・医療の分野における人間関係

り活用できない場合もある。「それぞれのその人らしい生き方を全うする人生の幕引きは，医療者や専門職が考え，演出すればいいというものではない。人生の主人公であるその人がどのように考えるか，ケアを受けるその人がどのようなケアを受けたいのかということを表明できることが大切」なのである[5]。

終末期におけるかかわりの重要性

　終末期におけるかかわりの内容には，介護費用や介護を受ける場所，終の棲家の希望，財産，お葬式のこと，納骨に関することまであり，これらは個人の意思だけでは実施することが困難である。

　終末期の特徴は，図1に示したように病院では多くの医療専門職がかかわるチームアプローチが重要となる。その人らしい死を迎えるための援助の根幹は，その人がそれまでの人生をどのように歩んできたのかをとらえ，なにより本人の意思を確認することにある。余命が限られている場合，本人の住居に近いところに在宅で医療を行っている医療機関はあるのか，本人や家族は在宅での医療を希望しているのか聞いておく。本人・家族の希望に添うために在宅療養を継続するための援助をすることが重要となる。在宅での死亡を希望する本人，家族には死亡直前の身体的変化まで伝えておく例もある。家族にはつらいことになるが，死亡直前の体の変化を説明し，医療の継続が可能になるよう細やかな調整を行う。家族がみかねるのが呼吸困難であるが，そのときの対応の仕方や関係者への連絡方法なども話し合っておく。

　その人らしい死を迎えるには多くの関係者の調整が必要となる。短期間の間に調整を行うためには，人間の関係性について専門的に学んだ「人間関係士」のかかわりが望ましい。

（杉本　龍子）

引用文献

(1)和田攻・南裕子ほか（編）(2010)『看護大辞典　第2版』医学書院, p. 174.

(2)千葉大学大学院看護学研究科エンド・オブ・ライフケア看護学(2012)『今, あなたはどこで最期を迎えたいと考えますか？』正文社, pp. iv-v.

(3)厚生労働省(2011)『がん対策, 生活習慣病対策, 感染症対策について（中央社会保険医療協議会 総会（第202回）資料）』(http://www.mhlw.go.jp/stf/shingi/2r9852000001sp25-att/2r9852000001spdf.pdf)(2017年1月7日閲覧)

(4)キューブラー＝ロス, E. (著)鈴木晶（訳）(1998)『死ぬ瞬間——死とその過程について』読売新聞社, p. 374.

(5)前掲書(2012), pp. iv-v.

参考文献

厚生労働統計協会(2015)『国民衛生の動向 2015/2016』

大岩孝司・鈴木喜代子(2014)『その鎮静, ほんとうに必要ですか――がん終末期の緩和ケアを考える』中外医学社

杉本龍子・小林佳郎ほか(2013)『新看護学 8 基礎看護 3　臨床看護概論　第14版』医学書院

キューブラー＝ロス, E. (著)鈴木晶(訳)(1998)『死ぬ瞬間――死とその過程について』読売新聞社

第5章　福祉・医療の分野における人間関係

第13節　グリーフケアへの対応

【キーワード】
悲嘆，グリーフケア，悲嘆のプロセス，寄り添う

　人は人生のなかで，多くの出会いと別れを経験する。人との出会いは，生活を活性化させたり，価値観が変わるきっかけになったりと，大きな影響を与えることがある。また心を豊かにしたり，人として成長させてくれたりすることも多い。しかし，大切な人との別れは，とくにそれまでの生活に大きな影響を及ぼす。

　グリーフとは，深い悲しみや悲嘆，苦悩を意味する言葉であり，「本来，愛する人を失ったときにみられる情緒反応を指している」[1]。悲嘆は，疲労感や頭痛，食欲不振や嘔吐，動悸や息切れなどの身体的症状としてあらわれる。また，不安や怒り，罪悪感などの心理症状，思考力や判断力，集中力の低下などももたらす。故人の話を避ける，仕事や学業に専念し，故人のことを考えないようにするなどの行動をとる場合もある。悲嘆はさまざまな症状を引き起こすが，これらは大切な人を失った人が体験する正常な反応である。そして，大切な人との別れを深く悲しみ，やがてそれを乗り越えていく。その悲嘆のプロセスをグリーフワークという。大切な人を失った人に寄り添い，グリーフワークを支えることがグリーフケアである。グリーフケアは広義には，大切な人の死の前後を問わないケアであるが，ここでは大切な人を失くしたあとのケアとして話を進める。

事例・トピック

　東日本大震災では，大切な人や住まいを失った悲しみを表に出せない人が多いことを懸念し，専門家がグリーフケアの重要性を指摘していた。2016年春，東日本大震災で家族を亡くした子どもたち44人が，米国ハワイ州のキャンプに参加した。ある子どもは，震災での体験を涙ながらに語り，その後はすっきりした表情で遊び始めた。自分の番が来ると，泣きながらパスする子どももいた。キャンプを受け入れた団体の代表者は，「感情を上手に表せない子どもたちの場合，安心した環境で言葉や行動で伝えられるよう大人が支える必要がある。喪失体験と向き合い，自分の強さに気づくなかで，悲嘆は生きる力に変わっていく」[2]と指摘している。

　アメリカやヨーロッパでは，数年前から「デス・カフェ」と呼ばれるイベントが各地で開催され注目を集めている。仙台で開催されている「デス・カフェ」の店主は，6年前に

174

妻を病気で失った男性である。妻の死後，自らを責める気持ちがわき，つらい思いをしていた。グリーフケアやカウンセリングについての情報も身近にはないなかで，デス・カフェのことを知った。デス・カフェには，「自由に考えを表現する」「結論を出そうとしない」「悩み相談になりすぎないようにする」などのルールがある。お茶やケーキを楽しみながら，和やかな時間が流れる。スイスの社会学者が妻の死を機に街のレストランで始め，これまで世界中で延べ約 3,000 のカフェが開かれている [3]。

　そのほかにも，家族を亡くした人たちが自分の体験を語り合う会がある。佐賀県では，がんで家族を亡くした人たちが集う「りんどうの会」が 2012 年に発足した。会の代表者は，「涙を流してもいい。自分の口から語ることで気持ちが軽くなる」「ここに来れば仲間に会える。悲しみを共有できると思って参加してほしい」と話している [4]。

演習課題【トレーニング】

　大切な人との別れを経験した人の悲嘆は，さまざまである。悲しみや怒りなどの感情をストレートに表出する人もいれば，罪悪感を抱く人もいる。前述の「キャンプ」や「デス・カフェ」等の例から，大切な人を亡くした人への支援として，自分には何ができるか考えてみよう。

解説

　悲嘆のプロセスには多くの理論があるが，ここではキューブラー＝ロスの 5 段階説を紹介する。キューブラー＝ロスは著書『死ぬ瞬間――死とその過程について』で喪失の 5 段階説を示し，それは「死の受容のプロセス」として広く認知されている。「否認・怒り・取引・抑うつ・受容という喪失の 5 段階は，そのまま悲嘆の 5 段階にもなる」 [5]。各段階について，簡単に説明する。

【否認】　大切な人の死という事実を知ってはいるが，帰ってこないという状況が実感としてわかない。信じられない，信じたくないという感情の段階である。最初はショックで感情が麻痺した状態になるが，徐々に死を理解し，無力感や不安感をもつようになる。

【怒り】　自分一人が残されたことに対する怒りや大切な人を救えなかった医療職に対する怒り，十分にケアできなかった自分自身に対する怒りなど，さまざまである。

【取引】　大切な人が最期を迎えるとき，その人が助かるのであればと，「神と取引をする段階」 [6] である。その人との死別が訪れると，「もし……していれば」を繰り返し，それが自分の行動やケアに向けられると，後悔や罪悪感につながる。

【抑うつ】　否認や取引の段階が終わると，現実に目を向け，深い悲しみや喪失感，孤独感に苛まれるようになる。目が覚めても起き上がれず，食欲がない，人に会いたくない

第5章　福祉・医療の分野における人間関係

などの状態になる。抑うつは正常な反応であり，受容へのプロセスには必要な段階である。

【受容】　大切な人がこの世にはいないという現実を受け入れ，認める段階である。大切な人の死を事実として認め，喪失とともに生きていけるようになることである。

このプロセスは，すべての人が順序通りにたどるとは限らず，段階が飛んだり，逆戻りしたりすることもある。また，それぞれの段階に要する時間にも個人差があり，プロセスを無理に進めようとはしないことが重要である。死別によって生じる心身の症状は多くの場合，正常なストレス反応である。しかし，複雑性悲嘆と呼ばれる，通常とは異なる悲嘆がみられることもある。複雑性悲嘆には精神科的な治療を必要とする。ここでは通常の悲嘆を対象とし，そのプロセスを支えるグリーフケアについて考える。

人は身近な人が悲しんでいたり，自分を責めていたりする姿をみると，つい励ましの言葉をかけたくなったり，悲しみから遠ざけようとするのではないだろうか。しかし，「泣いてばかりいてはダメ」「早く元気出して」などの言葉は，相手の感情表出を妨げてしまう。思いを無理やり押し込めても次に進むことはできない。相手のことを思ってかけた言葉でも安易な励ましや指示的な言葉はその人の力になるどころか，グリーフワークの妨げになることが多い。また，「思ったよりも元気そう」「気持ちがわかる」という言葉も，安易に使うべきではない。さらに，「かわいそう」「気の毒」という同情は，相手の自尊心を傷つけることにもなる。自分の言葉を相手がどのように受け止めるのかを十分に考えることが必要である。

大切な人を失った人に対して私たちができることは，まずはそばに寄り添い，話にじっくりと耳を傾けることである。そして，その人の悲しみやつらさ，怒りや罪悪感などのさまざまな感情を受け入れることである。その際には，自分の価値観で考え，助言をしようとするのではなく，傾聴しその人の感情をともに感じ，一緒に考える姿勢をもつことが大切である。自分の話を否定せずに聴いてもらえ，どのような感情をも受け入れてもらえると，気持ちがすっきりし，考えを整理することにも役立つ。自分を受け入れてもらえるという安心感や相手に対する信頼感は，大きな力となるはずである。次に向かって歩き出す力をもっていることを信じて，見守る姿勢が必要である。距離は離れていても電話や手紙によって相手に対する思いを伝えることができれば，それも大きな力になるであろう。

グリーフケアにおいては，直接的な支援が必要な場合もある。家族を亡くしたあとには，さまざまな手続きや対応が必要となり，そのことに戸惑ったり，手が回らなかったりする場合は，情報提供や代行などが助けとなる。また，その人の生活状況を把握し，「最低限の日常生活も停滞しているようであれば，食事，洗濯，掃除などの直接的援助が必要である」[7]。食欲低下や閉じこもりなどにより健康状態が心配される場合には，一緒に食事や

176

外出する機会をつくることも支援の一つである。その際，相手の気が進まない場合には，断ることができるような誘い方をすることが大切である。また，「もっと何かしてあげられたのではないか」「自分の世話が悪かったせいではないか」など，自分を責める場合もある。子どもが親の死に対し，「自分がいい子にしていなかったから」と思い悩むこともある。そのような罪悪感や自分を責める気持ちに対しては，そうではないことを伝え，その人の故人へのかかわり方を認めることで気持ちが楽になるのではないだろうか。

　災害によって大切な人が行方不明になった状況では，その人が生きているのか亡くなってしまったのかという重要なことがはっきりしない，あいまいな喪失体験となる。あいまいな喪失は，通常の喪失とは異なり，その悲しみのために前に進めなくなるといわれている。「生きているかもしれない」という気持ちを否定せず，本人が状況を理解し受け入れていくことを見守ることが大切である。

　大人に対しても子どもに対しても周囲の人々がグリーフに関する知識をもち，グリーフケアできる社会となることが求められる。「人間関係士」が，他者を受容し共感できる力を発揮することでグリーフワークを支え，さらに人と人とをつなぐ媒介力や連携力・協働力により，グリーフケアを地域に広げていくことが望ましいと考えている。

（森 千佐子）

引用文献

(1) 宮林幸江 (2012)「悲嘆の概念と悲嘆で起きる症状」『家族介護』20, p. 10.
(2) 『朝日新聞デジタル』(2016年5月18日付)「悲しみと向き合う子どもたち　震災孤児や遺児に続く悲嘆」(http://www.asahi.com/articles/ASJ5L25GTJ5LUBQU003.html)(2016年6月28日閲覧)
(3) 『朝日新聞デジタル』(2016年4月5日付)「お茶でもしながら死を語りませんか　デス・カフェ」(http://www.asahi.com/articles/ASJ3W254BJ3WUNHB002.html)(2016年6月15日閲覧)
(4) 『朝日新聞デジタル』(2015年10月20日付)「がん遺族，悲しみを共に　りんどうの会活動3年」(http://www.asahi.com/articles/ASH9L7J3ZH9LTTHB00Y.html)(2016年6月15日閲覧)
(5) キューブラー＝ロス, E., ケスラー, D.(著)上野圭一(訳)(2007)『永遠の別れ——悲しみを癒す智恵の書』日本教文社, p. 28.
(6) 前掲書(2007), p. 44.
(7) 黒川雅代子 (2012)「遺族の心理と援助の注意点」『家族介護』10(2), p. 33.

参考文献

キューブラー＝ロス, E., ケスラー, D.(著)上野圭一(訳)(2007)『永遠の別れ——悲しみを癒す智恵の書』日本教文社
坂口幸弘 (2012)『死別の悲しみに向き合う——グリーフケアとは何か』講談社
髙橋聡美・川井田恭子・佐藤利憲ほか (2015)「わが国における子どものグリーフサポートの変遷と課題」『グリーフケア』3, 45-65.

第5章　福祉・医療の分野における人間関係

第14節　多文化共生の包摂的な介護実践

【キーワード】
多文化共生，高齢者，介護の質，在日コリアン，協働

　グローバル化時代を迎え，高齢者介護の質が問われているが，この多文化共生時代に相応しいモデルを示唆しているのが，社会福祉法人こころの家族が運営する「故郷の家」である。その実践は単なる多文化共生を超えた，「包摂的な」それである。故郷の家は，在日コリアンの文化や生活習慣に配慮したサービスを提供している稀有な施設で，韓国文化に配慮した特別養護老人ホームは，故郷の家（京都・大阪・神戸）の3施設のみである（2016年3月現在）。

　ここでは「在日コリアン」を，日本の外国人登録上の分類である「在日韓国・朝鮮人」と規定する。在留外国人はおよそ207万人いるが，そのうち在日コリアンは52万人である（2013年末現在）。法務省の『在留外国人統計』をもとに「韓国，朝鮮」籍者の高齢化率を計算すると，1984年末に9.9％，2003年末に13.7％であったのが2013年末には22.0％に増加しており，ほかの国籍者と比べると突出して高い値である[1]。在日コリアンの高齢化は，日本での居住期間の長期化と軌を一にするといっても過言ではない。

　今後もグローバル化が進むことが予測されるなか，高齢者介護支援においては，国籍を問わず誰もが安心して老後を迎えることができるための介護実践が求められるといえる。トピックでは，故郷の家の取り組みを紹介し，多文化共生の包摂的な介護実践に求められる課題について考えてみたい。

事例・トピック

多文化共生の包摂的な介護実践に取り組む故郷の家

　一般に在日コリアン高齢者は不幸な歴史的背景から識字率が低く，年金生活から除外されたために経済的に困難な者が多く，文化的背景も異なるので故郷を恋しがる。日本の社会に馴染めぬまま高齢期を既に迎えている方も少なくない。

　金永子（2007）は，在日コリアン高齢者が認知症になると，あとから習得した日本語から忘れていく傾向にあるという[2]。韓国語は使えるが日本語で話せない状況になることから，日本の介護職員がコミュニケーション上の問題にぶつかり，あるいは高齢者の側が自分の意思を伝えられないと感じるもどかしさが生じるといえる。金は，こうした言葉の

壁もさることながら，とくに韓国での生活経験をもつ高齢者が，日本の福祉から置き去りにされてきたと文化の違いについても指摘する[3]。その好例として，食事は「日本」食，娯楽は生け花，民謡教室，行事は雛祭り，リハビリは折り紙といったように，「利用者は日本人」であることが前提になったサービスメニューが当てはまる。日本と異なる文化や風習をもつ在日コリアン高齢者が日本の施設に入所した場合，果たして居心地の良いものとなるのか疑問である。在日コリアンの志向は，畳とオンドル（韓国式床暖房），梅干しとキムチ，演歌とアリラン，常に日本と韓国にまたがった独特のものであるからである。

　そこで，尹基（現・社会福祉法人こころの家族理事長）は，1984年，「故郷に帰るに帰れない在日コリアン高齢者のために，同胞同士が，故郷の暮らしに近い環境のなかで，安心して生活できる……日本でお互いに韓国語で話し……そんな老人ホームの建設を！」と朝日新聞の論壇に寄稿し訴えた[4]。それから5年，全国で募金活動を展開し，在日コリアンのための特別養護老人ホーム故郷の家を1989年，大阪府堺市に日本で初めて開設した。また，2001年には故郷の家・神戸，2009年には故郷の家・京都を建設し，さらに2016年10月には故郷の家・東京が開設された。

演習課題【トレーニング】

　「社会福祉法人こころの家族・故郷の家」では，在日コリアンの高齢者と日本人の高齢者がともに暮らしており，スタッフも利用者も韓国人と日本人の両方で構成される。

　では，故郷の家の取り組みを紹介した書籍やホームページを参考に，国籍を問わず誰もが安心して老後を迎えることができるための介護実践に求められる視点について考えてみよう。また，言葉や文化的背景が異なる人々との協働による介護実践に求められる姿勢についても考えてみよう。

解説

　「社会福祉法人こころの家族」は，日本で最初の包摂的実践を始め，実績を積んできている。筆者はかつて京都・大阪・神戸の3施設の職員（管理者，介護職員，相談員）にインタビュー調査を実施した。

　在日コリアンと日本人がともに暮らす高齢者施設において，どのような介護実践（ケア・配慮）が行われているかを客観的かつ計量的に，しかも再現性のある形で把握するためインタビュー記録のテキストデータに基づくテキストマイニング手法を用いて分析を行った。その結果，「韓国」というものがとても強く意識されたインタビュー内容の結果であった。すなわち故郷の家は，高齢期・人生の終焉期に起こり得る母語返りや文化性などに配慮した包摂的な介護実践を，「韓国」という強いアイデンティティのもと進められ

第5章　福祉・医療の分野における人間関係

ていたのである。

　その解釈を試みると，第一に故郷の家という施設では在日のたくさんの地域のお年寄り
の文化や行事があるということである。第二に（利用者からみて日本人職員ではない）韓
国人職員が最初から一緒に相談に応じてくれるということである。第三に（韓国人職員が
日本人と一緒に）仕事の話をするのに日本語を勉強して自分の言葉にしていくということ
である。第四に一番は利用者で家族の場合も考えた介護と福祉が必要ということである。
第五に日本人と韓国人の分かち合いということである。第六に韓国と日本の職員による協
働である。

　これらは，社会福祉法人こころの家族・故郷の家が高齢期・人生の終焉期に起こり得る
母語返りや文化性に配慮した包摂的な介護実践の内容そのものを表しており，今後も維
持・改善していかなければならない旧くて新しい課題とも言える。日韓の垣根を越える，
双方の実践が大事となる。

　異文化で老いを迎える在日コリアン一世のために設立された特別養護老人ホーム「故郷
の家」は，在韓日本人と在日コリアン高齢者の老後生活において社会的・文化的背景に
配慮した支援の実践として先駆的な役割を果たしているが [5]，馴染んできた言葉，文化，
習慣，食生活のある環境の提供がまさに「日韓両職員の絆」によって，そして「韓国人職
員の日本語習得」などによってなされている。また，日本国内で「言語」「食事」「習慣」
などの生活様式やバイリンガルな「人材」を積極的に取り入れている施設は，「故郷の家」
のみであるが [6]，京都，大阪，神戸の「故郷の家」が，在日コリアン高齢者が日本人高
齢者とはニーズが異なることを認識し，彼らのニーズに配慮した社会資源を設計して期待
に応えている。長く異国に在住しても，母国で身につけた言葉や習慣を忘れることはでき
ない [7]。日本人職員の韓国語のさらなる習得，教育も今後の課題と考える。

　社会福祉法人こころの家族の特別養護老人ホーム「故郷の家」における高齢期・人生の
終焉期に起こり得る母語返りや文化性などに配慮した包摂的な介護実践の内容は，「韓国」
という強いアイデンティティのもと，当該キーワードを中心軸として取り組まれているこ
とを再度指摘しておきたい。また，余談となるが，京都・大阪・神戸の3施設における共
通性として，「日韓両職員の絆」を深めていること，そのために「韓国職員の日本語習得」
がなされていること，「韓国職員による相談対応」が重視されている。地域の違いによる
相違性もあり，京都が「在日コリアンのための文化と行事」，大阪が「利用者の介護と家
族の福祉」，神戸が「日韓両国民の協調」への志向が強く，地域性をふまえた実践を試み
ている。

　なお，韓国の古都，慶州には孤独な日系婦人のための唯一の老人ホーム「慶州ナザレ
園」（1972年設立）がある。「故郷の家」とちょうど逆の立場である。2013年現在，日本

180

人女性 19 名（平均年齢 90 歳）が生活しており，使われている言語は日本語，食卓にはタクアンや梅干しが並ぶ。日本の週刊誌が何冊も置いてあり，韓国人職員と日本人高齢者の方々がふれあい，故国の慣習を大切にし天寿を全うされようとする姿がある。

　グローバル化により異なる文化を背景とする高齢者への介護支援，また異なる文化を背景とする人々との協働による介護実践の可能性は高まりつつある。高齢者介護支援における課題としては，言葉や生活習慣の違いを乗り越え，信頼できる豊かな人間関係を形成することであるといえよう。人間関係士は，このような課題に向き合う人々に対してその専門的な知見から介入するなど，質の高い介護支援の具現化に欠かせない役割が期待される。

（趙 敏廷）

引用文献

(1) 文鐘聲（2009）「在日コリアン高齢者に対するソーシャルワーク」『ソーシャルワーク研究』35(3), pp. 205-212.

(2) 金永子（2007）「多民族・多文化共生福祉の創造」『社会福祉学』48(1), p. 217.

(3) 前掲書（2007），p.216.

(4) 尹基（2001）『風のとおる道——もうひとつのふるさと「故郷の家」』中央法規出版, pp. 52-53.

(5) 金春男（2010）「文化的背景に配慮した在韓・在日外国人高齢者の老後生活の支援——在韓日本人と在日コリアンのための老人ホームをとおして」『社会問題研究』59, p. 49.

(6) 西田知未（2014）「在日コリアン高齢者への介護支援に関する研究——文献レビューより」『東洋大学大学院紀要（社会学・福祉社会）』50, p. 248.

(7) 森山治（2013）「介護職員に求められる専門性」『月刊福祉』96(12), p. 56.

参考文献

森山千賀子・趙敏廷ほか（2015）「グローバル化時代における高齢者介護の質とローカル言語に関する研究——外国人介護人材の導入をめぐる日本・韓国・フィンランド比較」『地域ケアリング』17(8), pp. 44-49.

趙敏廷・谷川和昭（2015）「在日コリアンと日本人がともに暮らす高齢者施設における包摂的な介護実践」『日本看護福祉学会誌』20(2), pp. 257-270.

森山千賀子・森山治（2014）「フィンランドにおける外国人介護人材の教育・訓練に関する一考察——社会的包摂を視点にした移民者政策」『白梅学園大学・短期大学紀要』50, pp. 29-46.

社会福祉法人こころの家族 故郷の家ホームページ（http://www.kokorono.or.jp/）（2016年12月6日閲覧）

第6章

地域における支援活動

インターネットを通した新しい人と人のつながりが急速に拡大しているが，日々の生活を支える人間関係においては，現実社会における人と人のつながり方が重要な位置を占める。しかし，人々が居住する地域によっては，地域のコミュニティ意識に希薄化が生じ，人と人のつながり方に変化が生じている。本章では，これらの状況下，誰もが安心して暮らせるコミュニティづくりに欠かすことのできない，地域における支援活動について事例や理論を通して理解を深めていきたい。

第6章　地域における支援活動

第1節　近所付き合いの変化と
ライフスタイル

【キーワード】
地域社会，個人化，ライフスタイルの多様化，ディーセントワーク，
ワーク・ライフ・バランス

　近所付き合いの変化は，「地域における人間関係の希薄化」の問題として，とくに1970年前後から注目されるようになったといえよう。1960年代の高度経済成長を終えた日本各地で，高度経済成長の陰の面，すなわち公害問題，交通事故の増加，人口の過疎過密化などとともに地域社会の崩壊，地域の人間関係の希薄化という問題があらわになった。当時の中央，地方の審議会などが示した複数の文書では，コミュニティの再生，地域における人間関係の再構築の必要性が指摘されている。

　このような地域における人間関係の希薄化が生じた要因の1つに「ライフスタイルの変化」がある[1]。高度経済成長で生じた産業構造，就業構造の変化は，家族形態や人々の意識，生活にも変化をもたらした。多くの人が工場や会社に被雇用者として働くようになり，職場のある都市部ではその土地に縁のない人々が集まり，核家族を形成した。1990年代には女性の社会進出が進み，また，同じ家族内でも個々のスケジュールで個別に行動する，生活の「個人化」もみられるようになる[2]。ひとり親世帯，単身世帯の増加，晩婚化や未婚率の上昇，ICT，SNSの普及による生活への影響などライフスタイルの多様化は現在も続いている。

　近所付き合いの減少は，以上のような生活の「個人化」，個人の生活を大事にする価値観によって生じているという解釈もできる。しかし，それだけとはいい難い。働き方やライフスタイルの変化は，長時間労働が常態化するなか，家庭にも地域にも十分なサポートが得られない状況で，人々は自らの生活，人生を自分で乗り越えていかなければならなくなったことも意味している。結果，仕事，家事，ケア（育児・介護）など生活するのに最低限必要なことを行うのみで精一杯になり，豊かな地域生活を送る余地が失われていった，という一面がある。

事例・トピック

「豊かな近所付き合い」を困難にするライフスタイル

　毎朝5時に起きる。急いで着替えて顔を洗い，朝食を簡単につくり，車で近所に住む要

第1節　近所付き合いの変化とライフスタイル

介護の母の家に向かう。母を起こし，トイレ，着替え，洗顔の介助をし，食堂のいすに座らせ，急いで母の食事をつくり，食べさせる。終わったら，食器を片付け，デイサービスセンターに行く準備をし，迎えを待つ。母を見送ると，再び急いで自宅に帰る。今度は自分が食事をして出勤。子どもがいたときはもっと大変で，お弁当がいるなんていわれたらもうパニックだった。

9時。何とか仕事に間に合う。仕事中はいい。仕事をすればよいだけだから，かえってほっとできる。仕事を終えたら，また一目散に母の家に行く。デイサービスセンターの送りを一番最後にしてもらっても，ぎりぎりだ。毎日，緊張感が張り詰める。

昔はよく同僚と食事に行ったが，今では，もう誰も私を誘わない。プライベートな関係は一切切れた。地域のこともすべて謝って休んでいる。そんな時間はとてもない。近所の人にも何となく気まずい。

夕食をつくり，母に食べさせ，着替えをして，寝かせてから，夜10時に自宅に帰る。やっと自分の夕食を食べ，お風呂に入り，就寝する。明日もまた息つく暇もない1日が待っている。これが365日続くのだ。

この女性は仕事と家庭（家事や介護）のために地域と接する余裕がなく，そのためにますます地域社会から疎遠になってしまっている。ただ一生懸命に生活しているだけで，地域社会から離れてしまうことは珍しくない。日々，仕事に明け暮れ，家庭や地域のことは妻に任せきりにしてきた夫がいる。退職後すぐに妻が亡くなり，夫自身は当然地域に知り合いもなく，今さら，友人をつくる機会もない。老後，孤独な生活を送らざるをえなくなった。また，このような場面もある。共働きで子どもを育てる若い夫婦がいる。母親はひどい風邪をひいているが，夫が休日出勤のため，大きなマスクをし，幼い子どもを背負い，町内会の集まりに出てきている。普段かかわれない分，せめて会合には出席しなければ，という思いがある。みるからに大変そうだが，誰ひとりとして「帰っていいですよ」と声をかけることもない。個々の事情に配慮することなく地域住民としての義務を課す，余裕のない人間関係が見え隠れする。

演習課題【トレーニング】

近所付き合いができるときとできないときは，どのようなときか考えてみよう。豊かな近所付き合いを可能にするためには，何が必要か？　近隣の人，町内会，職場や学校，育児・介護サービスなど，理想的な地域社会を考えてみよう。

解説

「平成28年度社会意識に関する世論調査」（内閣府）によると，この10数年，よく付き

第6章 地域における支援活動

合っている，もしくはある程度「近所付き合いをしている」と答えた者は，若干減少傾向にあるものの，合計6割以上を維持しており，近所付き合いをする者が決して少数派ではないことがわかる。とくに年齢が高い人，そして人口規模が小さい地域に住んでいる，また就業状況別では普段から家にいることが多い人（主婦・夫，家族従業者など）ほど，近所付き合いをしていると答える者が多い。さらに「望ましい近所付き合い」は，住民すべて，気の合う住民の間で「困ったときに助け合う」を選択した者が7割近くいる。ほどよい近所付き合いをし，何かあったときに助け合うことができる関係を望んでいることがわかる。しかし，地域に根づく機会が少ないと考えられる都市部や仕事や家事，育児・介護等で忙しい世代，地域にいる時間が少なく働きに出ている者は，ほどよい近所付き合いですら容易ではないことがうかがえる。

地域において豊かな人間関係を築くことは，人々が安心して暮らすための基礎的な条件であり，日ごろの人間関係はその地域で暮らす人々の生活の質を左右する[3]。近所付き合いが減少したといわれる現代でも皆がそれを求めていないわけではなく，地域における人間関係の重要性を認識する傾向がみられる。しかし，ライフスタイルが多様化し，一定の条件下ではそれが困難になっている現状を踏まえ，今後，以下のような取り組みが必要であると考えられる。第一に個人の意識改革である。一人ひとりがもう一度近所付き合いの大切さを認識することが重要である。第二に人々が出会う機会の提供がある。とくにそ

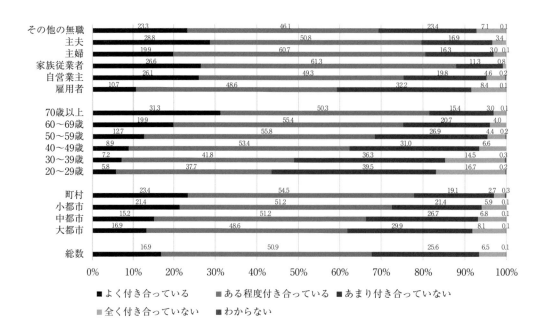

図1　近所付き合いの状況
（「平成28年度社会意識に関する世論調査」（内閣府）より筆者作成）

れぞれの事情，志向に合うように，さまざまな機会，場を地域に用意することが重要である。第三に地域社会にはさまざまなライフステージ，ライフスタイルの住民がいることを認識し，その多様性を尊重する姿勢を地域に育て，それらを受容するルールづくりを地域社会で行う必要がある。第四にディーセントワーク[4] の推進も欠かせない。適切な労働時間，労働内容で，適切な給料を得て，時間的にも経済的にもある程度の余裕がある生活を送れるような職場の条件を整えなければ，安定した地域生活を送ることは難しい。第五に，育児・介護サービス，育児・介護休業制度の充実，整備が不可欠である。ワーク・ライフ・バランスの困難さが近所付き合い，地域参加をする余力を奪っていく場合がある。十分なサービス，制度の整備は，間接的だが，地域において豊かな人間関係の構築を促すであろう。

人間関係とはすばらしい喜びを与えてくれるとともに，面倒なときもある。しかし，社会的存在である我々人間は他者の助けなしで生きていくことは不可能である。豊かで喜びの多い人間関係を築けるような地域社会づくりを地方自治体，地域のさまざまな民間組織，住民が意識をもって進めていくことが肝要ではないだろうか。

(濱島 淑恵)

参考文献

(1)国民生活審議会(1969)『コミュニティ──生活の場における人間性の回復』
(2)経済企画庁(1990)『平成2年　国民生活白書』
(3)三塚武男(1997)『生活問題と地域福祉──ライフの視点から』ミネルヴァ書房
(4)権利が保障され，適切な収入，社会的保護がある生産的な仕事。1999年，第87回ILO総会の事務局長報告より。

第6章　地域における支援活動

第2節　ヤングケアラーと地域支援ネットワーク

【キーワード】
家族介護，ヤングケアラー，多職種連携，地域社会

　最近まで家族介護の問題といえば，「老老介護」が中心であった。近年，ようやくワーク・ライフ・バランス，介護離職という言葉とともに，働く世代の家族介護の問題も注目されるようになってきた。しかし，「介護」「ケア」とは，高齢者に加え，疾病や障害を有する大人や子どものための介護・世話，家事，精神的サポート等も含むものであり，それを担う「介護者」には，子どもも存在している。

　「ヤングケアラー」とは，まだ日本では認知度が低く，定義も定まっていないが，おおむね「高齢である，障害，疾病を有する，日本語が第一言語ではない等の理由で，何らかのサポートを必要とする家族がいるため，家族のケア（家事，介護，情緒的サポート，年下のきょうだいの世話等）を担う子ども」（年齢の定義は様々だが，例えばイギリスでは18歳未満の子ども）とされている。日本では実態把握も進んでいないが，「平成25年就業構造基本調査」では，29歳以下で介護を担う者が17万7,600人いることが示されている（ただし，この数値は調査対象である15歳以上の者に限られる）。ヤングケアラーのなかには，過剰なケアを担い，学校生活，友人関係，心身の健康等に影響が生じるケースもある。

事例・トピック

**　地域で見過ごされているヤングケアラー**

　2016年2月，兵庫県赤穂市で悲惨な殺人事件が起こった。19歳の息子が60代の両親を殺したという事件である。マスコミはこの事件をこぞって報道し，ネットでは「遊ぶ金が欲しかった」という理由に対して批判の声が書き込まれることもあった。しかし，時間が経つにつれ，その詳しい事情が部分的にではあるが，報道されるようになった。

　60代の両親とは，実は19歳少年の祖父母であること，祖父は持病の糖尿病を患いケアを要する状態であったこと，そして少年は祖父母の養子になり，高校へ通いながら，卒業後は働きながら，祖父母のために介護，家事，地域の役割，通院の介助等を行い，自分で稼いだ給料も渡していたとされている。まさしく，ヤングケアラーである1人の少年が，月日とともに負担が増すなかで，限界点に達した末の事件であったといえよう。

第2節　ヤングケアラーと地域支援ネットワーク

精神疾患を有する親を，一生懸命精神的に支え，話し相手になってきたが，それに疲れ，家に帰らず，夜の街をさまよう子ども。事情があって祖父母に育てられてきたが，その祖父母が歳をとり，ケアを要する状態となる。今までの恩返しをしなければと，学校に通いながら，祖父母のケア，年下のきょうだいの世話，家族のための家事を必死で担う子ども。親や祖父母のためケア（介護，精神的サポート，家事，年下のきょうだいの世話等）を担うが，学校との両立は厳しく，疲労困憊し，先生や友人との関係もこじれ，不登校になってしまった子ども。夜間徘徊，不登校，友人とのトラブル，遅刻・欠席等，1つひとつを丁寧にみていくと，その背後に「ケア」の問題があり，学校，家庭，地域のどこにも理解者がいないなか，誰にも相談できず，1人奮闘するヤングケアラーの存在に気づくことができる。

演習課題【トレーニング】

ヤングケアラーは，教員，専門職，近隣住民など，周りの大人たちに「お手伝いをする良い子」と認識され，見過ごされてしまうことが多い。まず，現在または過去にヤングケアラーと思われる子どもたちに出会っていないか，振り返ってみよう。次に，ヤングケアラーたちがほかの子どもたちと比べ，秀でている点，逆に困難を抱えている点について考えてみよう。最後に，どのような支援があると良いか，議論してみよう。

解説

日本ではヤングケアラーの認知度は低く，その実態把握も進んでおらず，諸外国と比べ取り組みが遅れている。イギリスでは，政府によってその数が把握されており，2011年国勢調査では[1]，16万6,363人のヤングケアラーがいることが示されている。また民間団体による調査研究も盛んに行われ，全国介護者協会（Carers UK）の報告書[2]は，ヤングケアラー6,178名のうち56％がひとり親世帯であること，情緒的サポート（82％），家事援助（68％），介護・介助（48％）等を行っていることなどを示している。そのほか，さまざまな調査研究が進められており，親子関係の逆転，教育問題，社会生活および友人関係，経済生活，人格形成と就職で問題が生じるケースがあることが指摘されている[3]。またラフバラ大学のヤングケアラー研究グループによる質的調査の報告書[4]では，ヤングケアラーは，愛する者の状態に対する不安，家族関係の緊張，社会生活の制限，学校との両立でストレスや疲労を感じていることを指摘する一方で，彼らには，誇り，自尊心，家族との絆という感情的，心理的利点があること，ケアを担うことが同年代の子どもと比べ，実用的な生活能力（対人関係スキル，金銭管理，成熟，自立した感覚）を向上させることも指摘している。

第6章　地域における支援活動

　日本では，政府による調査研究はいまだ存在せず，一部の研究者，民間団体によって着手され始めたところである[5]。日本ケアラー連盟は，新潟県南魚沼市で実施した全公立小中学校の教員に対する調査報告書[6]で，4分の1の教員が児童生徒をヤングケアラーかもしれないと感じる（感じた）経験をもち，教員が挙げた「最も印象に残るケース」では，ひとり親の世帯が半数近くを占め，ケアの内容は「家事」「きょうだいの世話」が多く，欠席，遅刻，宿題をしてこないなどの学校生活への影響，学力面，友人関係，衛生面などでの影響がみられたことを示している。さらに，学校，教員による対応は，子ども本人へのアプローチ（話を聞く，声をかける），保護者へのアプローチ（家庭訪問，保護者と話し合うなど），学内外での連携が挙げられた。「ヤングケアラー」という認識はないものの，できる限りの支援を行っていること，しかし医療，保健，福祉（子ども関連部署以外）との連携は弱く，学校，教員であっても家庭の内部事情に踏み込むには限界があるなどの課題を示している。

　イギリスでは地方自治体がヤングケアラーのアセスメントに責任を有することが法律上明記され[7]，各地で支援活動が展開されている。たとえば，ウィンチェスターの支援団体（Winchester and District Young Carers）[8]では，①活動プログラム（子どもたちが休息し，楽しく過ごすためのイベント等の開催），②クラブ活動（安心して，思っていること，感じていること，ニーズ，心配事について話せる場の提供），③ビフレンディング（Befriending：ボランティアが1対1で子どもたちの希望することを一緒にしてくれる），④家族へのサポート，⑤学校でのサポート（説明会の開催，昼休みの立ち寄り所の開設，スタッフ養成等）を行っている。また，ヤングケアラーが活動に参加する間，家族のケアを行うサービスの手配，自分がヤングケアラーであることを伝えるIDカード（子どもが記入し，学校の回収箱へ入れ，支援団体に渡される）によって，学校と団体がヤングケアラーを把握し，支援団体では上記の支援を，学校では宿題の締切延期等の配慮を行えるようにしている。

　家族のケアを担うからこそ得られるものもあるが，過剰なケアは子どもたちの生命，生活，人生が犠牲になる場合がある。ヤングケアラーが置かれている状況は「子どもの人権」にかかわる事柄として理解する必要がある。また，ヤングケアラーの背景には，疾病，障害を有する者のケア，ひとり親世帯の生活困難など，大人の医療，福祉の問題が存在する。まずは①ヤングケアラーの存在に教員，医療，福祉の専門職が気づくこと，そこから②ヤングケアラー自身への支援（居場所づくり，相談，学習や余暇の支援等）と③彼らの家族への学校，医療，福祉サービス等による支援（学校による理解，医療，福祉サービスの利用促進，充実等）を総合的に展開することが必要となる。それには，教育，医療，保健，福祉，心理の多領域にまたがり，フォーマル，インフォーマルな資源を含んだ，横断

的な多職種連携による発見と支援のネットワークを地域社会に構築する必要がある。そしてこれらを民間活動のみに委ねるのではなく，行政責任を明確にしたうえで進めることが肝要である。

（濱島 淑恵）

引用文献

(1) Office for National Statistics (2013) *2011 Census.* (https://www.ons.gov.uk/census/2011census) (2016年6月29日閲覧)

(2) Dearden, C. & Becker, S. (2004) *Young Carers in the UK: The 2004 Report.* (http://www.lboro.ac.uk/microsites/socialsciences/ycrg/youngCarersDownload/YCReport2004%5B1%5D.pdf) (2016年12月28日閲覧)

(3) 三富紀敬 (2000)『イギリスの在宅介護者』ミネルヴァ書房, pp. 427-436.

(4) Young Carers Research Group (2016) *The lives of young carers in England Qualitative report to DfE 2016.* (https://www.gov.uk/government/uploads/system/uploads/attachment_data/file/498115/DFE-RR499_The_lives_of_young_carers_in_England.pdf) (2016年12月28日閲覧)

(5) 以下を参考されたい。
北山沙和子・石倉健二 (2015)「ヤングケアラーについての実態調査——過剰な家庭内役割を担う中学生」『兵庫教育大学学校教育学研究』27, pp. 25-29.
澁谷智子 (2014)「ヤングケアラーに対する医療福祉専門職の認識——東京都医療社会事業協会会員へのアンケート調査の分析から」『社会福祉学』54 (4), pp. 70-81.
森田久美子 (2016)「子ども・若年介護者の実態」『立正大学社会福祉研究所年報』18, pp. 41-51.　等

(6) 日本ケアラー連盟・ヤングケアラープロジェクト (2015)『南魚沼市「ケアを担う子ども（ヤングケアラー）についての調査」《教員調査》報告書』(http://carersjapan.com/img_share/yc-research2015@minamiuonuma.pdf) (2016年12月28日閲覧)

(7) Children and Families Act 2014 (http://www.legislation.gov.uk/ukpga/2014/6/contents/enacted) (2016年12月6日閲覧)

(8) Winchester and District Young Carers (http://wycp.org.uk/) (2016年6月29日閲覧)

第6章　地域における支援活動

第3節　地域における高齢者の
コミュニティづくり

【キーワード】
一人暮らし高齢者，コミュニティ，生活課題，社会資源

テーマの背景

　2015年10月1日現在，日本の「65歳以上の高齢者人口は3,392万人となり，総人口に占める割合（高齢化率）は26.7％」[1]となっている。一方，高齢者人口に占める一人暮らし高齢者は，2010年に約480万人を数え[2]，今後も増加が予測されている。このような状況下，高齢者を取り巻くコミュニティに変化が生じ，さまざまな問題が発生している。コミュニティとは，一般的に地域社会と訳され，国民生活審議会調査部会コミュニティ問題小委員会（1969）によると，コミュニティとは「生活の場において，市民としての自主性と責任を自覚した個人および家族を構成主体として，地域性と各種の共通目標をもった，開放的でしかも構成員相互に信頼感のある集団」[3]と定義され，1960年代後半から日本で広く使用されるようになった。

　高齢化が進行する状況下，人々の生活の場である地域のなかで，一人暮らし高齢者が抱える問題や不安を解決・解消し，高齢者がどのような状況にあっても住み慣れた地域で安心して暮らし続けることができるコミュニティづくりが求められる。トピックを交えて，高齢者のコミュニティづくりについて考えてみたい。

事例・トピック

誰にも看取られず増加する孤立死（孤独死）

　「誰にも看取られることなく息を引き取り，その後，相当期間放置されるような孤立死（孤独死）」[4]の事例が近年多数報道されている。一人暮らし高齢者や地域住民にとって，決して他人事ではなく，地域で検討していかなければならない事案である。では，実際の事例において，どのような孤立死（孤独死）の状況にあるのか。

　大都市の住宅密集地の戸建住宅に一人暮らしの80歳代の女性の事例である。その女性は未婚で，遠方に姉と妹がいるが，5年ほど会っていない状況であった。また，地域住民とのかかわりや外出する機会はあまりなく，家に閉じこもりがちであった。そんなある日，隣の住民が異変に気づいた。部屋の明かりが昼夜問わずついたままの状態になっており，窓の隙間からこれまでに嗅いだことのない異臭がしていた。数日後，その状況に異常を感

第3節　地域における高齢者のコミュニティづくり

じた隣の住民は不審に思い110番通報した。その結果，その女性は死亡しており，死因は心臓発作であり，死後2週間が経過していることが確認された。地域住民は，「まさか自分の地域でこのようなことが起こるとは」と驚きと不安を隠せない状況であった。

このような事例において，とくに一人暮らし高齢者はそれらの事例に自分を重ね，不安を感じていると考えられる。内閣府の2016年度調査によると，「孤独死を身近に感じる高齢者が約45％いること」[5]が明らかにされており，一人暮らし高齢者の多くが孤立死（孤独死）に不安を感じている状況にある。一人暮らし高齢者においては，病気になった際，あるいは生活の介助等のサポートが必要となった際，誰を頼りにすればよいのかと，それらの不安は増幅すると考えられる。それゆえ，一人暮らし高齢者が，孤立せず住み慣れた地域で暮らし続けることができるコミュニティづくりが求められる。

演習課題【トレーニング】

一人暮らし高齢者を孤立させないために，どのようなコミュニティづくりが必要となるのか。全国における孤立死（孤独死）防止に向けた取り組みを新聞や書籍，インターネットなどで調べ，それらを参考に，あなたの居住する地域（中学校区内を目安）において，孤立死（孤独死）を発生させないコミュニティづくりを考えてみよう。

解説

地域における高齢者のコミュニティづくりにおいては，どのような問題を高齢者がどのぐらい抱え，その要因は何かなどの実態調査が必要となる。また，日々の生活の基盤となる地域においては，それぞれの地域特性による生活課題が生じる。それゆえ，歴史，文化，地形，人口，高齢化率，世帯構成，経済状況，産業構造，住民意識，公共交通状況等の自然的・社会的特性を捉え，分析する必要がある。

次に，コミュニティづくりには，さまざまな社会資源を活用した取り組みが考えられる。社会資源は，孤立死（孤独死）防止に向けて活用できるあらゆる有形，無形の資源を意味し，各種の制度，施設，設備，個人の有する知識や技術などがある。コミュニティづくりにおいては，これらの社会資源を適切に活用する必要がある。一人暮らし高齢者の孤立死（孤独死）を防止するためには，図1のような社会資源が考えられる。

これらを踏まえ，高齢者，地域住民や組織等が円滑に連携できるよう，どのようなネットワークが必要かを明確にし，工夫を凝らしたコミュニティづくりへの取り組みを行っていく必要がある。

しかし，情報技術化の進展，プライバシーを重視するライフスタイル，人々の価値観の多様化等の社会環境の変化により，地域住民のコミュニティへの関心は低下し，住民相互

第6章 地域における支援活動

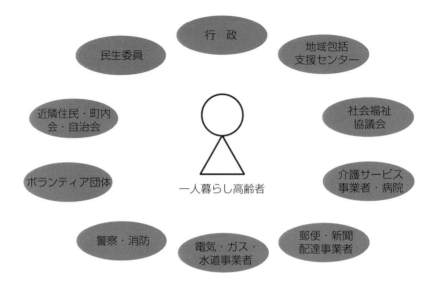

図1 一人暮らし高齢者の孤立死防止に向けた社会資源の例

の連帯感等の意識が希薄化しつつあり，コミュニティの衰退が危惧されている。地域住民においては，高齢者のコミュニティづくりに拒否的，無関心であるケースも散見されるが，コミュニティは，地域住民がかかわらなければつくることはできず，住民参加の意義を理解していく必要がある。それゆえ，地域住民の意識を変革するために，社会教育等の諸活動を通じ，コミュニティづくりの必要性について啓蒙し普及させる福祉教育が求められる。地域住民が高齢者の直面する問題解決の必要性を感じ，人と人の結びつきを意識し，自主的にコミュニティづくりを進展させていくことは，一人暮らし高齢者が孤立せず住み慣れた地域で暮らし続けるコミュニティづくりの土台となる。

また，そのほかの高齢者のコミュニティづくりの視点としては，住民参加の促進，高齢者同士の交流を深めるセルフヘルプグループ，高齢者と地域住民との絆づくりを重視したネットワーク構築，地域住民の自発的で主体的なコミュニティ活動を推進するボランティア団体や組織の育成強化，コミュニティづくりのコーディネーターの養成，老人クラブ，レクリエーション活動等の社会参加の促進，地域が1つにまとまるための公民館などの拠点の整備・開発，地域福祉の専門家であるコミュニティソーシャルワーカーの活用等が求められる。

それらの視点を通して，孤立死（孤独死）などの高齢者が抱える問題の要因に対して，どのような対処が必要かを検討したうえで，高齢者の実態把握，日常的な見守り活動，地域での交流の促進，生活支援サービスを活用した見守り，緊急通報体制などのネットワークを構築し，コミュニティをつくりあげていく。そのためには，それぞれの地域特性を踏

第3節 地域における高齢者のコミュニティづくり

まえ，図1に挙げたような社会資源をもとに，さまざまな担い手がコミュニティづくりにかかわることによって支え合い，各々の役割や協働の方法について考えていくことが重要である。さまざまな担い手がかかわることにより，各々の単独実施による限界を克服し，各々の機能が効果的に実施され，高齢者の生活を見守るコミュニティづくりにつながる。また，ときには，既存の社会資源の活用や調整だけでは対応が困難なケースも少なくない。その場合，新たな社会資源の開発に向けてソーシャルアクションなどのさまざまな働きかけが求められる。

　高齢者のコミュニティづくりにおいては，見守りなどの諸活動が高齢者にとって見張りや監視にならないように，プライバシーにも注意しなければならない。そして，高齢者や地域住民は，近所付き合いを大切にする，近隣との情報交換を行う，交流の場へ参加するなどを通して，住民意識の向上，地域参加の促進，近隣関係の回復などの人間関係の疎遠化防止，住民相互の連帯意識の強化などがコミュニティづくりにおいて重要である。

　高齢者のためのコミュニティづくりは，高齢者自身が住みやすい地域となるだけでなく，結果として高齢者以外の地域住民の誰もが住みやすいコミュニティの形成につながる。コミュニティづくりの基盤は，他者との人間関係のあり方を常に意識し，地域生活の質を高める日頃からの地域住民同士の人間関係であることを忘れてはならない。

（田中　康雄）

引用文献

(1) 内閣府(2016)『平成28年版高齢社会白書』日経印刷, p. 2.
(2) 前掲書(2016), p. 14.
(3) 国民生活審議会調査部会コミュニティ問題小委員会(1969)『コミュニティ——生活の場における人間性の回復』, pp. 155-156(http://www.ipss.go.jp/publication/j/shiryou/no.13/data/shiryou/syakaifukushi/32.pdf)(2016年2月2日閲覧)
(4) 内閣府(2014)『平成26年版高齢社会白書』日経印刷, p. 48.
(5) 内閣府(2015)『平成26年度　一人暮らし高齢者に関する意識調査結果』, p. 99.

参考文献

大橋謙策(1995)『地域福祉論——住民自治と地域ケア・サービスのシステム化』放送大学教育振興会
岡村重夫(1974)『地域福祉論(社会福祉選書①)』光生館
奥田道大(1999)『福祉コミュニティ論(新シリーズ社会学)』学文社
高橋幸三郎(編著)(2004)『地域づくりの福祉援助——コミュニティワークはじめの一歩』ミネルヴァ書房

第6章　地域における支援活動

第4節　ペットを介した地域支援活動

【キーワード】
動物，ペット，防犯パトロール

テーマの背景

　人間が動物とともに暮らしてきた歴史は長いといわれている。動物を家畜として農林作業などに活用するだけでなく，生活をともにする動物が人間に対して肯定的な影響を与えることが指摘されている。また，近年では動物が人間と生活をともにする伴侶，家族などと捉えられるようになり，コンパニオンアニマルと呼ばれるなど，より人間と動物が密接な関係をもつようになってきている。なお，以下ではペットの定義について「家庭で飼育されている愛玩動物，コンパニオンアニマルの総称である」とする。

　そこで，人間がペットに求めることの1つとして癒しがあろう。ペットの癒し効果については，心理学的知見からの浅川潔司ら[1]の研究では，ペットの飼育による癒し効果があることが指摘されている。たとえば，人間が犬を飼育することによる効果については，犬の飼育者の特性として，小林真朝[2]は家族や友人との人付き合いといった「社会生活機能」や「地域への所属意識」といった健康の「社会的側面」で有意に関連していると指摘している。また，城崎恵子ら[3]は，ペット犬を飼う効果としてコミュニケーションの変化を挙げている。研究では「家族間の会話が増加した」こと，かつ散歩を介した地域コミュニティの変化として住民との挨拶・会話が増加し相談相手となる場合が多いと指摘している。さらに，動物と人間のかかわりでよく知られているのがアニマルセラピーといわれている Animal Assisted Therapy（AAT：動物介在療法）や Animal Assisted Activities（AAA：動物介在活動）であろう。アニマルセラピーについては，高齢者や障害者へのかかわりから，さまざまな治療やストレスケアなどとして実践されてきている。また，盲導犬や介助犬，聴導犬など障害者を助ける役目を果たす動物も広く社会に浸透してきている。使役犬とは，一般に人間のために働く犬とされている。また，現在では，人間のために働く犬以外の動物も出てきている。

　なお，本節では身体障害者補助犬法で規定されている盲導犬，介助犬および聴導犬や警察犬，救助犬などの使役犬（使役動物）はペットからは除外している。

　上述したように，動物と人間の関係はペットとしての存在だけでなく，アニマルセラピーや人助けなど働く動物も存在する。そこで，本節では新たにペットを介した地域支援

活動をいくつか紹介するとともに，ペットを介した地域支援活動とはどのようなことがあるかを考えてみたい。

事例・トピック

「わんわんパトロール」（神奈川県伊勢原市）

　まず，1つの事例を紹介しよう。神奈川県伊勢原市では，「愛犬といっしょに『わんわんパトロール』活動」を推進している。市によると，2004年から自治会や防犯指導員部会，民生委員児童委員協議会を中心として伊勢原市地域防災推進協議会を立ち上げ，市内で昼間の子どもの見守り活動や夜間の防犯パトロール活動に市民が参加している[4]。愛犬を散歩する際に防犯パトロールグッズを身に付けて，地域ぐるみで防犯活動をアピールし犯罪の抑止を図っている[5]。このような活動は，そのほか，北海道，東京都，和歌山県などをはじめ多くの地域で広がりをみせている。

　上記の事例は，ペットを介して地域の安全を守り，子どもや高齢者だけでなくすべての住民が安心で安全な暮らしができるようにするための取り組みである。そこで留意点として，ペットを介した地域支援活動を実践する際は人のマナーやペットの躾については十分な配慮が必要である。たとえば，飼い主は排泄物の適切な処理ができること，ペットの行動の制止ができること。むやみに吠えたり，噛んだりしないなど，他者に不快な思いをさせない躾も必要である。さらに，人間もペットも互いが過重な負担にならず，気持ちよく取り組むことができることも大切である。このような取り組みは，人間関係だけでなく，ペットの社会的認知にもつながるのではないだろうか。

　また，ペットの地域支援活動として防犯活動だけでなく，高齢者や障害者の見守り活動も有効ではないだろうか。高齢社会白書（2016）[6]によると，65歳以上の高齢者がいる世帯で，単独世帯が25％を超えている。夫婦のみの世帯が約30％で，単独世帯と夫婦のみ世帯で半数を超えている。このような環境からペットの散歩を介した高齢者の見守り活動も有効な手段となりえるだろう。事前に対象者の同意を得たうえで行う定期的な見守り活動は，現在問題になっている，高齢者の孤立の改善にもつながることが期待できる。

　筆者は実際に，愛犬と一緒に早朝と夜間の地域見回り活動を行っている。防犯対策だけでなく地域住民との情報交換，地域の現状把握など，人とかかわることでさまざまな地域の情報を得ている。また，放置されたペットの排泄物の処理活動も行っている。それは，地域住民の愛犬家への不満からはじまった。そのほとんどは排泄処理の問題である。各家庭の前に「フンをさせるな」「フンをもち帰って」などの看板が立つようになった。そこで，散歩時には他人の愛犬の糞処理も行っている。このようなペットの社会的認知を向上させることでペットを介した地域支援活動が円滑に行われるのではないだろうか。そのほ

第6章　地域における支援活動

か，人や犬に吠えるなど，逆にペットを介して人間関係の悪化につながる問題もある。このことも十分に留意しておく必要がある。

演習課題【トレーニング】

では，ペットを介した地域支援活動として，あなたが暮らす地域では，どのような支援活動が考えられるだろうか。身近なペットを思い浮かべ，その地域支援活動を考えてみよう。また，活動の際の留意事項を検討してみよう。

解説

ペットを介した地域支援活動では，地域特性を考え取り組むことが必要である。たとえば，主目的は子どもの見守り活動なのか，防犯対策なのか，高齢者や障害者の見守り活動なのか，ペットの触れ合いを通じた人間関係交流なのか，など対象や目的を明確にすることも重要である。ただし，見守り活動と防犯，触れ合いを通じた人間関係交流を兼ねることもあるだろう，そのような場合でも，今自分たちができるペットを介した地域支援活動は何かを明確にすることは大切である。それによって，次に留意しなければならないことが見えてくる。

防犯，見守り活動では，ペットを介した地域支援活動実践者の安全を守るため，決まりごとをつくることも必要である。また，誰がどのような活動に取り組んでいるのか把握できるように，かつ，活動実践者の安全面の配慮などからも登録届出書を作成，提出をお願いすることも必要であろう。

活動の際の留意事項として，犬を例にすると，まずは飼い主の意識である。人間と共生するための躾やマナーを意識しているか，犬の行動を抑制できるか，排泄物の処理など適切にできるか，である。犬を飼い始めたときから，人間と共生するための犬の社会化（社会性を身に付けさせる躾）を適切に行う必要があることも忘れてはならない。次に，活動内容を明確にすることである。防犯目的であれば，不審者を見つけた場合の連絡先，方法，決して1人で無理な行動をしない，などが挙げられる。また，高齢者の見守りでは，無断で高齢者の自宅に立ち入るのではなく，事前に本人から見守りについての同意を受けたうえで，民生委員や行政職員との連絡調整を図りながら見守りを行うことも必要である。このように，留意点は活動目的で多少は変化するが，ペットを介することで地域住民の交流を図ったり，良好な関係性を構築したりすることができるのではないだろうか。

最後に，災害とペットについても触れておきたい。2016年4月14日，16日に熊本県（大分県の一部）では，これまでに経験をしたことがない2度の大地震が発生し甚大な被害を被った。熊本県における地震発生後の避難者数はピーク時18万人を超えていた。こ

第4節　ペットを介した地域支援活動

のようななか，ペット同伴の避難者（ペットも同様）も行き場に困っていた^(※注)。避難所では，ペット同伴の避難者とそのほかの避難者とのトラブルも発生している。産経新聞によると，「家に置いてくるように説得された」「人に飲ませる水もないのに，犬に飲ませるんかといわれた」と報告している[7]。また，ペット同伴者は避難所でのこのような生活を諦め，車中泊や危険にもかかわらず被災した自宅に戻りペットと生活を続ける者も多く存在した。このような事例は今後の課題であると考える。

　本来，このような災害が起こったあとだからこそ，ペットを介した地域支援活動を積極的に実践できるのではないだろうかと筆者（熊本県民で一被災者）は考えている。たとえば，被災した住宅では窃盗などが発生し社会問題となっている。そこで，ペットの散歩を兼ねた見回りパトロールを取り入れるなど，1つの地域支援活動であろう。また，避難所で生活する子どもたちのストレスも溜まっている。安全に留意したうえで子どもがペットと触れ合うことでストレス発散にも一役買うのではないだろうか。ペットと人間が共存し，人々がペットに癒やされる。そして，ペットも社会の一員として，人間を介し地域支援活動を実践することが期待されている。同時に，ペットの飼い主とペットを飼っていない地域住民の良好な人間関係を構築していくことも，ペットを介した地域支援活動には期待が寄せられているといえる。

（永野 典詞）

引用文献

(1)浅川潔司・佐野智子ほか(2000)「ペット動物の癒し効果に関する健康心理学的研究」『兵庫教育大学研究紀要，第1分冊，学校教育・幼児教育・障害児教育』20, pp. 115-119.

(2)小林真朝(2014)「中高年者における犬の飼育と健康認識と地域参加の関連」『ヒトと動物の関係学会誌』37, p. 42.

(3)城﨑恵子・田中直人(2004)「ペット犬と暮らす都市居住者の意識——都市環境における癒し要素に関する研究」『日本建築学会大会学術講演梗概集, E-2, 建築計画II, 住居・住宅地, 農村計画, 教育』, pp. 51-52.

(4)神奈川県伊勢原市ホームページ「わんわんパトロール活動・自転車パトロール活動」(http://www.city.isehara.kanagawa.jp/docs/2013102800018/)(2016年12月6日閲覧)

(5)「伊勢原市地域防犯推進協議会活動(わんわんパトロール・自転車パトロール)実施要領」(http://www.city.isehara.kanagawa.jp/docs/2013102800018/file_contents/2013102800018_www_city_isehara_kanagawa_jp_kakuka_s-seikatu_koutsu_pdf_patrol_yoryo.pdf)(2016年6月9日閲覧)

(6)内閣府(2016)『平成28年版高齢社会白書』

(7)『産経新聞』(2016年4月25日付)「熊本地震」(http://www.sankei.com/affairs/news/160425/afr1604250003-n3.html)(2016年6月9日閲覧)

※注　ペット連れの被災者を受け入れる動物病院もあった。

第6章　地域における支援活動

第5節　町でのコミュニティづくり

> **【キーワード】**
> 地域，日常生活圏域，町内会・自治会，グループワーク，社会福祉協議会

テーマの背景

　地域における人間関係の変化に目を向けると，一次産業が中心であった時代は就業時間などの生活パターンのほか，スーパーや病院などの日常生活圏域も共通する部分が多くみられた。そのため，町内会・自治会の集まりで清掃活動や地域行事などの予定を話し合って，共有することが可能であった。しかし現在は，就業時間や形態が多様化したことで町内会・自治会への加入率が低下しているほか，話し合いの場を設けても全員の参加が難しくなっている。同じ町内に居住していても，昔ながらの町内会世帯と新たにつくられたアパート世帯とではまったく交流のない地域もある。

　昔は地域住民が主体的に行っていた葬儀を，現在は民間企業が担うなど，サービスによって代替されているものもある。しかし，高齢者世帯の孤独や見守り，子育て世帯の悩みのような日常的な面での個別の課題や災害時や急病時に相談や手助けのような非日常的な課題，伝統的な祭りの衰退や廃止は，サービスのみで対応することは難しく，地域住民という社会資源を活用しなければ解決できない課題が多く存在している。

　ここでは，住民の力で地域における課題を明確にして，新しいコミュニティの形を構築していく活動について考えていく。

事例・トピック

北条地区まちづくり協議会によるコミュニティづくり

　愛媛県松山市北条地区において平成21年4月に「松山市地域におけるまちづくり条例」の施行にあわせて，地域住民が主体となって誕生したのが北条地区まちづくり協議会である。おもな活動は住民の意見やアンケート結果をもとに作成された「北条地区まちづくり計画」に沿って実施されている。具体的にはホームページ，フェイスブックを通じた情報発信のほか，方言や祭りなど伝統文化・芸能の継承，防火・防災活動の推進，高齢者の健康や子どもの育成，世代間交流などであり，地域住民が感じる身近な課題から地域の活性化まで，幅広い視野から取り組んでいる。

　とくに北条港から約400mの海上にある鹿島を住民の憩いの場や地区活性化の拠点とし

200

第5節　町でのコミュニティづくり

て位置づけていること，保育所・幼稚園から大学まで揃う若者が多くいるという人的資源の活用が北条地区の利点を生かした取り組みとなっている。

　活発な活動が継続できた背景には，広報部，福祉部，教育文化部，地域活性部，環境整備部，安心安全部の各部会が責任をもって役割を担い，事務局が総合的な視点からフォローできたこと，各部会が取り組む課題を明確にしていたこと，新しい社会資源の活用ないしは開発を行ってきたことが挙げられる。

　全国の自治体でもこのような団体が組織されているが，必ずしも機能しているとはいい難い。また，ここでの事例を参考に取り組めば成功するというものでもない。それは，地域によってそこにある人や環境などの社会資源が異なるからである。ここで紹介した同協議会も，現在は結成当時の中心メンバーの高齢化にともなう新しい人材の育成や女性の参入，会員以外の住民を巻き込んだ地域全体としての取り組みとして発展させていくことが新しい課題だとされている。

　町でのコミュニティづくりは変化していく地域の状況に合わせて，その町のなかの人材が課題を設定して取り組む過程での内容が求められるのである。

演習課題【トレーニング】

　自身の住む町では，どのような生活しづらさや不便な点があるのだろうか。複数グループ（各5～6名）で話し合いながらランキング表を作成して，内容を比較してみよう。名刺サイズのカードや付箋に個別に記入（些細なことでもたくさん書くことがポイント）してから共有すると可視化できてまとめやすい。多くの意見が出た場合はジャンル（交通，交流，買い物など）分けをして，ジャンル別にランキングをすればより問題点が集約された表を作成することができる。

解説

　コミュニティづくりは他地域での取り組みは参考にしかならず，あくまで地域住民がかかわって課題を明らかにして対策を考え，実践することが必須となる。そのためここでは，トレーニングで触れたグループワーク実施と，その後の取り組みにかかわる2つのポイントについて触れることとする。

　「地域の課題を探す」というような漠然とした設定でグループワークを始めると，住民それぞれが考える地理的範囲や生活上生じる課題の分類に差が生じるため，意見をまとめることが難しくなる。そのため，どの範囲で話を進めるのか圏域を設定する必要がある。住民間で行う場合は日常生活圏域が適当だと考えられることから，図1の第1層，第2層が対象になるといえる。地域の規模や対象とする問題によっては，第3層までを対象とす

第6章 地域における支援活動

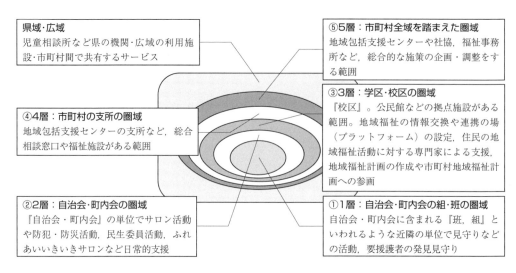

図1 重層的な圏域設定のイメージ（厚生労働省，2008をもとに筆者作成）

る場合もあろう。

　続いて，複数の町内会・自治会の構成員，またはさまざまな世代がグループワークに参加する場合は，視点が多様化して集約しきれなくなるため，主催者側が生活のどの部分にかかわる問題を対象とするかあらかじめ指定しておくとよい。高齢者や子どもなどの対象者と，災害時避難マップの作成や祭りの再開などの目的，の2点を設定するだけでも参加する住民もイメージをしやすくなる。

　課題が絞られると，住民の力だけで取り組めそうなものとそうでないものを仕分け，次の段階となる解決・改善の手法探しに移る。高齢者から日中集まれる場がほしい，共働きの母親から帰宅が遅くなるため夕食を1人で食べさせることが不安，青年団から祭りの運営委員の高齢化が進んで若い世代が入って来ないなど，課題は多種多様であろう。

　これらに対して，近隣関係や民生委員など今現在機能している社会資源で対処できるかどうかを精査するほか，空き家などの場所や時間，力の余っている人材の確保など地域内にある資源の情報を持ち寄って解決・改善策を講じていくようになる。

　しかし，町内会・自治会など住民間で課題を見つけて改善策を講じるのでは，専門的知識に乏しく実現できる課題が限られてしまう。そのような限界を感じた場合は，社会福祉協議会に相談するとよい。

　社会福祉協議会は社会福祉法で「地域福祉の推進を図ることを目的とする団体」として規定され，全国の市町村に設置されているほか，地区社協や校区社協も存在している。

　市町村社会福祉協議会では，高齢者が日中過ごす場を提供する「ふれあいいきいきサロン」や子育て世代の母親が情報を共有したり悩みを相談する「子育てサロン」を企画・運

営するほか，判断能力が不十分な方の金銭管理をサポートしたり，ボランティアセンターの運営も行っている。

　ここで疑問となるのは「福祉」と名のつく機関が，上述した例のような祭りを運営する人手の相談に乗ってくれるのかということだろう。社会福祉には地域福祉という分野があり，高齢者や児童・家庭，障害者など分野にとらわれず，人間関係の希薄化した町の活性化など，地域内で生じたさまざまな生活上の問題を対象としている。社会福祉協議会は地域社会にある住民などの人や建物・福祉事業者・一般企業・自然などのモノ等の資源を活用ないしは開発するなどして，地域福祉活性化のコーディネーターとしての役割を担っているのである。

　地域住民が町でのコミュニティづくりを進めようとする際に訪ねれば，相談にのってくれるほか，必要に応じて市町村や大学などにいる専門家などと結びつけたり，社会資源を紹介することで解決・改善に協力してくれることが期待できる。

　上述したグループワークも，専門家の力を借りればその効果をより高めることができる。町でのコミュニティづくりをより効率よく効果的にするためには，地域内の資源を活用したネットワーク環境を構築できるよう，住民側からさまざまな機関にアプローチをしてコーディネーターと連携をすることが望ましい。

　コミュニティはその時代や社会に合わせて常に変化していく。そのため，一部の意欲ある住民とその他の住民との温度差が生じたり，単発的な活動を繰り返していてはコミュニティの形成は期待できない。

　現代社会では，地元意識や地域内での助け合いなどのコミュニティの基盤となる関係やその機能が，自然発生的に生じることはまれである。だからといって，強制的に参加させても力にはならない。つまり，住民がそれぞれのできる範囲で貢献して支え合うという「意図的」な取り組みが，町でコミュニティをつくり，継続させていくコツだといえよう。

（釡野 鉄平）

引用文献

厚生労働省(2008)『これからの地域福祉のあり方に関する研究会報告書　別添2』(http://www.mhlw.go.jp/shingi/2008/03/s0331-7.html)(2016年9月30日閲覧)

参考文献

聖カタリナ大学人間健康福祉学部(編)(2016)『平成26年度愛媛銀行寄付講座　聖カタリナ大学公開講座「風早の塾」　幸福の地域コミュニティ——ソーシャルワークにおける"人－地域－自然"との関係の在り方を問う』学校法人聖カタリナ学園

総務省統計局(1996)『平成8年社会生活基本調査』(http://www.stat.go.jp/data/shakai/1996/4.htm)(2016年12月6日閲覧)

第6章　地域における支援活動

第6節　都会でのコミュニティづくり

> **【キーワード】**
> 近隣関係，コミュニティづくり，無縁社会，町内会，マンション管理組合

　都市部では地域での近隣関係に変化がみられ，人間関係が希薄化して人とのつながりが弱体化している。プライバシー保護への関心が高い都市部では，地域での近所付き合いを挨拶を交わす程度にとどめ，深い付き合いを求めていないことが多いのである。しかし防災・防犯の観点では，互いの助け合いなしには生きていくのは難しい。都会でのコミュニティづくりはどうあればいいのかを模索してみる。

1　近隣関係の変化

　都市での少子化や核家族化，都市化，情報化などの経済社会の変化や，人間関係の希薄化，地域における地縁的なつながりの希薄化などにより，都会での近隣関係に変化が現れている。都市化・産業化の波は都会で暮らす人々のライフスタイルと近隣関係のあり方に大きな変化をもたらしている。林（1988）はその特徴を①密集と混在，②職住分離，③生活の私事化の3点を指摘している。「密集と混在」は都市化による人口集中にともない，職業，出身地，価値観など多様な人々が，高密度化した住環境のなかで生活することである。密集・混在型の生活様式は，プライバシー保護への関心や権利意識の形成を促し，近隣関係に変化をもたらしている。「職住分離」は商業生活と居住生活が切り離されることであり，その背景には都市交通網の発達と企業・団体で働くサラリーマンが増加していることが考えられる。働き盛りの30〜50代のサラリーマンは会社や仕事を中心にする生活になりやすく，地域生活には無関心になりがちで活力が失われやすい。「生活の私事化」は，近隣関係よりも個人中心の生活に重きが置かれている。現代では生産や労働上で近隣の人々と協力する必要がない。消費生活においても，個人商店よりは，大型のスーパーなどを利用することが多くなっている。冠婚葬祭も業者任せである。外食，レジャー産業，カルチャーセンター，学習塾の利用などの経済サービス化は，近隣住民との相互扶助関係を著しく弱めている。さらには仕事中心の親の態度や受験中心の子育てになってしまう家族のあり方は，近所の人間関係の希薄化に拍車をかけている。

2 無縁社会の出現

2010年にNHKで放送されたテレビ番組で「無縁社会」という造語が使用され，年間3万2,000人が孤独死している現状が報道された。会社をリタイアしたあとは仕事上のつながりもなくなって地域とのつながりも希薄になっていることや，家族との関係も変化していることから孤独化し，最後は独りで死んでいくという内容であった。死因は病気，自殺などさまざまだが，身元すら判明しないままに火葬され無縁墓地に埋葬されることもあるのである。こうした背景には，地縁血縁社会の崩壊，終身雇用制度の崩壊，家族や社会とのコミュニケーションが減少していること，ネットによる交流が主となっている若者の増加，長引く不況においてニートやフリーター，派遣社員の増加で30代から社会から孤立している者が急速に増えていることもある。一方，介護保険や生活保護を受けずに無縁化している人の数は3万8,000人であった（全国地域包括支援センターアンケート調査：NHK2010年調査）。

支援を受けなかった理由は「他人に迷惑をかけたくない」「経済的な負担が大きい」「認知症などを患っているため，サービスの内容を理解できない」などであった。無縁化の背後に家族から拒否されているという問題がある。孤独死に至る要因として次の3つの要因が挙げられる。

①孤立化：一人暮らしなど孤立的な状況に置かれていること
②衰弱化：病気につながる不健全な状況に置かれていること
③無援化：必要な介護や治療が得られない状況に置かれていること

少子化や核家族化，都市化，情報化等，現代社会を取り巻く環境の変化や人間関係の希薄化，地域における地縁的なつながりの希薄化などにより，人とつながって地域社会で生きていくことの難しい時代が到来しており，孤独死を防ぐ地域の自治体やNPO法人の福祉活動，福祉サービス事業，町内会の活動など連携した総合システムが待たれる。

3 町内会（自治会）

地域のつながりを支えていく役割として，町内会（自治会）の存在がある。町内会は，地域の祭りや行事を取り仕切るだけでなく，ゴミ集積所の管理や防犯，防災，行政とのパイプなど多くの役割を担ってきている。最近では，高齢化，世帯の共働き，単身者世帯の増加が進んで担い手が減少している。20年前には70％あった加入率は，今や40％に減少したといわれている。とくに都市部での加入率が低く，町内会の存続が危機に瀕している（図1）。加入率は仙台市や神戸市では70〜80％であるが，東京都港区では40％である。しかし同じ東京都内でも葛飾区では，65％の加入率である。サラリーマン世帯が多い地域では働いている時間が長く，住んでいる地域にいる時間が少なく，地域に対する関心も薄

第6章　地域における支援活動

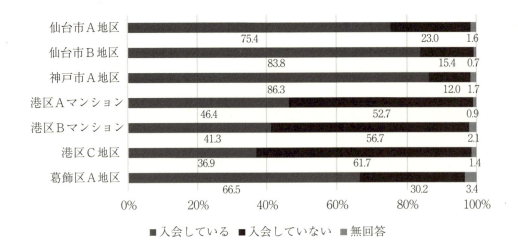

図1　自治会・町内会の入会状況　2012, 2013年調査結果（「総務省調べ」, 2014）

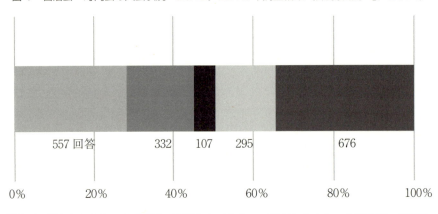

図2　自治会・町内会は必要か，不必要か？（「朝日新聞デジタル」, 2015）

いのが特徴である。

　町内会の加入は義務ではないが，人員コストのスリム化を図る行政機関からのさまざまな業務の委託も多く，負担の重さに住民の脱退が止まらない。町内会は，もとは戦時中の隣組が発祥で，戦後は地域の自主活動をとしながらも，防犯・防災・共同募金などの行政機関の末端の役割を担わせられてきた歴史がある。町内会は（地元出身者でない）よそ者にはなじみにくく，生活の私事化の進むなか，存在が薄れてきている。町内会・自治会は必要ですかというアンケートには，回答者の49％が不要であるという結果も出ている（図2）。町内会の課題としては「会員の高齢化，役員のなり手不足」「活動がわかりにくい，負担が大きい」ということが挙げられている。また町内会費とは別に赤い羽根などの寄付金を払うことを強制に求められることも町内会を脱退する理由に挙げている。

第6節　都会でのコミュニティづくり

　都会では町内会とは違ったNPO法人やボランティア団体などが地域づくりの役割を
もって活動しており、「保健・福祉」「まちづくり」「子どもの教育」などさまざまなテー
マで実践している。今後は町内会だけでなくNPO法人も一緒になって、NPO法人の専
門性を活かしながら、市民と行政機関、民間会社などと連携しながら地域づくりに取り組
むことが求められている。町内会が今後持続して活動するためには、若い年代が町内会・
自治会の活動に参加する工夫が重要である。地域には、小学校のPTAなどの若年子育て
世代を中心とした団体があることから町内会がPTA活動等に連携・支援することで、若
い人材が町内会活動に参加しやすい状況をつくる対策が考えられる。また子育て・介護な
ど働く女性のサポートを町内会が担いながら、女性に町内会の活動に加わってもらう工夫
も必要である。

演習課題【トレーニング】

　都会（大都市）でのマンションなど集合住宅に住んでいる住民のコミュニティづくりは
どうすればよいか、話し合ってみよう。

解説

都会のマンションでのコミュニティづくり

　2014年の総務省の報告によれば、とくにサラリーマン世帯が多い都市部では、地域に
いる時間が少ないため地縁がなくなり、近所付き合いの希薄化につながっている傾向がみ
られている。同居人がいる世帯に比べて「一人暮らし」の世帯で近所付き合いが希薄な傾
向があり、持家（一戸建て）に比べて「民間の借家（集合住宅）」で近所付き合いが希薄
な傾向がある。近所付き合いの希薄化の傾向は、東京の都市やマンションでとくに顕著で
あり、地方圏の都市では比較的近隣住民とのつながりを有している例もみられている。

　都市部においてマンション居住は、主要な住まい方の一形態として普及している。しか
し、マンションのなかには既存の町内会・自治会に加入しないところ、退会したりすると
ころもあり、マンション住民と地域とのつながりが構築しにくく、地域のコミュニティ形
成から漏れてしまうことが多い。マンション管理組合の目的は、敷地および共用部分の維
持管理が主であり、コミュニティ活動に消極的なマンションもある。地域における防災や
環境、交流、地域活性化等のさまざまな取り組みに対し、そのなかに立地するマンション
等の住民は参加できず、結果的に集合住宅が孤立する事例もある。とくに若い人が多いワ
ンルームマンションには住民票もおかない人がいるため、なかなか地域とつながりがもて
ないのが現状である。

　しかし、東日本大震災などを契機として、住民の意識が変わる傾向が窺われる。東日本

第6章　地域における支援活動

大震災前後の近所付き合いの考え方の変化については，震災を経験した仙台市，神戸市で「変わった」とする人が約2～3.5割となったという報告（総務省，2014）がある。

　筆者も都会のマンション居住者であるが，管理組合活動の一環で年に数回イベント（子ども祭り，クリスマス会，コンサート，防災訓練，管理組合の総会後の親睦交流会など）を行い，マンション内の住民のコミュニティ形成を図ってきた。住民同士が顔見知りになり，会って声を掛けるだけの関係から，近所の店で食事会を開いたり，一緒に交流イベントを行う仲間関係に発展してきている。はじめは声を掛ける段階から交流イベントを継続して行っていくうちに，同じマンションに住む人同士の親密さが加わってくるにしたがい，何かあったときはお互い助け合う関係までに変化してきたことを実感している。

　災害が起こったときや困ったときに住民同士が助け合える関係をマンション内で形成できるようにするには，マンション管理組合の役割や責任が重要である。そのためには，日ごろ住民同士が声を掛け合うコミュニケーション活動が大切である。顔見知りでなくても挨拶をすることが防犯活動にもなる。セキュリティを上げるためにオートロックにして防犯上の対策を行うことも必要であるが，知らない人を見かけたら声を掛けるなどの日常的な行動が重要である。確かにマンションの住民には隣の人とかかわりたくない，地域とつながりを求めない意識がある人もいると思われるが，東日本大震災が起こって日本人の考え方，価値観に変化が表れてきているという報告がある。内閣府が2012年に実施した「国民生活に関する意識調査」では，東日本大震災後に強く意識したことの質問に「地域とのつながりを大切にする」と回答した人が35.5％と3人に1人がこの項目を挙げている。男性と女性を比べると女性にその意識が強く，年齢では20代は低いが40代50代と中高年以降にその意識が高くなっている。また「災害に備える」という意識も44.9％と約2人に1人と高いことがわかる。この結果から国民は，震災後は災害に備えるということへの意識が高くなり，そのことは地域とのつながりをもつことと関連してくると推測される。いざというときに地域に頼れる人がいないと不安になると思われる。家族に子どもや高齢者がいて，何か起こった場合は，近隣の人に頼らざるをえない状況にある。そういう意味で近所付き合いも大事にしておかなければならない。隣の人とかかわりたくないと思っている人でも，なにか災害が起こったら困って助けてもらいたいという意識があるため防災・減災には関心がないわけではない。防災イベントの際に防災の専門家を呼んで住民に対策法を話してもらうなかで，近所の人とのかかわりが大切であることを触れてもらうことで意識を向けていくのも一案である。都会のマンション住民と地域とのつながりをつくる対策として以下の提案をする。

①都会の豊富な人的資源の活用

　都市部のマンション住民には，民間企業，自営業，公務員，医師・看護師，IT技術者，

弁護士，教員などさまざまな職業の多様性に富んだ専門家が存在しているので，そうした専門家を地域づくりに役立てることがコミュニティの活性化につながる。マンション管理組合とその地域の町内会・自治会との連携，PTA，子ども会，老人会，婦人会，NPO法人などの諸団体との連携も必要である。

②地域のコミュニティづくりの拠点をつくる

　地域のコミュニティづくりには，その拠点となる場所が必要である。市民が気軽に立ち寄れる場所としてコミュニティカフェがあり，札幌市では，Hokkaidoコミュニティカフェ組合（市内のコミュニティカフェが加盟する団体）を組織して人と人との出会い，人との交流の場，食や文化を通して人と人の縁を広げるカフェがある。カフェでは教室や講座の運営，ギャラリー，地元の食文化の提供，地域内での人と人の交流を活性化する活動を支援している。また町内会や児童会館とカフェをつないで，人の行き来を促進するように活動している。

③公的な支援制度を利用したコミュニティづくり

　地域のコミュニティ活動の活性化のため，マンションの管理組合と行政機関が協働してマンション内のコミュニティづくりを支援する制度があるところがある。神戸市東灘区では，マンション内のコミュニティづくりを支援する制度で，交流イベントのために年間3万円の経費を補助している。これにより，防災訓練，餅つき大会，コンサート，コミュニティカフェなどを行っている。マンション内のコミュニティづくりの方法がわからないマンションに対してはアドバイザーを派遣する制度もある。またマンション内の趣味のサークルの活動補助に1万円を補助する制度もある。また京都市ではコミュニティサポートセンターが，マンション内のコミュニティづくりに助成をしている。

　人間関係士は，地域のコミュニティづくり，マンションの住民のコミュニティづくりにおける人間関係づくりの専門家として，人と人のつながりや出会いの楽しさの方法を提供していくことが求められている。

（小山 望）

参考文献

『朝日新聞』(2016年7月4日付朝刊)「フォーラム『自治会と寄付金』」
『朝日新聞デジタル』(2015年10月1日付)「アンケート結果『どうする？ 町内会・自治会』」
上野徳美・岡本祐子ほか(編)(2013)『人間関係を支える心理学――心の理解と援助』北大路書房
林幹男(1988)「地域生活」安藤延男(編)『人間関係入門――いきいきした人生のために』ナカニシヤ出版

第6章　地域における支援活動

第7節　地域支援活動に役立つ技法

【キーワード】
QOL（Quality of Life），個別支援，地域支援，6W1H

テーマの背景

　地域支援活動には，地域に暮らす人々の QOL（Quality of Life）という生活全体の満足感・幸福感を維持し向上させる使命がある。誰でも当たり前に暮らせること（ノーマライゼーション），皆を仲間はずれにしないこと（ソーシャルインクルージョン），1つのものを皆のものにすること（パーティシペーション），人それぞれの本来もっている力を引き出すこと（エンパワメント）は，その使命の達成と関係がある[1][2]。

　ここで，QOL の向上・維持に成功した1つの実例を挙げてみる。

　それは，1960年代の初め頃，兵庫県のある社会福祉協議会が遭遇したケースである。ある田舎で女子高校生が通学途中の山道で痴漢に襲われた。この件を知ったソーシャルワーカーは自分が勤務する社会福祉協議会内で問題提起を行い，秋の共同募金に特別募金をお願いし，足掛け3年にわたっておよそ2kmの道に10灯の防犯灯を設置した。それ以後，夜間とくに暗くなる田舎道で女子高校生が痴漢に遭うという声も聞かれなくなった。防犯灯へのニーズは現在もなお続いている[3]。

　この事例のように，身近な地域にある個人のニーズを鋭敏に察知して，それまでなかったものを地域で開発して解決するという地域支援活動がある。この地域支援活動は，個別支援から出発するが，その個人がもつ課題は普遍的であり，広く地域支援へと拡大していく活動なのである。

事例・トピック

　自宅で暮らす障害者が自分ひとりで街に出たいとする。街に出て買い物をしたり，映画館で鑑賞したりと，普通な当たり前の生活をしてみたい。しかし，いざ外へ出ようとすると，心配だからと親が反対してしまうことが間々ある。もしかすると，その親は地域が冷たいと感じているのかもしれない。地域の人たちから仲間はずれにされると認識しているのかもしれない。この場合，障害者本人の想いを受けとめつつ，親に会って理解を促すことも大切な役割となるかもしれない。一方，障害者本人は子ども扱いされたくなく，ましてや勝手に親に話してほしくはないと思っているかもしれない。そうだとするなら，親に

210

第7節　地域支援活動に役立つ技法

話す前に本人にあらかじめ了解を得ておくことも大事であろう。

　他方，障害者本人は親の知らぬ間に自力で街に出かけることもある。それが自立した本来の姿であろう。しかし，そうした場合でも，ボランティアの手助けが欲しいと思うことも少なくないはずである。そうはいっても，いつでも，どこでも介助してくれるボランティアはそういない。とはいえ，障害のある人の想いを受けとめられるボランティアが増えていけばいくほど，私たちが思い描く理想のコミュニティにだんだんと近づいていく。ボランティアだけでなく，一般地域住民の偏見・差別・嫌悪も薄らいで，やがては消えていくであろう。そのような学習・教育を促していくのも地域支援活動なのである。

　ところで，街に出かければ「どこそこの段差には困った」「ある通路を通るとき，ついタバコ臭がして目眩がした」「2km ほど先の踏切は勾配が大きくてとても渡れなかった」など壁にぶつかって立ち止まることも少なくない。しかし，そうした問題にただ1人悩むばかりではいけない。このような好ましい状況でないとき，同じような想いや悩みを抱えている者同士で話し合うのである。これをピアカウンセリングという。こうやって気持ちを発散し，問題の改善に向かうことも重要である。実はそうした場を提供していくことも地域支援活動の一環といえる。

　「家の外に出よう」「街に出かけると気持ちいいな」。「自分も地域に暮らす人間なんだ」。このように思ってもらえること，このように思ってもらっていいという寛容な地域こそが地域支援活動が目指すゴール地点といえるであろう。

演習課題【トレーニング】

　地域支援活動では，どのような技法が役立つのであろうか。技法とは，技術的な方法や手法のことであり，技能はそれらを扱うことのできる能力を指している。「役立つ技法」は知っていても使えなければ意味がない。知って使えるものにすることは別次元の課題となるが，実際に調べてみて，知り得た技法についてはぜひ使えるよう試してみてほしい。なお，技法は個別支援用と地域支援用とに分けてみるのもよい。

解説

　地域における人間関係の諸問題は，一定の構成要素，いわゆる6W1H に分解することができる[4]。それは Why（なぜ？：目的），Who（誰が？：主体），Whom（誰に？：客体），When（いつ？：時間），Where（どこで？：場所），What（何を？：内容），How（どのように？：方法）の W もしくは H が頭文字となる7つの要素である。これらの7要素に人間関係を分解することが可能であるが，逆にこれらの7つの要素を総合化しつつ人は誰もがその人間関係のなかで生きているともいえる。

211

第6章　地域における支援活動

　人間関係を織りなす活動の1つである地域支援活動も，決してその例外ではありえない。地域支援活動は，細かく分析すれば，目的，主体，客体，時間，場所，内容，方法の7つの構成要素から成り立つ複合体であると考えることができる。

　まず，Why（目的）は，地域での人間関係に問題を生じている人々に焦点をあて，そのニーズの緩和，回復，開発などといったフォーマル，インフォーマルな支援によって当該人々の幸福感・満足感をもたらすという目的，いわゆるQOLの向上・維持を意図している。

　つぎに，Who（主体）はさまざまな地域支援活動のメニューを考案して実施する，あるいは地域支援活動そのものを行う担い手や専門職などである。しかし，彼らは決して主役になるのではない。彼らは"黒子"であり，"縁の下の力持ち"となる。主役は自分たちではなく地域住民であることを知っており，自分たちは脇役とはいわないまでも"黒子""縁の下"に徹するすがすがしさを兼ね備えている。

　Whom（客体）は，何らかの地域支援活動によってメリットを受ける相手側のことであるが，その喜びが支援する側に充実感をもたらすことはいうまでもない。ところで，地域支援の相手側は人間関係に問題を抱える個人だけではなく，家族，小集団，組織，団体，地域社会そのものなどの場合もありえる。また，ときには相手側が受け身の立場にとどまらず，自立した新たな支援者になっていくなど，固定化されるものでなく流動的であることも特徴ではないかと考えられる。また，このことは地域支援活動が目指すべき方向性だといわなくてはならない。

　つぎに，When（時間）という問題がある。たとえば相手側への緊急時の対応もあれば，逆に何年もの歳月をかける息の長い対応もみられる。あるいは特定の時期に限定して進めていくということもある。地域支援における時間や時期の問題は，当該ニーズにもよるし対応時のタイミングなどもあるが，ときには1回の話し合いの長さというミクロな問題，地域支援活動を支える制度そのものの導入時期や変更時期といったマクロなテーマもあり，非常に幅広い。いずれにせよ，地域支援活動を構成する要素としての時間という問題は無視できないものである。

　また，地域支援事象の構成要素であるWhat（内容）は，地域資源のことを意味しているといえよう。地域資源は，個別そして地域のニーズ充足のために活用され，動員される施設・機関，設備，資金，各種の物品，諸制度，技能，知識，人，集団などの有形，無形のハードウェアおよびソフトウェアを含んでおり，数多くの種類がある。したがって，地域資源の活用にあたっては，相手側にとって必要な過不足のない資源が，最も適切に組み合わされた形で提供していくことになる。

　そして，Where（場所）であるが，どこで適切な地域支援活動を行うかという問題であ

第7節　地域支援活動に役立つ技法

る。施設・機関・事務所において，これまでは個人の悩みへの対応にしても，地域問題への対処にしても，その多くは待ちの姿勢であるウエイティング・モードを主流としてきた。しかし，これからは自ら地域に飛び込んで働きかけていくというシーキング・モードへと方向転換することが時代の潮流となってきている。これは積極的に出向いていくというアウトリーチの概念と相通ずるものがある。

　最後に How（方法）は，一般的には支援の方法，支援形態，支援技術を意味すると見て取れる。地域支援活動における支援技術として，以下に限るものではないとしても，ソーシャルワーク（社会福祉援助）で体系化されてきた3つの系と12の種類などはとくに参考になる[5]。

　このように地域支援活動を成立させる構成要素は，6W1H であり，このこと自体が地域支援活動に役立つフレームワーク（枠組み）ということができる。また，この枠組みに拠る場合，6W1H の一つひとつ，あるいはその組み合わせや複合体のどこに標的を合わせているのかという意図をはっきりさせることが肝要であることを付語しておく。

(谷川 和昭)

引用文献

(1) 谷川和昭(2007)「社会福祉援助技術の概念と体系」井村圭壯・谷川和昭(編)『社会福祉援助の基本体系』勁草書房, p.11.

(2) 谷川和昭(2011)「地域福祉の目的と考え方」井村圭壯・谷川和昭(編)『地域福祉分析論――理論と実践を基盤として　第2版』学文社, pp. 13-17.

(3) この事例の根拠は次の文献で確認できる。内容については筆者が再構成した。佐山満夫(2010)「市町村社会福祉協議会の自立を問う」塚口伍喜夫・岡部和夫ほか(編)『社協再生――社会福祉協議会の現状分析と新たな活路』中央法規出版, p. 189.

(4) 6W1Hに分解する仕方は小田兼三の論考に示唆を得た。小田は社会福祉事象を成立させる社会福祉の生きた6W1Hを説いている(pp. 6-8)。本稿の6W1Hはこれをモチーフにし，生きた地域支援活動の記述を試みたものである。小田兼三(2012)「社会福祉学研究方法論序説」『福祉図書文献研究』11, pp. 3-9.

(5) 谷川和昭(2007)前掲書, p. 14.

参考文献

秋山博介(編)(2005)『現代のエスプリ452　臨床心理福祉学』至文堂

加山弾(監修)(2009)『社協コミュニティワーカー さぽーとぶっく　黒子読本』栃木県社会福祉協議会

中島康晴(2014)『よくわかる地域包括ケアの理論と実践――社会資源活用術』日本医療企画

日置真世(2009)『日置真世のおいしい地域づくりのためのレシピ50』全国コミュニティライフサポートセンター

目黒輝美・谷川和昭ほか(監修)(2013)『現場に根ざした介護と福祉――アクション・リサーチからの発信』大学教育出版

山口稔・山口尚子ほか(編)(2009)『地域福祉とソーシャルワーク実践　実践編』樹村房

第7章

人間関係の改善に関する
カウンセリング的アプローチ

現代社会はストレスの多い時代である。時間に追われ，人間らしい生活が奪われている。現代人は忙しい生活を送っている。忙しいという漢字は，心を亡くすという意味である。忙しい生活のなかで，仕事上の人間関係の悩みを抱えながら生きている。本章では心の問題を抱えている人にカウンセリング的なアプローチで問題解決をはかる試みを解説する。主として，精神分析，来談者中心療法，認知行動療法のアプローチなどに加えて，集団療法としてグループ・アプローチ（サイコドラマ）などを取り上げている。

人間関係士は，臨床心理学，カウンセリング理論，心理療法などの諸理論を学び，人の心の問題に対応できる考え方やスキルを身につけたい。

第7章　人間関係の改善に関するカウンセリング的アプローチ

第1節　現代社会とストレス

> **【キーワード】**
> カウンセリング，自己成長，ストレス

1　本当に心の時代が到来したのか？

　内閣府の調査によると，2015年度の自殺者は2万4,025人で，前年に比べ1,402人（5.5％）減少したが，同年の交通事故死者4,117人（警察庁の調査による）の5.8倍である。自殺死亡率はアメリカ合衆国の約2倍であり，わが国は自殺大国といっても過言ではない。自殺に至らないまでも，働く人のうつ病をはじめとした心の病気も年々増加傾向にある。また，殺人や乳幼児虐待，少年犯罪など，痛ましいニュースが連日のように報道されている事実も見逃せない。日本人がもっている心の闇の部分が，にわかに浮き彫りにされているということかもしれない。

　私たちの祖先は，たとえ乏しい内容でも，一家団欒，食事をともにしながら，雑談を楽しんだ。精一杯働いたのち，充足感に浸り眠りについた。かつて公園では近所の子どもたちが元気に動き回り，町のいたるところで近所の主婦たちが立ち話をする，夏は夕方にもなれば，線香花火を片手に親子が夕涼みをする光景があちこちで見られた。これは，人が人として当たり前の生活，人間らしい生活をしていた証であり，当たり前のコミュニケーションが成立していたのである。

　いつの日からか，こうした人々のかわりに塾通いに忙しく，家族と食事をともにすることのできない子どもたちや，24時間365日働き続ける企業戦士たちが増えてきた。企業戦士たちは売り上げの向上を求め，子どもたちは偏差値のみに注目するなど数値目標ばかりが偏重されるようになる一方，日常生活は軽んじられていった。周囲の人と同じことをしていれば厳しい競争社会を勝ち抜くことはできないという考え方が，暗黙裡に私たちの生活のなかに浸透していった。

2　便利さの弊害

　現代人の生活には，インターネットの普及に代表されるように便利なものが増えてきた。家にいたまま買い物ができたり，他者と交流ができたり，情報収集ができたり，考え方，使い方によっては非常に便利なものである，しかし，流れている情報には確かなものと不確かなものがあり，そのなかから必要なもの，確かなものを選択する能力が問われる。

第1節　現代社会とストレス

レポート作成時に，インターネット情報を参考にしたりするが，鵜呑みにせず，自分で判断することが必要である。これは情報がたくさんあるが故の悩みであり，一種のストレスにつながる。

　インターネットの普及のほか，携帯電話・スマートフォンの多様化，宅配便などの宅配業者の迅速化，スーパー・コンビニエンスストアなど多くの店の24時間営業化などさまざまな技術の進歩，発展，競争等により生活に便利なものが増えてきている。

　改めて考えると，現代社会はスピード社会であるともいえる。情報を得ること1つをとってみても，以前は図書館や本屋で本を借りたり，購入したりして情報を得ていたものが，現在ではボタン1つで情報を得ることが可能になった。それにともない弊害も多く現れている。便利になったその裏には，必ずそれを支える労働者の努力がある。現代社会の光と影である。影には必ずといっていいほどストレスがつきまとうのである。

　人間らしい生活を忘れてしまうと，人生の本当の味わい深さは感じられなくなるものである。それだけではなく，人が本来もっていた免疫力も失われ，ストレスに対しても脆弱になってしまう。結果的に心の健康は損なわれ，心身症をはじめとしたストレス疾患を発症することとなる。最悪の場合，うつ病を患い，自殺に至るケースもある。ただ，ストレスを避けて通ることは不可能である。ストレスを回避できない以上，ストレスから逃げないことを考える必要がある。

3　過去と他人は変えられない

　不登校の子どもが医療機関を受診すれば，医師は通常「なぜ学校に行けなくなったのか」と原因を探る。つまり，過去に遡って原因を究明し，そこから導かれる結果について対策を講じることが診断の原則である。

　しかし，不登校の子どもが辛い過去に目を向けたとして，「今」と「これから」を頑張って生きることができるだろうか。人はどんなに頑張っても，「過去」を変えることはできないのである。

　仮に，この不登校のきっかけが，いじめであったとしよう。いじめの加害者に被害者が目を向けたところで，加害者を変えることができるだろうか。「他人」という存在は，変えることは不可能である。

　つまり，過去と他人という自分の努力では変えることができない2つの要因が悩みの原因として君臨している限り，どんなに頑張っても不登校の症状を変えることはできないのである。

　そこで，変えることのできる対象を考えると，「今」と「これからの自分」ということになる。変えることのできない「過去」と「他人」について思い悩むのではなく，今の，

第7章　人間関係の改善に関するカウンセリング的アプローチ

あるいはこれから先の自分を変えることで悩みを解決していく。これが，避けて通ることができないストレスから逃げないカウンセリング的アプローチである。カウンセリングの役割は，「あなたは変える力をもっている」ということに気づいてもらうためにサポートしていくことである。

　将来のことを考えるとき，過去のことをあれこれ悩む必要はまったくない。自分では気づきにくい「その人のいい部分」を伝え，「これから自分は変わるのだ」「自分は変わることができる」と思ってもらうこと，それを実践してもらうこと，自己成長を援助することがカウンセリングの最大の目的である。

4　ストレスに向き合うためのカウンセリング

　欧米ではカウンセリングが気軽に利用されているが，日本では利用したことのある人は少数派だろう。しかし，社会構造の変化とともに，日本でもカウンセリングの人気が高まっていることは確かである。

　個人主義を基本とする欧米では，心の悩みも自助努力で解決するものと考えられている。そのため，ストレスがたまり苦しくなると自ら心理カウンセラーや精神科医，サイコセラピストのオフィスに出向き，問題を解決する人が多い。

　日本では，心の問題は地域や学校，会社など，所属するコミュニティが面倒をみて解決する問題だった。たとえば，地域に問題を抱える人がいれば，周囲の大人やお寺の和尚さんが諭したり励ましたりして，「情」に訴えて立ち直らせようとした。TVドラマ『3年B組金八先生』や映画『男はつらいよ』に馴染みのある世代であれば，想像はできるだろう。

　しかし，このような「情」で結びついたコミュニティは，年々少なくなってきている。そのうえ，欧米流の「自己責任」の理論が曲解され，「自分は自分，他人は他人」という価値観が，浸透し始めている。

　そのため，悩みを抱えたときに，周囲が察して援助の手を差しのべてくれるとは限らなくなった。加えて，問題を抱えている本人にも，「中途半端に意見されたくない」という気持ちが強くなってきている。

　カウンセリングが増えている背景には，現代人の「忙しさ」も大きく関係している。仮に，あなたの周りにあなたの話にじっくり耳を傾ける人，時間をかけて悩みを受け止めてくれる人がいれば，そもそもカウンセリングなどは必要ない。しかし，現代では多くの人が時間に追われ，毎日自分のことだけで精一杯である。生活や将来への不安，家族の問題，仕事の悩みや人間関係など自分自身にも解決しにくい問題を抱え，他人の話など聴く余裕もない。

　これらの背景から，契約を前提とした解決方法である「カウンセリング」への需要が高

まり，「カウンセラー」に相談してみたいという人が増えているのである。

5　事例

　「私は長く経理の仕事をしています。以前，大きな金額の取引があったとき，自分の伝票処理方法に不備があり，会社に莫大な損害を与えそうになりました。そのとき，部長から厳しく叱責されたことが忘れられません。それ以来，金額の大きい取引では，書類を何度確認しても不安で，正しく書いてあってもチェックを完了した気持ちになれません。ほかの仕事をしていても，これから伝票のチェックだと思うと，不安で別の失敗をしてしまいそうです」

　過剰な不安に襲われ，それまでできていた仕事ができなくなるケースは，不安障害が疑われる。これは，強いストレスを受けた出来事や体験があったあと，過剰な不安や心配に心が覆われ，自分ではその不安をなかなか取り除きにくい状況が長く続くというものである。

　症状の改善や病気の克服のためにはカウンセリングも有効であるが，症状がひどければ心療内科などの受診も必要となる。

　ただ，上司としては，それまでできていた仕事ができなくなった部下を見かけたら，単に叱責で抑えるのではなく，安心を与えるような気持ちを引き出す人間関係づくりに努めていただきたい。

　上司も多忙で，自分のことで精一杯なのかもしれない。こうした場面に人間関係士が関与することで，柔和で豊かな関係性づくりに尽力できるであろう。

（杉山　雅宏）

参考文献

熊野宏明(2007)『ストレスに負けない生活——心・身体・脳のセルフケア』筑摩書房
中野敬子(2016)『ストレス・マネジメント入門——自己診断と対処法を学ぶ』金剛出版
野口京子(2006)『健康心理学』金子書房

第7章　人間関係の改善に関するカウンセリング的アプローチ

第2節　カウンセリング理論

【キーワード】
インテーク面接，アセスメント面接，見立て

1　心理アセスメント

（1）心理アセスメントとは

　心理アセスメント（心理査定）は，インテーク面接およびアセスメント面接，心理検査，行動観察などを通じてなされるクライエントへの理解である。心理アセスメントの目的は，来談者への臨床心理学的援助が適切に行われるよう基本的理解を得ることにある。ここでいう臨床心理学的援助には，カウンセリング，助言，コンサルテーション，医療機関や他の相談機関へのリファーなどが含まれる。心理アセスメントの対象は，個人以外に家族や地域，職場や学校などの環境も対象になることがある。

（2）さまざまな心理アセスメント

　心理アセスメントは，土居健郎（1992）が提唱した"見立て"[1]をつくるために行われると言い換えることもできる。見立ては，主訴や現病歴・問題歴，生育歴から紐解かれるクライエントの自己防衛のパターン，心理的葛藤に対して繰り返し行われている対処を理解し，クライエントの全体像をつかみ，支援の方向を示唆することである。見立ては基本的に仮説であり，その後の臨床心理学援助の過程において絶えず検証され修正が加えられる。

インテーク面接・アセスメント面接

　インテーク面接は初回に行われる心理面接であり，当該機関で引き受けることができるのか，他の相談機関・医療機関にリファーすべきなのか，といった判断をするために行われる[2]。インテーク面接は，通常1回か2回程度でなされる。インテーク面接の結果，当該機関で引き受けることが適当ではないと判断する場合があることをふまえると，回数は限定的となる。しかし1回の面接で病態を測り兼ねるときは2回以上に及ぶこともあろう。

　またアセスメント面接とは，クライエントの防衛機制や対象関係のパターン，パーソナリティ構造，病態などを理解するためになされる。反復される対処行動はクライエント理解の重要な情報源となる。回数は3回から5回程度であるが，とくに回数は決まっていないためクライエントの様子に合わせて余裕をもって行うことができる。また，このアセス

第2節　カウンセリング理論

メント面接の期間は，逆にクライエントがセラピストを“アセスメント”する機会にもなる。自分のパーソナルな悩みを打ち明けてもよい人物であるのか，信頼を置くことができるかなど，クライエントの側もセラピストを推し量っている。インテーク面接・アセスメント面接のなかで知能検査やロールシャッハ・テスト，描画法といった心理検査を併用することもある。インテーク面接・アセスメント面接では，以下の内容を尋ねていく。

①どうして今，ここに相談に来ようと考えたのか……来談動機

②現在抱えている悩み，心配事，症状など相談したいことは何か……主訴

③現在抱えている悩み，心配事，症状は，いつ頃からどのようなことをきっかけにして発展してきたのか……現病歴，問題歴

④出生してから現在までの生い立ちはどのようなものか……生育史

⑤家族や親戚はどのような人物であると考えているのか……家族歴

　実際のインテーク面接では，上記の事項を機械的・事務的に尋ねるのではなく，クライエントが話したいこと，こちらに伝えようとしていることに十分耳を傾けながら，適宜質問を挟む。クライエントは，自分の悩みや心配事を理解してほしいと思うあまり，時系列や登場人物を整理できずに話をして，セラピストが確認したい情報とずれが生じてしまうこともある。そのようなときは，セラピストが聴きたい方向に話の筋を無理に変えようとせず，まずはクライエントの話したいストーリーを傾聴する。相手の訴えを丁寧に聴くことがセラピストとクライエントのラポール（信頼関係）形成に寄与する。現代のカウンセリングには精神分析的心理療法，パーソンセンタードアプローチ，認知行動療法などさまざまなアプローチがあるが，いずれの技法においてもラポールが前提になると考えてよい。

心理検査

　心理検査には質問紙法，投影法，作業検査法といった性格検査と知能検査がある。

　質問紙法には，YG性格検査やBDI（ベック抑うつ質問票）などがあり，実施が比較的簡便で結果を解釈しやすいという特徴がある。投影法には，ロールシャッハ・テスト，SCT，バウム・テストなどがある。投影法は，医療機関をはじめ幅広く活用され，習熟に時間はかかるがパーソナリティ構造や病態水準を理解するのに適している。知能検査には，ウェクスラー式知能検査，田中ビネー知能検査などがある。知能検査の結果からクライエントの長所・短所という能力的特徴を把握し，具体的支援に生かすことができる。心理検査は，通常クライエントを理解する目的にそって複数の心理検査を組み合わせて実施される。これをテスト・バッテリーという。たとえば意識的な水準を測る質問紙法と無意識的な水準を把握する投影法を組み合わせることで，クライエント理解がより立体的なものとなる。心理検査は支援の用途に応じて，またクライエントへの負担とならないよう適切に

第7章　人間関係の改善に関するカウンセリング的アプローチ

選択される必要がある。

行動観察

　入室から退室までのクライエントの様子や態度，身なりや持ち物などをさりげなく観察
する。具体的には，姿勢や歩き方，視線や表情，声の調子や大きさ，服装の整い方などに
注意する。

(3) 心理アセスメントの実際

　心理アセスメントの実際について，以下に架空の事例を紹介したい。

〈事例1　40代男性Aさん　主訴：復職への不安〉

　これまで3度の休職を経験しているAさんは，来月の復職を控え漠然とした不安に駆
られ，カウンセリング機関に申し込みを行った。初回面接ではセラピストから困っている
ことを自由に話してくださいと言われたので，4回目の休職への心配を語った。セラピス
トは休職の直前の出来事やそのときの気持ちについて繰り返し質問した。セラピストと話
をするうち，休職前には人員減による仕事量と残業時間の増加，上司も仕事に追われ指示
がほとんどなくなること，指示がないまま作業をするが成果が評価されないことといっ
た条件が重なったとき，会社に行けなくなっていることがわかった。また，生育史のなか
で，長男だったAさんは子どもの頃，病弱だった母の代わりに家事を手伝い，きょうだ
いの世話をし，勉強と部活に打ち込んでいた。しかしあるとき，勉強時間が確保できず成
績が下がった。このことを父から咎められたとき，Aさんは原因不明の体調不良に襲われ，
しばらく学校を休んだのだった。

　ここでは，休職に至るまでの現病歴（問題歴）と生育歴のなかに，Aさんの不適応の
パターンの反復を読み取ることができる。Aさんは，努力家であるが故にたくさんの仕
事を引き受ける反面，その努力が評価されないと挫折感が高まり，休職につながっていた
のだった。アセスメント面接では問題が生じたきっかけを丁寧に尋ね，そのとき何が起き
ているのか確認する。そしてクライエントが問題に対処するもうまくいかなかった経過を
たどっていく。翌回のセッションにてAさんはセラピストから見立てを伝えられ，努力
が評価されない場合の不満や悔しさについて振り返った。その後，努力を評価されないと
きの気持ちをカウンセリングで話し合い，父への思いを整理し，自分が対応できる範囲で
仕事ができるよう上司に業務量の調整を依頼したりするようになった。

〈事例2　20代女性Bさん　主訴：周囲の音が気になり，外出ができなくなっている〉

　Bさんは，大学入学後に上京し一人暮らしを始めた。引っ越し，入学式，オリエンテー
ション，アルバイト探しと多忙であった。そのうち耳鳴りがするようになり，最近では

222

周囲の人々の視線が気になり，さらに自分に関する噂話が聞こえるようになった。噂話は徐々に自分を不当に責める内容に変わり，外出も難しくなった。自分の異変を感じたBさんは，インターネットで目にとまったカウンセリング機関に相談することを決め，申込みを行った。インテーク面接にてセラピストは，噂話が聞こえる具体的状況について尋ねた。噂話は周りに人がいなくても聞こえてきて，ほとんどは自分への非難なので，とても辛いとBさんは説明した。そしてセラピストから，家族や親戚のなかに精神科や心療内科に通院した人がいるかと尋ねられたが，親戚のなかに統合失調症で自宅療養している人がいると聞いたことがあったので，そのように話した。

　インテーク面接の最後にセラピストは，カウンセリングを始める前に医療機関にて今の悩みを話してみてほしいと伝え，精神科クリニックを紹介した。併せて治療や支援は悩みに適したものを選択する必要があると説明した。そしてBさんは精神科クリニックを初診し薬物療法を受け，幻聴（噂話）と被害関係妄想（視線が気になる）が軽減し，大学に復帰した。インテーク面接では，当該機関で引き受けることが適切かどうかを吟味し，薬物療法が優先される精神病圏が疑われるケースでは，無理をせず医療機関への紹介を行い，連携しながら支援を行う。

　心理アセスメントでは，クライエントとの信頼関係をはじめ，医療機関や相談機関との連携など人間関係の構築がその基礎となっている。よって人間関係士に備わる他者と協働する意識は心理アセスメントにとって不可欠である。

（富田 悠生）

引用文献

(1) 土居健郎(1992)『新訂 方法としての面接——臨床家のために』医学書院，pp. 63-83.
(2) 鑪幹八郎・名島潤慈(2010)『心理臨床家の手引き　第3版』誠信書房，pp. 32-63.

第7章　人間関係の改善に関するカウンセリング的アプローチ

第3節　人間中心論的アプローチと事例

【キーワード】
無条件の肯定的関心，共感的理解，自己一致

1　人間中心論的アプローチとは

　人間中心論的アプローチには，ロジャーズのクライエント中心療法やマズローの自己実現論を筆頭とする人間性心理学や，その流れから生まれたトランスパーソナル心理学などがある。病の治療や問題解決より人間としての成長を重視し，一人ひとりが自分を見つめ成長していくプロセスを重要なものと考える。

　私たち人間は，人生が何事もなく運んでいるうちは，それはすべて自分の力によるものであるかのように錯覚する。しかし，人生には，失恋，夫婦の危機，リストラなどさまざまな苦悩が待ち受けている。こうした苦悩は，私たちに人生で大切な何かを気づかせてくれ，教えてくれる教師のようなものだと，人間中心論的アプローチの立場では考える。

　人生すべての出来事には意味と目的があり起こっている。つまり，家庭の不和や失業，病気など，一見したら起こらないほうがよい出来事も，起こるべくして起こったのである。すべては私たちが気づくべきことに気づき，学ぶべきことを学んで自己成長していけるように促していると考える。

　人間中心論的アプローチでは，苦しみに直面した人が自分自身を見つめ，人生で起きているさまざまな出来事に意識を向け，それがもつ意味とメッセージを見出だしていくのを援助しようとする。この立場で重要視する傾聴が役に立つのは，傾聴してもらった人が自分自身を見つめ，自分の心の声を聴き始めるからである。そこで人は自分自身を深く見つめ，気づきと学びを得て成長していく。人間中心論的アプローチは，クライエントの気づきと学びを促すカウンセリング的アプローチといえる。

　ここでは，クライエント中心療法について解説していく。

2　クライエント中心療法とは

　クライエント中心療法は，米国のロジャーズによって1940年代に初めて提唱された考え方である。この理論は，当時の一般的な心理療法へのアンチテーゼから生まれた。

　ロジャーズは，「患者」という呼び方を「自主的にサポートを受ける人」という意味のある「クライエント」という言葉に改めた。そして，自分の感情を表現できる適切な場さ

え提供されれば，クライエントは自分自身で心理的な成長を遂げることができると主張した。ロジャーズは，心理的サポートが行われる場が思いやりに満ち，すべてを受け入れる雰囲気となっていれば，クライエントは人間のもつ潜在的な能力を発揮し，問題を解決できる力をもつと考えた。この考えにもとづきカウンセラーの仕事は，自分の価値観や目標を押しつけることでなく，クライエントが安心して自らの問題に取り組めるような環境を整えることだという理論を展開した。

　クライエント中心療法では，「クライエントの悩みを解決する方法はクライエント自身が知っている」ということを前提に，「わかっているけれどどうにもならない」という感情を受け入れて，受容・共感・自己一致を守りながらクライエントに非指示的に接し傾聴していく。この過程で「理想の自分」と「現実の自分」に気づいていき，自己成長を促していくのがクライエント中心療法である。

　クライエント中心療法では，カウンセラーに対して，無条件の肯定的関心・共感的理解・自己一致の３つの態度が求められる。この理論ではカウンセラーとクライエントの信頼関係の形成をとくに重視している。

無条件の肯定的関心
話の内容がしっくりこなくても，カウンセラー側の個人的見解を一時的に棚上げし，クライエントの話を聴く。カウンセリングに来談した勇気を認め尊重し，共感的・受容的にクライエントを受け入れること。

共感的理解
カウンセラーがクライエントの立場に立って理解していくこと。しかし，クライエントと同じ状況に立って一緒に不安になるということではない。自分がクライエントの立場ならばどのように感じるかを親身になって理解することが重要である。

自己一致
カウンセラーが首尾一貫して表裏がないこと，自分自身についてきちんと理解できていることを示す。言動と相反する感情をもっている場合，クライエントは敏感にそれを見抜き，信頼関係が崩れてしまう。

3　クライエント中心療法の効果

　クライエント中心療法の特徴は，クライエントに指示を与えないことである。たとえば，「不倫している，どうしよう……」という相談に対しては，「不倫で悩んでいるのは辛いですよね」という形で話を受け止めるが，それを肯定したり否定したりすることはない。

　このようなやり取りのなかで，「やはり，今のままの関係はだめですよね……」という形でクライエントが自分自身を受け入れ，どのように生きていくべきかを理解すること，

第7章　人間関係の改善に関するカウンセリング的アプローチ

すなわち，自己成長につながるというところがクライエント中心療法の効果といえる。

4　クライエント中心療法のメリット・デメリット

　クライエント中心療法のメリットは，非指示的なアプローチを行うなかでクライエント自身が自己の内面に気づき，自己成長につながるという点にある。また，「無条件の肯定的関心」「共感的理解」「自己一致」および「信頼関係の形成」はほかのすべての技法を行ううえでも基本となる態度で，カウンセリングを勉強する人であれば，身につけることが必須事項になる。そのため，どのような技法を行う人でも，受容・共感などの態度が役に立つといえ，この点もこの技法を学ぶメリットといえる。

　デメリットは，すべてのクライエントに適応できるわけではないということである。たとえば，境界性パーソナリティ障害の人に対してはあまり有効でないことが知られている。もちろん，こうしたデメリットは他の心理療法でも同様だが，意外とクライエント中心療法は，どのクライエントにも適用できると思っている人が多いので注意を要する。

5　クライエント中心療法に関する事例

　失恋によりひどく落ち込んでいるときなど，これまでのことを繰り返し思い起こし，楽しかった日々や，辛かった日々，恨んだり腹立たしく思ったり，自分を責めたり，相手を責めたりするものの，未練を断ち切れず悶々とした状態が続く。情けないと思いながらも，どろどろした複雑な感情が胸に渦巻く。そんな揺れる気持ちを親友に打ち明けたとする。

　「早くそんな人のことは忘れようよ。ねぇ，ほら，元気出そうよ」と言われ，頭ではそうしたほうがよいとわかっていても心底から痛手を忘れ，すぐに元気が出るわけではない。簡単に心を変えることができないため悩むのであるが，親友の前では「その通りだよね。元気出さなきゃ」と合わせてしまう。しかし，それ以上はモヤモヤした気持ちを話せなくなり，ずっと心に抱え込むことになる。満足したのは「励まして元気を出せた」と思う親友だけである。

　そのようなとき，黙って話を聴き，「うんうん，わかるよ」などとそのまま受け止めてくれ，共感的にいわれると心は安らぐ。この「うんうん，わかるよ」といった言葉かけがクライエント中心療法である。これはアドバイスでも励ましでもない。しかし，確実に心に届くのである。

　「うんうん，わかるよ」といわれた人は，しばらく泣いたあとではじめて「このままではいたくない。何か新しいことを始めよう」というように，自ら解決策を見つけようと元気を取り戻すことができる。

　心に悩みを抱える多くの人は，情緒的な混乱と深い悲しみ，孤独感を抱いている。「誰

第3節　人間中心論的アプローチと事例

も理解してくれない。どうしたらいいのかわからない。孤独だ」という思いが錯綜し，頭のなかでグルグル巡っている状態である。

　話をすれば，誰かに聞いてもらえば，頭のなかは少なからず整理されるものである。自分の思いが理解されたことにより，孤独感もかなり薄らいでいく。しかし，実際にはこのような対応はとても難しい。人の気持ちを理解するということは並大抵のことではないからである。

6　まとめ

　このように，クライエントはより深く自分の行動や感情を探り始める。自己一致した状態のカウンセラーがクライエントの語りを共感的に理解することで，クライエントはより明確に，自分の気持ちや現状を理解する。安心感を与えられ，カタルシス効果も高まる。その結果，クライエントは自己理解を深め，以前は気づかなかった自分の一面を発見し，自分を大切に思えるようになる。徐々に，自己を否定する態度から自己受容する態度に移行していく。

　クライエント中心療法により，自分自身を受け入れ，生きる意味を問い続ける力を養うことが可能になる。同時に，他者を受容し共感できる力を育むことも期待できるため，人間関係の改善におおいに役立つものと考える。

（杉山 雅宏）

参考文献

佐治守夫・飯長喜一郎（編）（2011）『ロジャーズ　クライエント中心療法』有斐閣
岩壁茂（編）（2015）『カウンセリングテクニック入門——プロカウンセラーの技法30（臨床心理学増刊第7号）』
　金剛出版

第7章　人間関係の改善に関するカウンセリング的アプローチ

第4節　精神分析的アプローチと事例

【キーワード】
無意識，対象関係，投影，コンテイニング

　精神分析的アプローチとは，フロイトに始まる精神分析理論に由来するアプローチである。まず精神分析理論の基本的な枠組みを紹介し，エピソード事例によってかかわりのイメージを広げてみたい。

　精神分析理論では，人の心の世界に無意識の領域，すなわち自分自身でも意識していない（わかっていない）領域があることを想定している。そして，人の心は，意識，前意識（もう少しで手が届く，意識される領域），無意識の三層構造からなると考えられている。これを局所論という。そこでは，私たちの言動や態度，思考は，多くにおいて無意識の影響を受けていると考える。無意識の存在，その影響力に力点を置くことが，精神分析的アプローチの主たる特徴といえる。

　またフロイトは，人の心の構造についてのもう1つの視点として，イド，自我，超自我からなる心的装置として人の心を説明している。これを構造論という。イドとは，生来的，本能的欲動の部分である。そして発生論的には，イドから自我，超自我が派生していくと考えられている。イドが本能的欲動として考えられるのに対して，超自我はいわば審判のように善悪の采配を振るおうとする部分である。その間に立って，現実的な判断を下し，現実適応を図ろうとするのが自我の役割である。きわめて単純化した例を挙げるとすれば，暴れ馬（イド）が柵（超自我）を乗り越えようとし，馬上で騎手（自我）が何とか手綱を握っている，そんなイメージが思い浮かべられるだろうか。イドのもつエネルギーと制止的な超自我，何とか現実的な解決を図ろうとする自我の三者が，それぞれに目的的に動きながら，私たちの現実生活は営まれていると考えるのである。イド，自我，超自我による心の構造論の流れを汲み，とくに自我の働きを重視して発展したのが自我心理学である。それはアンナ・フロイトを源流として，さらなる展開を見せていった。

　他方，クラインはフロイトの流れを汲みながらも独自の理論展開を示し，対象関係論として今日まで発展するに至る礎を築いた。対象関係論では，人の心のなかにある対象（イメージのようなもの，無意識的なものを含む）に光を当てる。私たちの心のなかには対象が息づいており，それを基盤にして私たちの心は動き，他者との関係性にも影響が及ぼされていく，と考えるのである。その対象は，人が誕生して早期にはまだ乳房，指といった

228

断片的な部分対象であり，それらが徐々に人全体の形をなすような全体対象へと進展していくと考えられている。さらに対象はよい乳房（たとえば，満足を与えてくれるあたたかな乳房），悪い乳房（よい乳房の不在ではなく，満足を与えてくれない悪い乳房がそこにある，と無意識的に空想される）というような性質をもっており，発達早期には，それらが結局のところ同一の母親がもたらすものであるとは体験されない。よい対象と悪い対象の分裂がそこにはある。次第によい乳房も悪い乳房も同一の母親の所有物であることが認識されるようになり，よい対象の性質も悪い対象の性質も併せもつ全体対象としての母親が体験されるようになっていく。

　また，赤ちゃんの生後早期の心の状態を妄想分裂ポジション（態勢）といい，赤ちゃんの体験が増していくにつれて，生後4〜6ヵ月頃から始まっていくのが抑うつポジション（態勢）とされる。このとき，妄想分裂ポジションは部分対象関係が優勢であり，抑うつポジションでは全体対象関係が優勢である。部分対象関係（よい対象と悪い対象の分裂）から全体対象関係（よい対象と悪い対象の統合）へ，妄想分裂ポジションから抑うつポジションへ，という流れが基本的には理解される。

　しかし，それはいわゆる発達段階論的な不可逆的進行をするものではない。私たちは生涯を通じて，妄想分裂ポジションと抑うつポジションの間を揺れ動いていくと考えられる。どちらかといえば抑うつポジションに留まっていることが多い，ということは心の安定さを示唆するものであろう。

　全体対象関係にあるとはどのようなことか。よい部分も悪い部分も両方併せもった人として，人を全体的に体験できるということである。"あの人は，あのとき感情的に私を厳しく非難した，それによって私はひどく傷つけられた"という傷つき体験があるとする。このとき，"私"にとっては，"自分を感情的に厳しく非難し，傷つけた，すなわち攻撃してきた悪い人"（悪い部分）が体験されている。もし，このような部分で全体が埋まってしまったら，"ひどく恐ろしい人"として"あの人"は体験されるだろう。しかし他方で，"あの人"には"明るく人の心を和ませる部分"（よい部分）があり，何回も"私"は助けられているかもしれない。"私"を"ひどく傷つけた人"と"ときに助けてくれた人"は同一人物なのである。悪い部分だけに圧倒されず，よい部分も一方で思い出せること，それが全体対象関係の世界である。逆もしかりである。よい部分だけにもならず，悪い部分だけにもならない。それは，人への過度な恐れにも万能的理想化にも偏らない心のありようへとつながるものである。

　対象関係論では，心のなかの対象イメージや無意識的空想が外界に投影され，また同時に取り入れられていく投影と取り入れのプロセスが重視される。ここでは，心のなかにあるものが他者へと投影される（投げ込まれる，排出される）側面について述べていきたい。

第7章　人間関係の改善に関するカウンセリング的アプローチ

関係性のなかで生きるコミュニケーションとしての投影である。

　ビオンのコンテイニングの理論は，投影のコミュニケーションの側面をより引き立てて説明している。ビオンは，乳児が心のなかにある不安や恐怖といった，到底抱えていられない耐えがたい感覚を母親のなかに投げ込み（投影し），母親が夢想（いわゆる乳児の体験を理解する働き）によってそれを受けとめ，乳児が受けとめられるようなものとして戻していく過程を描き出した。ここで，母親の心はコンテイナー（容器），乳児が投影したものはコンテインド（内容）となる。つまり，耐えがたい苦痛（コンテインド）は投影によってコンテイナーにコンテインされ（受けとめられ），乳児によって受け入れられるものとなって心のなかに戻されるのである。

　たとえば，苦痛（たとえば空腹）によって泣く赤ちゃんを前にして母親が夢想し（「おっぱいかしら」），乳房を差し出す。頭をなでながら，「おっぱいが欲しかったのね。おいしいね」と優しく声かけをすることもあるだろう。それは赤ちゃんにとって，よくコンテインされた（考えてもらえた，理解された，受けとめられた）体験となり，自分は空腹によって泣いていたのだ，という体験理解へとつながっていく。そのようにして人は自分の心について思考できるようになっていくと考えられるのである。

　さらに具体的な体験が他者に投影されていくこともある。心のなかのある一部分が他者に投影され，投影された他者にとっては，あたかもそれが自分の体験であるかのように感じられることがある。これを投影同一化という。ここに投影の伝達機能，コミュニケーションとしての側面が理解される。すなわち，私たちは，自分の体験を素材として相手の心について考え，理解することができるのである。それは無意識的交流の意識化であり，かかわりのなかに生きる精神分析理論である。

事例・トピック

　「Aさんは，Bさんと話していると，とても緊張する。何か不用意なことを言ったら，ひどくBさんを怒らせてしまうのではないか，と思うのである。Bさんを前にすると，自分の言葉に自信を失くし，何も言えなくなってしまう」というエピソード事例について考えてみたい。

　Bさんを前にしたときの緊張，怒らせてしまうのではないかという不安，何も言えなくなってしまうというAさんの体験，これはどこから来るのだろうか。それはAさんの性格である，とすることは非生産的な理解である。そこから先に理解を進めることはできない。どういうわけかBさんと向き合っていると湧き上がってくる体験，そこには意味があるのかもしれないと考えてみる。たとえば，Aさんの体験はBさんの投影に基づくものであり，投影同一化によってBさんの心のあり様が伝えられているのでは，と思考を

第4節　精神分析的アプローチと事例

進めるのである。つまり，Ａさんが体験する不安や緊張は，実はＢさんのものではなかろうか，と連想が進められる。そのように考えていくなかでＢさんについて，そしてＢさんと向き合う自分自身について，理解を深めて行くことができるだろう。このような思考のあり方が，かかわりに生かされる精神分析理論といえる。

まとめ

精神分析的アプローチは，人の心や他者との交流について，無意識，対象関係，投影等の仮説的理解をもって考えていくアプローチである。人間関係士が他者とかかわるとき，そこにある無意識的交流に視点を置くならば，自分自身と他者，その関係性に対して新たな視界が開けることであろう。

（佐々木 美恵）

参考文献

Bion, W. R.（1962）. *Learning from Experience*.（福本修（訳）（1999）「経験から学ぶこと」『精神分析の方法　Ⅰ 〈セブン・サーヴァンツ〉』法政大学出版局, pp. 1-116.）

Freud, A.（1936）. *Das Ich und Abwehrmechanismen*.（外林大作（訳）（1958）『自我と防衛』誠信書房）

Freud, S.（1915）. *Das Unbewußte*.（井村恒郎（訳）「無意識について」, 井村恒郎・小此木啓吾ほか（訳）（1970）『フロイト著作集 6』人文書院, pp. 87-113.）

Freud, S.（1923）. *Das Ich und das Es*.（小此木啓吾（訳）「自我とエス」, 井村恒郎・小此木啓吾ほか（訳）（1970）『フロイト著作集 6』人文書院, pp. 263-299.）

Klein, M.（1957）. *Envy and Gratitude*.（松本善男（訳）「羨望と感謝」, 小此木啓吾・岩崎徹也（責任編訳）（1996）『羨望と感謝（メラニー・クライン著作集 5）』誠信書房, pp. 3-89.）

第7章　人間関係の改善に関するカウンセリング的アプローチ

第5節　認知行動療法

【キーワード】
認知行動療法，認知，感情，自動思考，歪んだ思考，
論理療法，ABC理論

1　はじめに

　認知行動療法（Cognitive　Behavior　Therapy: CBT）は，行動療法と認知理療法をクラークやサルコフスキスらが統合し，うつ病の治療として普及した療法である。行動療法は1950年代にスキナー，アイゼンクらによって体系化された，行動変容と目的とした心理療法である。

　アメリカの精神科医のベック（Beck, A. T.）は，1970年代にうつ病の治療に認知療法を創始した認知療法家として世界的に有名である。長年，精神分析療法を試みていた彼は，ある女性の患者に自由連想法（心に浮かんだことを，選択することなしに話すこと）を実施しているうちに，報告されない思考の流れがあることに気付いた。その観念の注意を向けて患者に報告してもらううちに，患者自身が面接中に感じていた不安が理解できるようになったことから，自動思考（automatic thought）の存在に気づいたのである。ベックは患者に「あなたが，不快な気持ちを体験したときは，必ずその気持ちの直前に体験した考えを思い出すようにしてください」という指示を与え，こうした思考を自動思考と名づけた（ベック，1990）。

　認知行動療法は，人間の思考（認知）が感情と行動に影響を与えることから，感情の混乱をコントロールするために認知を変容させる心理療法であり，アメリカ，イギリスでは，うつ病や不安障害の治療に最も選択されている治療法である。その理由は，治療効果に関するエビデンス（科学的根拠）があることである。わが国でも1990年代から認知行動療法に関心を持つ専門家が増えて，2000年以降一気に広まってきた。認知行動療法は心の病だけでなく，ストレス対応のスキルとして，心の健康のためにも用いられることも知られてきている。

2　認知行動療法とは

　認知行動療法とは，認知と行動と感情の3要素をバランスよくコントロールして，自分にとって不快で悲しい出来事から落ち込んで悪循環に陥らないようにすることである。

第5節 認知行動療法

感情は，考え方に左右される。状況（出来事）をどう受け止めるかで，感情，気分（身体）が変わる。気分や感情によって，行動が影響を受ける。

認知（思考）⇒感情⇒行動は一連の繋がり，連鎖の関係にある。

自動思考とは，何か起こった出来事に対してぱっと浮かぶ考え（心の声ともいう）である。この自動思考が歪んだ思考であると，感情や行動に悪影響を与える。自動思考の根底にあるネガティブな中核的な信念をスキーマという。スキーマとは考え方の癖である。自動思考について，クライエントとセラピストが対話しながらその根底にある中核的な信念を探り出すことをソクラテス的質問法という。いろいろな出来事のときに起こる自動思考を手がかりにして，クライエントが自身で自分の考え方の癖や歪みに気づくようにすることがねらいである。

例で示そう。

出来事 28歳の男性，会社の会議で，提案した企画を上司にさんざん叩かれてしまい，落ち込んでしまった。この会社では自分はやっていけない。会社をやめたい。

自動思考 上司に叩かれ，もう終わりだ。自分はだめな人間だ。みんなも俺を馬鹿にしているだろう。

感情 恥ずかしい，いじけた，めげた，憂鬱，こんなに批判するなんて上司もひどいやつで腹が立つ。

行動 会社をやめたい。

スキーマ 自分はダメな人間であるという自己否定的な考え。

自動思考を変える 一度，上司に批判されたからといって，ダメではない。批判されるとだめな人間と思ってしまう傾向がある。上司も自分に期待しているから，批判したのではないか。失敗したのは準備不足であった自分の責任でもある。次はきちんと準備してうまくやろう。

感情 気分がふっきれた。次回は頑張ろう。

3 認知再構成法

自分の考えや感情をシートに書き込むことで，認知の流れを整理したり，検討したりする方法。

コラムとはシートに書かれた枠のことで，認知再構成法で用いるコラムは，2つ，3つ，4つ，7つなどさまざま種類がある。コラムが増えるほど，より検討できるようになるが初めは2つ，4つぐらいから始めるのがいいであろう。

4つのコラム表（表1）で練習してみる。

233

第7章　人間関係の改善に関するカウンセリング的アプローチ

表1　コラム表の例

出来事	自分の企画を上司にひどく批判された
感情	落ち込んだ。腹が立った
自動思考 （そのときの考え）	上司にひどく批判されたからダメな人間だ みんなも馬鹿にしているだろう
より適切な考え	批判したのは期待もあったからかもしれない 一度批判されたから終わりではない，次はもっと準備して企画をつくろう

4　歪んだ思考（認知）の例

歪んだ認知（思考）の例として，下記にあげるものがある。

白か黒かの思考　全か無かの思考，物事をすべて白か，黒かで分ける考え方。0か100かで判断する考え方。物事を中間的な灰色のままにしておくことはできない。

自責思考　なにかうまくいかなかったときに自分に非があると考えてしまう。自分の原因でないことも，自分に責任があったと考え，自分を責めてしまう考え。

べき思考　自分や他人に「こうあるべきだ」「こうすべきでない」という強固な信念があり，要求する。自分や他人の行動を厳しく批判する。柔軟な思考ができない。

破局化思考　否定的な未来を予測してしまう。将来を悲観的に予想し，必ず悪いことが起こると信じ込んでいる思考。この思考は不安障害の人に多くみられる。こういう考え方をする人は，どのような状況にあっても，考えうる中で最も悪い結果になることを疑わない。

過度の一般化　ある出来事が1回起こったら，いつも起こると思い込んでしまう。ある1回の状況に基づいて過剰に一般化した結論を導く考え方をしてしまう。一度ある女性をデートに誘って断られると，すべての女性にデートに誘ってもどうせ断れると思い込んでしまう。

拡大視・縮小視　失敗したことは過大評価して，うまくいったことは過少評価してしまう。ある女性は職場で商品開発に関わっており，新商品の提案を説明したところ，上司と多くの同僚から素晴らしいと称賛された。しかし，たった一人の同僚から否定的な評価がなされた。彼女は，多くの人間から褒められたことには注意を払わずに，だめだったかと自信をなくしてしまう。

読心術　他人の考えをわかっていると思い込んでしまう。一度思い込んでしまうと，ほかの可能性を考慮しない。

5 論理療法 (Rational -Emotive Therapy)

アメリカの心理学者アルバート・エリス (Ellis, A.) は論理療法の創始者であり，彼の理論は ABC 理論とも言われている。論理療法とは，出来事の受け止め方次第で結果が変わるという心理療法である。エリスの ABC 理論について説明する。

エリスは，出来事が結果を招くのではない，出来事をどう受け止めた（どう考えたか）で結果が変わる，非合理的な信念 (IB) が結果を生み出していると考え，この非合理的な信念（例：べき思考）をより合理的な信念に変えることで，結果も変わると考えている。

A きっかけとなる出来事 (Activating event)

B 思い込み，信念 (Beliefs)

　IB (Irrational Belief)：非合理的な信念

　RB (Rational Belief)：合理的な信念

C 結果として起こること (Consequence)

D 論駁 (Dispute)：非合理的な信念や思い込みを論駁する。非合理的な信念を合理的な信念に修正する。悲観的な予測や破局的な結果を生み出さないように修正する。IB を RB に修正する。

E 効果 (Effectiveness)：効果として適切な感情が生じる。

例を挙げて説明する。

A 出来事：定期試験で必修科目が不合格だった。

　感情：すごく落ち込んだ，みじめだ，自分が嫌になった。

B 思考（信念）：必修科目を落とすなんて，俺はだめな男だ。非合理的な信念，思い込み。

　IB（非合理的な信念）：俺はだめな男だ。

C 結果：学校に行きたくないし，やめたい。

D 論駁：1科目でも試験に合格しなかったから，ダメな人間とは限らない。確かに落としたのは，悔しい。でも必修科目を落としたのは自分だけではなく，他の学生も落としている。

　1科目落としたからといって，また来年単位を取ればいいので，学校をやめる必要はない。次回はしっかり準備して試験に臨もう。単位を落とすのはダメな人間ではない。失敗しても次に頑張ればいい。

E 結果：次回はしっかり勉強して単位を取ろう。気持ちが軽くなった。

第7章　人間関係の改善に関するカウンセリング的アプローチ

認知行動療法について，事例をもとに考えてみよう。

事例・トピック

うつ病の男性　Tさん（大手損保会社に勤める会社員。課長職，40歳の男性，有名国立大学卒）

Tさんは投資部門で働いていたが，上司に怒鳴られたり，非難されたりして人間関係がぎくしゃくした。その結果職場の人間関係で悩み，うつ状態になり，会社を休む。精神科クリニックを受診して，うつ病と診断される。会社を病気休暇で6ヵ月休む。休職後5ヵ月間は，ほとんど寝てばかりいた。抗うつ剤による治療をうけ，気分が安定してきたので，カウンセリングを希望して来談。認知行動療法による心理療法を受ける。12月に来談して，9回の面接で終結。

初回〜3回：一生懸命仕事したのに，部長や副部長のポストには就けなかった。今は，一生懸命やっていた自分が馬鹿らしい。体はがっちり。上司の期待に応えてきたのに，裏切られた。会社は辞めたいと話す。

体調は戻りつつある。一流の大学を卒業して有名会社に入ることで両親の期待に応えてきた。今の会社には戻りたくない。自分はネガティブ思考。CBTを勧める。CBTについて説明。コラム法を一緒に行う。糖質ダイエットをやっている。うまくいっている。体調も良くなった。

○**出来事**　現在の職場で上司との人間関係に疲れて休職。昇任もできなかった。

○**感情**　ショック。かなり頑張って実績を残していたのに。上司に腹が立つ。

○**自動思考**　自分の同期は昇任しているのに，なぜ，自分はダメなのか。

○**別の考え**　会社の中で昇任することだけが，幸せではない。自分には家族がいる。病気で家族のありがたさがわかった。支えてくれてありがたかった。他の会社でやり直そう。

4回〜7回：PDL（Positive Data Log）をホームワークで行う。毎日よかったことを記入してもらう。

例：自宅の部屋を掃除して気持ちがよくなった。子どもと公園で遊んだ。転職サイトで申しこんだ会社のうち数社から，面接の通知がきた。

8回〜9回：ある外資系の会社から採用の連絡があり，正式に決まった。面接も試験も英語であったが，自分は英語が得意。今の会社のアメリカ支社にも10年いた。「先週，会社に退職届を出してきました。通院していた精神科医にも，新しい環境で働くことに承諾をもらいました。大変お世話になりました」終結。

236

第 5 節 認知行動療法

解説

　Ｔさんは小さい頃から両親の期待に応えようと努力して有名大学を卒業し，現在の一流企業に就職し，順調な人生を送ってきた。しかし，現在の部門で，上司との軋轢や周囲との人間関係に疲れ精神的な病に陥った。半年の病気休職後，カウンセリングを受けに来談して，CBT による面接を行ってきた。几帳面なＴさんは，PDL（ポジティブ・データ・ログ）の表に毎日，その日あったいいことを書き込んで面接時には持参していた。ネガティブな思考の傾向があったＴさんだが，CBT で PDL を行うようになり，少しずつ歪んだ思考から，別の考えに変化する報告が増えてきた。初めはどんなことでも，例えば，朝早く起きた，本を読んだ，子どもと公園に行ったなど，何でもいいですと指示した。その結果「散歩に行った」，「プールで泳いだ」，「図書館に行った」，などの報告が増えてくるようになり，認知が変わり，感情が変わり，行動レベルに変化が現れてきたのである。「会社の同僚と会う」，「転職を探す」，「面接に行く」などとＴさんは PDL に記入するようになり，Ｔさんはとても考えを整理するのに役立ったと報告。体重管理をしているＴさんは体重が増えるとプールに泳ぎにいくなど自己管理がうまく，筆者はそうしたＴさんをいつも「すごいですね」と，支持してきた。

　人間関係士は，認知の歪みのために人間関係がうまくいかないこともあることを理解して，人間関係改善の方法として認知行動療法的なアプローチが有効であることを知っておくことも，援助する側の人間として有益である。

（小山 望）

参考文献

エリス，A.（著）國分康孝・石隈利紀ほか（訳）（1996）『どんなことがあっても自分をみじめにしないためには——論理療法のすすめ』川島書店

小山望（編）（2009）『わかりやすい臨床心理学入門』福村出版

カーウェン，B.（著）下山晴彦（監訳）（2004）『認知行動療法入門——短期療法の観点から』金剛出版

熊野宏昭・村瀬嘉代子（編）（2013）「認知行動療法を知る」『臨床心理学』第13巻第2号，金剛出版

清水栄司（2010）『認知行動療法のすべてがわかる本——うつと不安を完治する第一選択の治療法』講談社

ベック，A. T.（著）大野裕（訳）（1990）『認知療法——精神療法の新しい発展』岩崎学術出版

第7章 人間関係の改善に関するカウンセリング的アプローチ

第6節　対話心理療法など

【キーワード】
対話心理療法，プロセス・ワーク，エリクソン催眠

　現在，カウンセリングの流派は200ほどもあるといわれている。そのうちの代表的なものについては前節までに取り上げられているが，ここでは取り上げられてこなかったものとして，神田橋條治による対話精神療法（以下，本節では「対話心理療法」と表記する），アーノルド・ミンデルによる「プロセス・ワーク」，ミルトン・エリクソンによる「エリクソン催眠」の考え方を取り上げてみたい。小項をさらに分けた記載であるため，理論・トピック・事例といった形式を採ると煩雑となってしまうことから，ここでは各項にその3要素を織り込んで記述を進めることとする。

1　対話心理療法

　現在，日本の精神科医療の現場で広く取り入れられている技法は認知行動療法などであるが，そうしたスペシフィックな技法に取り組む以前に，患者とのコミュニケーションの質を問い直す視点として，神田橋の対話心理療法は現場で働く多くの臨床家に支持されている。

　限られた紙面のなかで1つだけ，対話心理療法から読者の皆さんに紹介しておきたいアイデアを取り上げるなら，共感についてのおまんじゅうモデル（図1）である。

　カウンセリングにおいて共感的理解が重要であることはいうまでもないが，しかしクライエントの心のどの部分に対しての共感なのかという点は見落とされがちな盲点である。

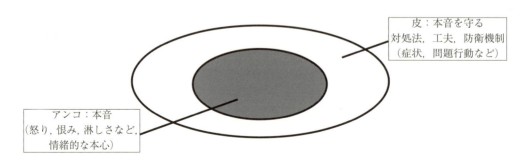

図1　共感のおまんじゅうモデル

おまんじゅうモデルは，この点についての気づきを促してくれる。

　神田橋によれば，心の構造をおまんじゅうに喩えたとき，真ん中のアンコの部分はクライエントの本音ということになる。その中身は，恨みであったり，淋しさであったりと，もっぱら情緒的なものとなる。他方，おまんじゅうの皮の部分は，そうした本音をくるんでいる，クライエントなりの努力や対処ということになる。

　カウンセラーを含む，多くの対人援助職者の起こしがちなミスは，このアンコの部分への共感こそがクライエントへの共感であるとカン違いしてしまうことである。たとえば，クライエントが「辛いんです」といえば，その辛さに寄り添うことが共感であると思い込んでいる人が少なくない。

　もちろん，それも共感であることに間違いないが，ひいき目に言っても"部分的な共感"である。心の全体性を考えたときには，皮への共感も忘れるわけにはいかない。

　先の例でいえば，「辛いんです」と語るクライエントに対して，その辛さに寄り添い（アンコへの共感），そのうえで辛さに耐え，何とか踏ん張ろうと努力しているクライエントの部分に対しても共感の目を向けなければならない。しかし，ここで注意深くあることが必要となる。というのも，皮は一見して好ましくないもの（症状，問題行動など）の姿で表れていたり，目立たない姿をしていることが多いからである。好ましくないものが目についたときに，皮ではないかと考えてみることは1つのコツといってもよいであろう。リストカット，万引き，ウソなどは典型的な皮である。

　問題解決型の治療技法を学んで育った初心のカウンセラーが，この皮の部分を問題視して"解決"しようとした挙句，面接が迷走していくことも多い。一見，問題と見えるものが問題ではなく，問題とは気づかないところにこそ問題があるものだ，といった心覚えをもつことも役立つだろう。

2　プロセス・ワーク

　ユング派分析家であったアーノルド・ミンデルが創始したプロセス・ワークは，理論面ではユング派心理学をベースとしながらタオイズムやトランス・パーソナル心理学などを幅広く包摂したものである。実践面では個人セラピーだけでなくコミュニティ・ワーク，さらには対立する立場の人たちを集めて「ワールド・ワーク」という取り組みまでなされている。

　紙面の関係上，ここではプロセス・ワークの基本であるエッジ・ワークのみを紹介する。プロセス・ワークではクライエントが同一化しているところ，「私」と認識しているところを「1次プロセス」と呼ぶ。それに対して，「私」以外のものはすべて「2次プロセス」とする。

第7章　人間関係の改善に関するカウンセリング的アプローチ

2つのプロセスは必ずしも固定的ではなく，飲酒時や夢のなか，あるいはそのほかの条件次第で移ろうこともある。しかし多くの場合は安定しており，両者の間にあって2つを分けているものをプロセス・ワークでは「エッジ」と呼んでいる。エッジ・ワークとは，1次・2次の両プロセスを交代に味わい，エッジを乗り越えて統合を図っていくワークである。アーノルド・ミンデルがかかわった初期の事例を紹介しよう。

事例・トピック

クライエントは末期の胃癌を患った男性であった。術後の痛みに耐え，うめき声を出しながら，切除して患部がなくなっているにもかかわらず，このクライエントは「胃癌が大きくなり続けている！」と訴えたという。彼の1次プロセスは「痛みに耐える患者」であり「余命の短い，末期癌患者」であった。そして，彼に痛みをもたらす胃癌こそは2次プロセスであった。

ミンデルは「その痛みをもっと深く感じ取るように」と誘導した。まるで腹部で火山が爆発しているような痛みを深く感じながら，やがてクライエントは「あぁ……，自分は爆発したいのだ。いつも自分を抑えこんで生きてきた」ということに気づいた。彼の腹部に宿った癌（悪性新生物）は，彼のなかの「爆発しようとする命の力」そのものであったのである。

この気づきは彼の生き方，在り方を変えた。とりわけ，彼の妻との関係において，これまで自分を抑え続けてきた在り方をやめ，彼はより自由に自分を表現するようになった。その後，亡くなるまでの3年間，彼の人生は充実したものであったという。

気づきは，その後の在り方に変化を促す。逆にいえば「命の指し示す自然な変化」を恐れ，現状維持に固執してしまう気持ちがエッジになるともいえるだろう。1次プロセス（末期癌による体の痛みと残された時間が少ないという人生の痛み）と2次プロセス（胃癌という形で表された「爆発したい」という命の渇望）をクライエント自身が深く味わえるように手伝うことで，ミンデルは変化を恐れるクライエントがエッジを乗り越えられるように助けたのである（精神分析でも1次プロセス・2次プロセスという用語があるが，意味はまったく異なるので混同しないように注意していただきたい）。

3　エリクソン催眠

ミルトン・エリクソンは20世紀最高の心理療法家として名高い。彼の独特な催眠技法は「エリクソン催眠」として広く知られている。

エリクソン催眠もまた一言で紹介できるようなものではないが，1点だけ述べておきたい。私たちは常に意識と無意識の両方で他者のメッセージを受け取り，また発信している。

そのことは，実際に他者とかかわる経験をもった人なら容易に理解されるだろう。明快な意味をもたせて話し合ったことでさえ，正確に伝わらないことはしばしばである。クライエントも私達自身も，ときに驚くほど自分勝手に相手の言葉を曲解してしまうからである。

　コミュニケーションは意味の伝達以上のものを含んでいる。エリクソン催眠はそのことを治療法として活用する。催眠という言葉からイメージされやすい「操作」的なものというよりも，クライエントに受け入れ可能な「変化のための提案」と言うほうが近いかもしれない。さまざまなメッセージを投げかけ，クライエントの無意識が最も必要なものを拾い上げるのを待っている感すらある。

　事例の代わりに1つのエピソードを紹介しよう。あるとき，彼は1人の女性の弟子に，自宅の庭先から挿し木用の切り枝をもって帰るように言い渡す。彼女が枝を切り始めると，次の木へ，また次の木へと移るように促しながら「もう，それは十分だ」と繰り返し声をかけたという。それから10年ほどのち，彼女は大変な状況に置かれていた。自己批判の強かった彼女は，自分を責めていたという。しかしそのとき，突然，彼女の耳にかつての師の声が甦ったのである。「もう十分だ」と繰り返されるその声が，彼女を自己批判の苦しみのなかから救い出してくれたのであった。

　以上，3つの流派を簡略に紹介した。いずれ劣らぬ名人芸に胸を躍らせつつ，人間関係の改善へと活用していただきたい。

（福森高洋）

参考文献

神田橋條治(1994)『追補　精神科診断面接のコツ』岩崎学術出版社

ショート, D., エリクソン, B. A.ほか(著)浅田仁子(訳)(2014)『ミルトン・エリクソン心理療法──〈レジリエンス〉を育てる』春秋社

藤見幸雄(2004)『痛みと身体の心理学』新潮社

第7章　人間関係の改善に関するカウンセリング的アプローチ

第7節　グループアプローチ

【キーワード】
サイコドラマ（心理劇），ロールプレイング，自発性，補助自我，ロールリバーサル

本節では心理劇（サイコドラマ）を取り上げる。

1　サイコドラマ（心理劇），ロールプレイング

　サイコドラマ（psychodrama: 心理劇）は，ルーマニア・ブカレスト生まれの精神科医モレノ（Moreno, J. L., 1889-1974）が創案した集団心理療法である。シナリオ（台本）のない即興劇で，モレノは心理劇のなかでさまざまな役割を自発的に演じることをロールプレイングと呼んだ。しかし，ロールプレイングは，職場の研修（受付の仕方，接客の仕方，カウンセリングの練習，ソーシャルスキル・トレーニングのロールプレイと広く使用されている。こういうものと区別するため，心理劇的ロールプレイングと呼ぶ（台利夫，2003）。監督は場面設定や進行を司りながら，劇が心理的な解放感や癒しとして効果を生むように治療者としての役目をもっている。大人の遊戯療法ともいわれ，自発性に乏しく遊べない人を遊べるようにすることがねらいである。

2　サイコドラマで重要な要素とは

「自発性」があるということ

　自発性とは，突然予想もしないときに現れる創造的な力や，さまざまな困難や壁を乗り越えていこうとする力である。モレノの言葉を借りていえば，「自発性とは個人を新しい状況に適応させ，古い状況には新しく行動させる力である」。これが欠如したときはマンネリズムに陥っている状態である。心理劇を行うことで自発性が高まり，日常生活での人間関係を見直したり，問題解決への糸口を発見したりする。「人間はいかに自発的存在でありえるか」がモレノのテーマである。

役割をとれること

　モレノは「役割とは個人的なもの，社会的なもの，文化的なものが明らかになるような総合的なユニットである」と述べている。マンネリ化して役割をとれない人は，人間関係でつまずきやすい。健康的な人は自発的に役割をとれる人である。環境に順応する人は場面の変化に応じていろいろな役割をとる。ある男性はある会社の重役を定年退職して，

242

地域の趣味のサークルに入った。そのサークルで昔の仕事の自慢話をしたり，周りの人に命令したりするので，周囲から嫌がられてしまったという。かつての役割に固着して地域の人と対等な人間関係を築けないため避けられてしまった例である。また同じように定年退職した男性でも週に2日はアルバイト，週に1日はボランティア活動，週末は近郊の畑で農作業をするなど，充実した生活をしながら地域の人との付き合いも楽しんで生きている人もいる。サイコドラマでは，主役の問題の解決に導くためにほかの参加メンバーはいろいろな役割をとり進行していく。参加者がいろいろな役割をとることがロール・トレーニングとなり，人生で出会う困ったシーンでも臨機応変に役割をとれるのである。

3　サイコドラマの構造

サイコドラマを実施するには，次の5つの仕掛けが必要である。

①**演者（主役）**　人間関係の問題や自分の心理的葛藤を表現する人。

自発的に自分を演じる場合と脇役になって演じる場合とがある。

②**監督**　ディレクター，精神科医，セラピスト，教師などで，サイコドラマの進行と運営を司る役割の人。

③**補助自我**　演者の気持ちをくんで適切な働きかけをする役割の人。演者が自分の気持ちをうまく表現できないときに代わって表現したり，適度に刺激を与えたりする。演者を2人で演じる（補助自我がつく場合）ことをダブルという。副治療者の役割（監督を助ける役割）もある。

④**観客**　舞台に上がっている演者の動きを見ている人。演者と同じ気持ちでサイコドラマに参加。ときには舞台に上がって演じる場合もあるし，演者が舞台を下りて観客に回る場合もある。

⑤**舞台**　フロアより一段高くなっている所であり，演者の動くスペースである。

4　サイコドラマの実施法

①　**ウォーミングアップ**　参加者の心理的抵抗をとり，自発性を高めるエクササイズ。スポーツでいえば，準備体操にあたる。身体運動，言語活動，感情表現活動などを行って，参加者が演じやすくなるようにする（図1）。

例：スポーツ遊び，体操，ポーズ遊び，グループでの自由な会話など

②**主役の決定（テーマ選択）**　参加者から主役を選び，主役のテーマを決める。

主役をやりたい人がいれば優先して決めるが，いない場合には，参加者の意向を尊重して決める。参加者がやってみたいテーマが選ばれると参加者の動機づけが高まる。

③**キャスト**　主役以外の登場人物を主役に聞きながら，参加者にその役をやってもらう。

第7章　人間関係の改善に関するカウンセリング的アプローチ

図1　ウォーミングアップのシーン

図2　終了間際のシーン（全員がお祭りに参加）

主役は自分の役を見る（ミラー法）のであれば，主役の役とその補助自我を参加者から選ぶ。

③**アクション（ドラマ）**　アクションの目的は，主役の個人の内的葛藤状態の解決あるいは解決の糸口の発見である。同時にアクションに参加したメンバーの心的解放（カタルシス）もねらっている。監督の場面設定と演技者集団の自発性活動の総合的な発展がドラマの展開には必要である。

④**クロージュ（終結）**　参加者が提示された課題が解決したと参加者が感じた時点で終結となるが，明瞭に示されない場合もある。時間的制約からドラマが解決に至らなくても解決へのヒント（糸口）が得られ，現実生活の改善へのヒントを得ることができれば，意義があったといえる。私の場合はドラマの終わりはいつも楽しい気分で終わるようにしている（図2）。

⑤**シェアリング（分かち合い）**　アクションの終了後，演者と演者集団，観客の全員でドラマ（アクション）を振り返る。演者として役割行動したときの気持ち，自分の気づき，観客としての自分の気づきなどを相互に分かち合うのである。シェアリングの際に演者のなかで役割上の消化不良やもやもや感が残っているようであれば，それ

を解消するために簡潔なドラマの再現，エンプティ・チェア，ロールリバーサルなどを行うこともある。このシェアリングでは，主演を含め参加者に何らかの認知の転換（気づき）が起こることが期待されている。またシェアリングの終了時に，演者の役割解除をすることが大事である。

5　ロールプレイングの技法

①ロールリバーサル（役割交換法）

他者の感情を理解することが必要なときに役割を交換する。たとえば，母親役を演じている人に子ども役を，子ども役を演じている人に母親役を交換して演じてもらう。これは，お互いに相手の気持ちを理解することが目的である。

②ミラー法

主役が自分自身を演じるのではなく，補助自我が代わりに演じる。演者が自分を演じている人の行動をあたかも鏡に映る自分のように見ることで，自己客観視をして自己の気づきや洞察へと導く。

③ダブル（二重自我法）

主役の演者に補助自我を取る人がいて，2人で1人の主役を演じる。主役にもう1人の自分（ダブル）が存在し，主役の気持ちを代弁する。

④独白

演者は自分の感情や考えを監督や参加者に伝える。

⑤傍白（わき台詞ともいう）

演劇中に，相手役には聞こえないという約束事のもと，観客だけに知らせるかたちでしゃべる台詞。内面の感情，つぶやきなどを表す。

⑥場面展開法

監督は，必要に応じて場面を展開していく。停滞したり，混乱したりする局面では，新たな場面を展開して適切に対応していく。

アクションの事例

アクション　テーマ選択の方法　「エンプティ・チェア」

参加者に「ここに椅子があります。ここに座ってほしい人はいますか」と監督が投げかけ，参加者一人ひとりに尋ねて回答してもらう。その結果，次に示す参加者がドラマの主演者になることが，メンバーの総意で決まった。

45歳の女性のSさん，会社員。夫と高校3年の息子の3人家族。癌で入院していた父は3年前に亡くなった。母は，6年前に他界。弟はIT企業に勤めていて出張が多く，ほ

第7章 人間関係の改善に関するカウンセリング的アプローチ

とんど父のところへは行けなかった。一人暮らしの父を自分が面倒みなければならない立場だったのに，あまり面倒をみれなかった。そのことがずっと心残りで悔やまれてつらい。父が癌で入院した時期は息子は高校受験を控え，自分も仕事が忙しく，なかなか病院に見舞いにも行けなかった。ある日，危篤の連絡を受けて病院に駆けつけたときには，すでに父は息を引き取っていた。最後のお別れもできずに申し訳ないことをした。もう一度父に会って，きちんとお別れを言いたい。できれば父の好物のうなぎを食べさせたい，旅行にも連れていきたい。Sさんはミラー法で自分の役はメンバーにやってもらい，ドラマの進行を見ることにする。

シーン1 父が癌で入院。入院先の病院での父と面会。医師から父の病状はすい臓癌の末期状態，余命3ヵ月の診断を告げられる。

シーン2 医師の許可を得て外泊することに。夫の運転する車で父と温泉に行く。旅館で父とゆっくり話す。帰りにうなぎ屋により，うなぎを食べる。その後病院に戻る。

シーン3 父の危篤の連絡を受け，家族全員で病室の父に会いに行く。弟も見舞いに来る。父とのお別れをしたのちに父は亡くなる。

シーン4 SさんはSさん役の人とロール・リバーサルをして，本人役になる。エンプティ・チェアに父が座る。父とSさんが話す。Sさんは父に自分が面倒みれなった気持ちを涙ながらに素直に話して謝る。それに対して父は，「お前は十分に面倒みてくれたよ，感謝している。家族を大事にしてくれ。お母さんと一緒に天国でお前たち家族を見守っているから」と伝えて，終わりになった。

その後メンバー全員でシェアリング。Sさんは亡くなった父にいいたいことをいえてよかった。ずっと心にひっかかっていたことが，解決できてほっとしたと語った。

コメント：サイコドラマでのアズ・イフ（as if）技法は，現実ではありえないことをドラマのなかで実現して癒しを得る方法である。Sさんにとって父の死は大きなストレスを生んだ出来事である。その出来事を安全が保証された世界で代償的な行為をすることで，父の死に対する自分の態度を受け入れることができるようになったと思われる。Sさんは面倒をみれずに亡くなった父のことをずっと引きずっていた。生きているうちにしてあげたかった未完の行為を，ドラマのなかで実現することができて，心のなかの父と向き合うことができたのである。言えなかったお別れの言葉を言えたことで，本人のなかで父との別れがやっとできて安心しているのである。人間関係士は，サイコドラマの手法を使いながら，人間関係の改善を図り，心の問題の解決ができるよう研鑽することが求められる。

（小山 望）

第7節　グループアプローチ

参考文献

(1)小山望・河村茂雄(編)(2001)『人間関係に活かすカウンセリング』福村出版

(2)小山望(2004)「人間関係における集団的理解」『現代のエスプリ10月号　人間関係の危機と現実』, pp. 45-57.

(3)瀧本孝雄・坂本進(編)(2005)『カウンセリング基本図書ガイドブック』ブレーン出版

(4)小山望(編)(2008)『人間関係がよくわかる心理学』福村出版

(5)小山望(編)(2009)『わかりやすい臨床心理学入門』福村出版

(6)コルシニ, R. J.(著)金子賢(訳)(2004)『心理療法に生かす ロールプレイング・マニュアル』金子書房

(7)台利夫(2003)『ロールプレイング』日本文化科学社

(8)ケラーマン, P. F.(著)増野肇・増野信子(訳)(1998)『精神療法としてのサイコドラマ』金剛出版

第8節　人間関係の改善のための関係学的アプローチ

【キーワード】
関係学，関係状況療法，サイコドラマ（心理劇），グループアプローチ

はじめに

　人間関係士は地域社会のなかで，保育・幼児教育，教育，福祉，臨床，企業などさまざまな領域のなかで，人間関係の改善にかかわる専門職者として「人を支援・援助する」知識・スキルが求められる。本節では，カウンセリング的アプローチの手法の1つとして「関係学」（創始者：松村康平）の理論に基づいた「関係状況療法」について取り扱う。関係学理論やサイコドラマ（心理劇）の理論・技法を応用した人間関係士のスキルアップ技法，関係状況療法としての集団関係に焦点を当てたアセスメント手法，そのほかのグループアプローチについても学びつつ，集団のもつ力を活かした「人を支援・援助する」知識・スキルの向上を図る。

関係学理論

　関係学[1][2][3]では，人間が存在する関係状況を自己と人と物とが接在共存（ともに関係し合いながら存在している）する状況と捉える（図1）。人間は，自分自身の感情（自己的自己）と，人として役割を取り生活する（人的自己）ことと，自分自身の身体状況や価値観（物的自己）を統合しつつ存在しており，そのバランスのなかで個性をもつ人として生きていると考えられる（自己構造）。また，人間（自己）はほかの人や物とさまざまにかかわりその関係のなかで生活しているともいえる（関係構造）。

　また，関係学においては自己・人・物との関係について，システム的構造把握が基礎理論として示されている。すなわち人間は，関係的な全体状況に内在的，内接的，接在的，外接的，また，外在的にかかわる5つのかかわり原理（図2）におけるどれかを機能させつつ存在

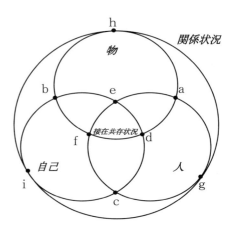

図1　自己構造・関係構造図
（引用文献（1）〜（3）をもとに筆者作成）

第8節 人間関係の改善のための関係学的アプローチ

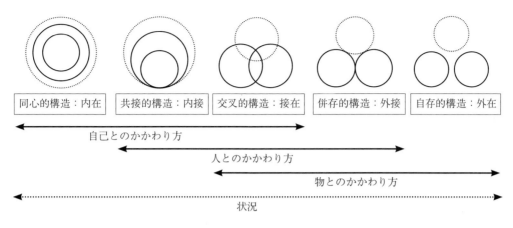

図2 5つのかかわり原理（引用文献（1）～（3）をもとに筆者作成）

していると捉えられる。人間は人や物とかかわり合うときにこの5つのかかわりのどれかをとっており，そのかかわり合いの状況が関係の多様性を生じさせていると考えられる。

そのほかに，関係学理論の特性として，「三者関係の原理」「三層構造の理論」「起動点（関係状況の変化を運動として捉える）理論」「一般共通性・典型類似性・個別差異性の認識」「動機・経過・結果の過程的把握」「可能性・可動性・能動性の実践的展開」「適応・変革・創造をもたらす三者的技法」などが挙げられる。

関係状況療法としての心理劇を用いたグループアプローチの手法

このように，関係学においては人間の自己・人・物との存在やかかわりの関係状況が，その人自身のこころのありようを表し，他者や物とのかかわり合いの多様性を生み出し，その人自身のかけがえのない人生のドラマとして展開していると解釈できる。人間は「関係的に存在」しており，たとえ独りでいると感じていても「だれ」かと，また「なに」かとかかわりつつ今を生きているといえる。

松村は「関係的存在である人間」の理論・技法・実践の科学である「関係学」に基づき，人間の根源的な関係構成単位としての「自己，人，物の接在共存状況」の関係が発展していくことを志向し，人間の生活を支え文化を築く研究・実践の技法として心理劇を日本に導入・展開した先駆者（ほかに外林大作・台利夫・増野肇）としても知られている。松村は日本心理劇協会を設立し，自ら創始した「関係学」と心理劇を融合させた，日本で独自の「心理劇」（関係状況療法としての心理劇）を発展させた。

ここでは，関係状況療法としての「自己，人，物の接在共存状況」を体感し，人間関係士としてのスキルアップにも役立つ心理劇を用いたグループアプローチの技法をいくつか紹介する。当然のことながら，心理劇の活用に際しては基礎となる理論を理解し，活動後

第7章　人間関係の改善に関するカウンセリング的アプローチ

に適切にシェアリング（体験の共有）を行うなどの配慮をすることが望ましい。

(1) 創造的関係発展の技法

○空気のボールの技法（松村）

①監督が「ここに空気のボールがあります」と空気のボールのイメージを表演する。

②「この空気のボールを投げます。受け取ってください」と演者グループに空気のボールを渡して投げ返してもらったり，お互いに投げ合ってもらったりする。

③空気のボールを使って遊びを展開したり，創造的に表演したりする。

○出会いの心理劇（ゴーイング・マイウェイ）の技法（杉本）

①舞台（場面）空間上に演者グループが個々に場所を決めて位置する。

②自分の移動ルール（前数歩と横数歩・円移動など）と挨拶のポーズ（ハイタッチ・ガッツポーズなど）を決めて，一斉に5〜7名の人と挨拶を交わしながら出会う。

③最後に，今出会った人たちと体のどこかの部分をつなげて集団全員で今日の出会いの形を形成する。

(2) 共感的関係発展の技法

○百面相の技法（佐藤）

①2人1組のペアになり，対面して座る。

②1人（主演者）が顔の表情だけで「喜怒哀楽」を表演し，もう一方（補助自我）が鏡になってその表情を真似る。

③ロールチェンジ（役割交換）をして同様に表演する。

○居心地の良い空間のドアを開く心理劇（杉本　3つのドアの技法：松村の応用）

①4〜7名の演者グループを構成し，主演者（A）と寄り添う人（主演者の補助自我B），場面を表演する人（状況の補助自我C）を決める。演者グループ以外は観客。

②「この空間に居心地の良い場所がいくつかあります。今日はそこに行ける3つのドアを探して行ってみましょう」と監督が伝え，AにBと一緒に最初のドアを探してもらう。

③ドアが見つかったらそのドアを具体的（素材・大きさ・形状など）に表演し，そのドアをくぐってもらう。

④そのドアの先の空間に何があるかをAに語ってもらい，Cがその空間を心理劇的に構成し，AとBでその空間を体感したら，次のドアを探して，同様に展開する。

⑤最後に出口のドアを創造して，それをくぐって現実場面にもどる。

関係状況療法としての人間関係改善のためのアセスメント

　関係学・関係状況療法では人間関係におけるさまざまな問題や課題について，これを関係構造の歪みとして捉え，その関係構造に直接アプローチして支援・援助をすることが可

第8節 人間関係の改善のための関係学的アプローチ

能となる。ここでは，いじめ問題に焦点をあて，関係状況療法としての集団関係の改善のためのアセスメントと支援の進め方を解説する。

いじめの国際比較研究を行った森田は，日本のいじめの特徴や，いじめが発生している場の集団構造を明らかにし，いじめがエスカレートしていく場合には「仲裁者」の存在が欠けていると指摘している。筆者は教育センター心理相談員として，いじめの集団関係構造の歪み（図3）として問題を捉え，支援にあたった経験がある[4]。集団関係構造からいじめ状況を構成する集団を捉えなおすと，いじめられる子（A），いじめの主体となる集団（B）とその集団内に存在する周辺層（C），いじめ状況を傍観することでその関係を保持している子ども（D），いじめ状況に関与できる可能性を秘めた子ども（E），いじめ集団全体（F）といった集団関係構造が認められる。したがって，いじめ問題の改善のためには，その集団関係構造すべてにアプローチするような支援・援助活動が必要であると考える。

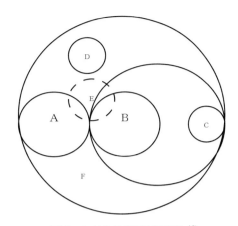

図3　いじめの集団関係構造[4]

すなわち，いじめられる子（A）への心を癒す心理療法的な援助。いじめの主体となる集団（B），とくに中心的な役割を担う子どもへのいじめの背景にあるストレスや問題への援助。いじめ被害の予期不安から，それぞれの関与の仕方でその場に適応している子ども（C）や（D），（E）へのグループ学習の導入やグループ・ワークの技法を用いた子どもたちの心の交流，集団適応力を育てる援助。いじめ集団全体（F）について，筆者が関与した事例では，学校と協働して保護者が始めたスポーツ活動に子どもたちを参加させ，いじめ問題を解決したケースもある。

このように，家庭や学校，地域社会，企業などのさまざまな場において，どのような人間関係が形成されているのか，関係学においては自己・人・物との関係の側面と，5つのかかわり原理などのシステム的構造把握によって捉え，「関係の在り方」から問題を理解（アセスメント）し，三者関係的により良い方向（未来志向）に関係を変革・改善していくことが可能となる。

(杉本 太平)

引用文献

(1)松村康平・佐藤啓子(1976)「関係の発展にかんする考察――関係原理の展開について」『関係学研究』4(1)，

第7章　人間関係の改善に関するカウンセリング的アプローチ

pp. 1-11.

(2) 佐藤啓子(1977)「関係の発展にかんする一考察――関係状況運動の展開を中心として」『関係学研究』5(1),
pp.27-38.

(3) 関係学会・関係学ハンドブック編集委員会編(1994)『関係学ハンドブック』関係学研究所, pp. 31-44, 82-
85, 122.

(4) 春原由紀(編)杉本太平ほか(著)(2006)『精神保健――子どもと家族の援助のために』樹村房, pp. 102-
106.

参考文献

土屋明美(監修)関係状況療法研究会(編)(2000)『関係状況療法　いま・ここでしく生きる――人間関係をゆ
たかに』関係学研究所

ブラットナー, H. A.(著)松村康平(監訳)(1987)『心理劇――アクティング－イン』関係学研究所

増野肇(1990)『サイコドラマのすすめ方』金剛出版

森田洋司(監修)(2001)『いじめの国際比較研究』金子書房

第8章

被災地における
人間関係のアプローチ

日本人間関係学会は，被災地での支援活動を目的として，2011年8月に学会内において支援活動委員会を立ち上げた。2016年8月までに計18回ほど現地を訪れて，仮設住宅での住民同士の人間関係づくりや地域のコミュニケーションづくりという視点から支援活動を行ってきているが，5年経っても東北の震災の復興は終わっていない。また，被災した住民同士の間でも被災格差や支援格差などから，地域での分断が起きている。分断した地域のコミュニティの再構築に向けた支援活動が今後も必要であり，学会としても住民交流の活動を継続していきたいと考えている。

第8章　被災地における人間関係のアプローチ

第1節　南三陸町への支援活動に関する考察──分断と格差について

【キーワード】
支援活動，分断，被災格差，支援格差，コミュニケーション

　東日本大震災が起き，日本人間関係学会ではいち早く宮城県南三陸町への支援活動委員会を発足した。委員は現在も継続して南三陸町へと足を運んでいる。2012年には，日本人間関係学会第20回全国大会を宮城県で行い，その大会前日には「南三陸被災地応援ツアー」を行った。
　当時，町の住宅は全壊が3,143戸で58%，半壊が178戸で3.3%，合わせて61.3%が壊滅している（図1）。仮設住宅団地は48の地域に

図1　破壊された南三陸町防災庁舎

58ヵ所あり，小規模の仮設団地で10戸，大規模の仮設団地では250戸で計2,195戸が建設されている。南三陸町では2014年9月での世帯数が4,740世帯あり，町の世帯の約半分は仮設住宅に住んでいることからも被災の甚大さがわかる。
　津波，河川災害といった水災害・土砂災害の被災は「境界」が明確になることが1つの特徴になる。水や土砂が到達したところ，到達しなかったところ，すなわち「浸水域」によって被害があった場所と被害がなかった場所が明確に「分断」される。東日本大震災において地震動の揺れが建物を倒壊するほど大きくなかったことから，三陸沿岸地帯においてこの境界が明確なものになった（関谷，2012）。A地区のある志津川は全世帯70%が津波で家が損壊している。南三陸町でも壊滅的な被害を受けた地域である。A地区でも漁港に近く立っていた約40軒の家が津波で損壊し，犠牲者も数名出ている。家を失った世帯のうち10数世帯はA地区の仮設住宅に移り，あとの世帯はほかの仮設住宅に移っている。A地区においても仮設住宅住民と自宅住民で浸水域による分断が起こっていた。仮設住宅はA地区の高台に立っているが，その道路を隔てて家があり，さらに坂を降りると下には集落の形で40数軒の家が集まっている。仮設住宅住民は時間が経つほどに被災格差を感じて不公平感をもつに至っている（小山・河合，2015）。仮設住宅住民は，車で集落を通るたびに日常生活が営まれている空間に自分がいることと家を喪失した感覚とのギャップに悲しみや不安が蘇ってくるのではないかと思われる。私たちの支援活動も当初

第1節　南三陸町への支援活動に関する考察——分断と格差について

は仮設住宅を中心に行っていたが、周辺の自宅住民から、「支援活動が仮設住宅を中心に行われているのは、おかしい。俺たちも被災している。支援活動は、A地区全体に声をかけて交流会を計画してほしい」という不満が上がった。

私たちの支援活動がこれまで仮設住宅住民中心であったことを深く反省させられた出来事であった。自宅に住んでいる人の多くは仮設住宅に支援活動が集まっているという支援格差の不満を感じているのだという立場の発言であった。震災直後、家を失った人を自宅に避難させたのに仮設住宅ばかりに支援物資が届き、同じ被災者じゃないかと不満を感じた。いつしか高台の仮設の人は「上の人」、低地に家が残った人は「下の人」と呼び合うようになった。

A地区の住民の間に生じている分断や軋轢は、この地域に限られたことではなく、被災地の住民同士でもよく見られることである。被災者という同じ状態にありながらも、被災格差（全壊か、半壊か）、支援格差（頻繁に支援物資が届けられる、たまにしか届けられない、ほとんど受けられない）、経済格差（補償金が出る、出ない）など、さまざまな格差によってもたらされている。仮設住宅住民は家を流され、車も財産もすべてを失った人たちである。その喪失感は推し量ることはできない。一方、自宅住民も家こそ流されなかったものの半壊したり浸水したりと、家の修復にはかなりの借金を背負っている。もちろん車も流され、仕事も失っているし、家族を亡くした人もいる。この悲しみは癒えることはない。私たちにできることは、どちらの意見や話にも耳を傾け聴くことしかできない。住民の気持ちに寄り添うことを支援としてきている。

交流会はそれぞれ言いたいことを吐露する場となった。普段はお互いに批判したり悪くいったりすることもないが、押し込めてきた感情を解放しつつあった。そのことで一時的には険悪になっても「ホタテはどうだ」「母ちゃん元気か」など、その後笑い声が出てくるようになった（図2）。普段は和を尊ぶ漁師仲間でもあるので、分断があってもそれを口に出して表現することはないと思われる。しかし、交流の場で、互いに言いたいことを言うことで、あえて乗り越えようとしている気持ちが感じられる。私たちのような第三者が介入することでこの問題と向き合うことができるのであれば、A地区の住民のコミュニケーションづくりに向けて進む一歩である。分断した地域のコミュニティは、簡単には再形成できない。そうした意味では、今後も継続してA地区を見守り続けていきたいと考えている。

図2　交流会

第8章 被災地における人間関係のアプローチ

南三陸町でのコミュニケーションづくり

南三陸町A地区の震災復興は，思うように進まない現実があった。学会での支援は，おもに地域住民の交流によるコミュニケーションづくりを目標として活動を重ねてきた。日時や場所，行う内容を変え，1人でも多くの人に参加していただきたい思いも強くあった。

津波による家屋の損壊，道路の寸断など目で確認できる被害状況に加え，心の傷も大きいと考え，当初は個別にお宅を訪問して話を聞く行動を展開した。泣きながらぽつぽつと繰り返し語られる辛い記憶は，語ることでより深く刷り込まれるようにさえ感じられた。地域住民からは，「支援物資や訪問ではなく，心をリラックスさせてくれる支援が欲しい」という希望があった。

家を流され仮設で生活する住民と，持ち家で生活している住民。同じ地区で一緒に生活してきた人たちが震災によって二分されている現実が見えて来たのは，「支援物資は仮設に届く。ボランティアは仮設に来る」という声だった。確かに，生活の場所から見れば支援を必要としているのは仮設住民である。では，持ち家が残った人には支援が必要ないのかというとそうではない。お互いにいつしか目に見えない壁をつくっていたようであった。

今までの生活にあって今はないものが地域のつながりであることを知り，地域の中心となる方の協力を得て，楽しい企画を提案することを考えた。

事例・トピック

〈事例1 盆踊り大会〉

仮設住宅の駐車場を会場に，夕方から始まった盆踊り大会には，子どもたちからお年寄りまで大勢の人が集まった。区長さんらによって準備された竹を割ってつくった台にそうめんを流し，子どもたちが箸ですくい，キャッキャとはしゃぐ姿に，周囲の大人からも笑顔が見られた。支援する側，される側の垣根を取り払い，皆で協力して楽しいひとときを過ごすことができた。暗くなった駐車場がライトに照らされ，盆踊りの曲が流れ始めると，お母さんたちは「忘れたなぁ。こうだったかなぁ」といいながら「とこやっさい」を踊りはじめた。浴衣姿で参加した中学生や大学生もみんな輪になり，学会参加の大学生も「炭坑節」を覚えて参加し，子どもたちと一緒に踊った。

もちろんお酒もすすみ，もち寄りの手料理などで交流を深めた。仕事を終えて帰宅した若世代の人も参加した。子どもの参加が親の参加につながったようである。

会の最後に，子どもたちは大学生と一緒に花火で遊んだ。そして「明日，何時に来る？」と次の日の約束を口にする。まだまだ遊びたい気持ちが強く伝わって来る。狭い仮設での生活を余儀なくされている子どもたちは，参加した大学生と思いきり遊ぶことを何よりの楽しみにしている。回を重ねるごとに，体育館や駐車場で遊ぶ元気な姿に成長がみられる

第1節　南三陸町への支援活動に関する考察——分断と格差について

ことがとてもうれしい。子どもたちの中には，気持ちの壁はないように感じられた。

以前の活動でも，何度か交流会は開催されているが，参加者が固定化しているようだ。仮設住民と自宅住民が交流できる「場をつくる」ことで，コミュニティの再構築を期待していたが，根強いこだわりからなのか，交流の輪が広がることは容易でないことを感じた。

図3　バーベキューパーティー

〈事例2　バーベキューパーティー〉

午前中に家庭訪問（3件・子育てや家族問題）を行い，午後からは住民の交流を目的に，仮設住宅の駐車場でバーベキューパーティーを行った（図3）。

若世代のお父さんたちがドラム缶を2つに切った大きな台を用意し，学会から持参した食材と地元でとれた魚介類を焼き，多くの参加者と交流をもった。子どもたちも大学生と遊びながら，楽しそうに参加していた。お酒を片手にくつろぎながらも，移転先や仕事など，今後の不安を語る住民の姿があった。

〈事例3　子育てサークル「もこもこ」での育児講座の開催〉

小山理事長を中心に，子育てサークルのメンバーを対象に，育児講座を開催する。震災により，普段から抱えている子育ての不安は，さらに大きくなっていた。昔からの地域性が根強く残っているなかでの子育ての難しさや，震災で受けた子どもの心のケアなど，和やかな雰囲気のなかで，活発な意見交換が行われた。

講座開催中，一緒に来ていた子どもたちは，別室で大学生と一緒に遊んで待っていた。DVDの上映が始まると，主人公になりきって歌い始める子や，大学生を相手に，廊下や階段を使って楽しそうに遊ぶ子もいた。母親と分離できずに泣いてしまう子もいたが，みんなの表情は明るく，無邪気な様子に安堵した。

3つの活動事例のほかにも，お寺を会場にした交流会，漁港での漁業体験（ウニの水揚げやわかめの加工作業），体育館を使っての子どもたちとの交流会，仮設集会所で「お茶っこの会」を開催，志津川小学校の学習発表会の見学と学習支援の提案，南三陸町保健センター訪問など，学会の特色を生かした幅広い内容の支援活動を行っている。

（河合 高鋭・武井 明美・小山 望）

参考文献

小山望・河合高鋭(2015)「南三陸町への支援活動に関する考察——分断と格差について」『埼玉学園大学心理臨床研究』1, pp. 1-13.

第8章　被災地における人間関係のアプローチ

第2節　宮城県石巻市 網地島での支援活動

【キーワード】
東日本大震災被災地，離島，高齢化集落，一人暮らし高齢者，学生演奏会

　宮城県石巻市網地島は，牡鹿半島の最西端，鮎川港から海上約4kmに位置し，北西端のA地区と東南端のB地区の2つの集落で形成されている。島民の保健・医療・福祉を支えているのは，閉校した小学校を改修した民間の医療法人が運営する診療所「C医院」と福祉施設「介護老人保健施設D」である。

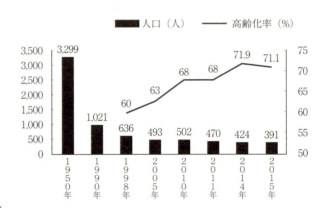

図1　網地島の人口と高齢化率
（住民基本台帳を参考に筆者作成）

　網地島は，1955年には人口3,299人，小学校の児童数が550人であり，遠洋漁業の基地として活気のある漁村であった。おもな産業は水産業であり，遠洋漁業，沿岸漁業，浅海養殖で収入を得ていた。しかし，1970年以降，高校進学率の増加にともない若者の島外流出によって人口の減少と高齢化が進行してきた。2015年4月現在，人口391人，高齢化率71.1％となり，人口減少と高齢化率の上昇に歯止めがかかっていない（図1）。

　2011年3月11日に発生した東日本大震災では，網地島で震度6弱を観測した。地震発生の15分後，島内放送で津波警報が流された。30分後には網地島に大津波が直撃し，沿岸周辺の家屋や漁船が流失した（図2）。しかし，島内放送で津波警報を聞いた直後から島民同士が声を掛け合い全員が高台へと避難したため，地震と津波による直接の死者・行方不明者は0人であった。大津波により基幹産業である水産業の関連施設も壊滅的な被害を受けた。4月7日の大きな余震は，網地

図2　震災直後の船着き場

第2節　宮城県石巻市網地島での支援活動

図3　朝の打ち合わせ会と支援物資の仕分け作業

島で震度6を観測した。この余震によって家屋に被害が増えた。地震と津波による家屋の倒壊は26棟であった。A地区19棟，B地区7棟であった。また，地震の地殻変動により，1m以上の地盤沈下で港は冠水し大量の漂着物で定期船の運航は停止となった。同時に電気，水道，通信，すべてのライフラインが寸断し，完全に孤立状態となった。

　島民の子どもや孫の多くは，石巻市内や南三陸町，女川に住んでおり，情報がまったく入らないため誰もが不安を抱えていた。被災直後から区長が中心となって，防災対策本部を立ち上げ，島民の不安の軽減に努めた。防災対策本部には，地域の班長が毎朝7時30分に集まり，状況報告や当日の予定の確認，支援物資の分配作業を行った（図3）。避難所がないため，B地区は公民館に約150人，A地区は行政センターに約50人が避難した。長期化する避難所生活は，高齢者の健康状態が危惧された。そのため，震災直後からC医院の副院長でもある看護師のE氏が中心となり，毎日避難所を巡回し，血圧測定，服薬の管理，心理面のケアなど健康管理を行った。E氏は，不眠と不安を訴える人が日ごとに増加し，高齢者のなかには，認知症状が悪化する人もいたという。しかし，細やかな対応で重症化する人はいなかった。

　ライフラインが復旧したのは，定期船は3月21日から運航開始，固定電話は4月20日，水道は5月18日，電気は5月25日だった。5月25日にすべてのライフラインが復旧したため，支援物資を辞退することを全島民で決めた。

　網地島は以前から，台風や時化でライフラインが寸断することが度々あり，島民同士で助け合って危機を乗り越えてきた。そのため，ライフラインが寸断することには慣れていたが，東日本大震災はライフラインの寸断が長期化したため，高齢者にとっては井戸から水を汲んで，運ぶことが一番大変だったと話す人が多かった。この震災で島民がそれぞれできることを行い，支援を受けた人は「ありがとう」という。「ありがとう」という一言が島民の団結力と絆を強くしていた。

第8章　被災地における人間関係のアプローチ

事例・トピック

〈事例1　男性高齢者の生活調査〉

筆者は，2009年から元遠洋漁業の漁師である一人暮らしの男性高齢者（70歳代から90歳代）6人の生活調査を継続している（図4）。男性高齢者たちは，中学卒業と同時に遠洋漁業の漁師となり一家を支えてきたことを誇りとしている。遠洋漁業に出ると家に帰る

図4　元遠洋漁業漁師のS氏

のは2年に1回程度である。家族と一緒に過ごす時間よりも海の上での生活が長く，遠洋漁業の漁師を定年退職して網地島でゆっくり自分らしい生活を送っている。男性高齢者は，定年退職してから地域での人間関係を構築しなければならなかった。だからといって孤立していることはなく，地域の人たちは昔からの顔なじみばかりであり，助け合って生活をしてきた歴史がある。網地島での暮らしは，安心な反面，何でも知られており，行動を干渉されているため生活しづらいと感じる場面もある。高齢であっても男性であるため，女性の家に行くと島中の噂になることがある。親戚の家に出かける以外は家で過ごすことが多く，そのため話し相手が極端に少ない。生活面や心理面の不安があっても話す相手がほとんどない。筆者は震災後も定期的に一人暮らし男性高齢者宅を訪問し，顔を見て話をしてきた。筆者と網地島とのつながりがないことが，逆に何でも話ができる関係になっている。訪問すると「体調への不安」「家族への思い」「いつまで島で一人暮らしができるのか」など，不安や現在の状況が会話に出てくる。

　現代の社会問題として，女性と比べて男性が孤立しやすいことがテレビや雑誌，本で紹介されている。男性に限らず，一人暮らしの高齢者は孤立しやすい状況にあるため，気にかけてくれる他者の存在は貴重である。筆者は訪問すると必ず，「また来ます。話を聞かせていただいてありがとうございました」といって高齢者とのつながりを切らないようにしている。高齢者たちも「俺が元気でいる間は，いつでも来ていいよ」「今度はいつ来るの」など待っていることも表現する。震災後に多く聞かれるようになったのは，「いつまで一人暮らしができるか考えるようになった」「起きていると余計なことを考えてしまうから，早く寝る」など弱音をいう男性高齢者もいる。聞き取り調査を通して，筆者に話をすることで，何らかの役割意識が芽生えてきていると考えられる。今後も，継続して聞き取り調査をすることが，一人暮らしの男性高齢者を孤立させないことにつながると痛感している。同時に網地島の高齢者には，海で生きてきた人の力強さをあらためて感じる。

第2節　宮城県石巻市網地島での支援活動

図5　奥羽大学生による演奏会

〈事例2　高齢者と大学生との交流〉

　東日本大震災では，福島県の住民に放射線被害への不安をもたらした。東京電力福島第一原発の爆発により，慣れ親しんだ故郷を去らなければならなかった人，不安を抱えながらもそこで生活を送っている人など今でも放射線問題と向き合っている。とくに若い人の人体への影響については，すぐに結論が出るわけでもなく，多くの人が不安を感じている。

　福島県郡山市にある奥羽大学は，歯学部と薬学部を有する医療系大学である。東京電力福島第一原発から40km以上離れているとはいえ放射線の人体への影響を思うと不安がないわけではない。筆者は，若い人を元気にしなければ東北地方の復興にはならないと考えた。そこで，「大学生の力で東北地方を元気にしよう！」をスローガンに演奏ボランティアを募集したところ，3人の学生が応募してくれた。演奏会の目的は，①大学生が網地島へ行くことで地域の活性化への第一歩につながる，②高齢者が大学生と交流することでもっと元気になる，であった。2013年からこれまで，「介護老人保健施設D」で演奏会を1年に1回実施している（図5）。高齢者にとって大学生は，自分の孫よりも若い世代である。大学生との交流で，自分の家族や孫，自分の若い頃を思い出す機会になったであろう。演奏を聴いている高齢者は，大学生に対して優しい眼差しで手拍子や歌を歌う顔の表情は学生をも元気にしている。大学生が「80歳以上の方は手を挙げてください」と訊ねるとほとんどの手が挙がる。「みなさんお元気ですね」と思わず大学生が言ってしまうほどである。大学生が網地島で演奏会をすることで高齢者は笑顔となり，次の演奏会を楽しみにしている。この演奏会を継続することで大学生と高齢者が楽しみを共有できていると感じている。

(藤川　君江)

第8章　被災地における人間関係のアプローチ

第3節　宮城県石巻市の被災企業との人間関係づくり

【キーワード】
復興支援活動，インターン，情報発信，復興支援丼

　宮城県石巻市は農林水産業が盛んな地域であり，世界3大漁場の1つである金華山沖にも近く，全国でも有数の水産産業の都市である。東日本大震災では，津波により港湾，漁港，旧北上川河口部などにおいて甚大な被害が生じた。石巻市は，市域の約13％，平野部の約30％が浸水し，死者・行方不明者が約4,000人と，全国の市町

図1　再建された石巻漁港

村のなかでも人的被害が最も多かった[1]。水産関係では，漁船の損失や，養殖施設，置網がほぼ全滅となり，多くの水産加工関連施設が被害を受けた。また養殖施設においては，カキ，ホタテ，ワカメ，ノリなどを養殖しており，生産量にも多大な影響を及ぼした。

　石巻市の水産基地でもある石巻市水産物地方卸売市場石巻売場（石巻漁港）は津波で全壊したため，震災後より仮設市場での対応を行ってきた。2015年8月には新しい施設が完成し，同年9月より使用が開始された（図1）。この魚市場は，将来的にはEU（欧州連合）や米国などへの輸出を見据え，諸外国が求める国際的な食品衛生管理方式のHACCPの取得などを検討している。この漁港では年間水揚げ量が約10万トンあり，そのうち約4割を占めるのがサバである。金華山沖周辺で獲れた大型のマサバのうち脂ののりがいいものをブランド化して「金華さば」として出荷しており，魚の選定は石巻の約200社の仲卸業者の目利きに任せられている。東京の築地市場では，1尾1万円以上の値がつくこともあるという[2]。このように，石巻市は金華さばなどをはじめとする水産加工業が中心であり，「水産加工業が復興しなければ，石巻は復興しない」といっても過言ではない。

　このような状況から，石巻市での復興支援活動に関しては，被災した水産加工業関連の企業で支援を行えないかと考えた。震災から5年が経過した2016年は，震災から再建して，創生に向けて歩みだした企業もある。しかし，ときの経過とともに，被災地以外の地域では風化が進んでいることもあり，あらためて現地の様子を知り，情報発信することで復興支援に寄与したいとの思いからである。

　石巻市の水産加工企業のなかには，缶詰の製造を主力製品としている企業がある。た

262

第3節　宮城県石巻市の被災企業との人間関係づくり

図2　木の屋石巻水産とその主力商品

とえば，株式会社木の屋石巻水産は1957年に創業し，朝獲れの魚を鮮魚のまま缶詰にする独自製法で，素材の味を大切にした商品づくりを行っている。この企業の主力商品は，金華さば，いわし，カレイ，さんま，鯨の大和煮などの缶詰である（図2）。1997年には，宮城県水産加工品品評会において「カレイの縁側醤油煮込み缶詰」が内閣総理大臣賞を受賞し，2007年には宮城県水産加工品品評会にて「金華さばみそ煮缶詰」が宮城県経済産業部長賞を受賞している。

　この企業では，「自分が食べて心を動かされるものでなければ，お客様に喜んでもらえるはずがない」という信念のもと製造を続けてきた。しかし，東日本大震災により会社も工場も津波で流さてしまった。そのため，一時は再建することを諦めかけたという。そんな状況のなか，全国から「もう一度木の屋の缶詰が食べたい」という声が届くようになり，震災前から親しい付き合いのある飲食店からは「泥付きでもかまわないから，流された缶詰を送ってほしい。こちらで販売して復興資金に充てよう」という声もあった。このように，缶詰がつないだ縁が再建するための応援につながった。また，この企業では消費者とのコミュニケーションを大切にしており，春先やお盆前，年末といった季節の節目には，「木の屋祭り」という大規模な直売会のイベントを定期的に開催するなど，消費者を大切にしている。

　石巻市は水産加工業が盛んな地域であり，水産業と復興とは切り離せない存在である。これらの水産加工企業に対しての具体的は復興支援活動について，2つの事例を紹介する。

事例・トピック

〈事例1　被災企業でのインターンシップ〉

　2016年2月に，千葉商科大学人間社会学部の勅使河原隆行研究室の学生9名が宮城県石巻市を訪れ，東日本大震災で被災した水産加工企業と仮設商店街にてインターンを実施した。このインターンの目的は，被災地において復興の進捗や復興の課題などを自らが体験をして学び，その体験を広く情報発信することにより，震災の風化や風評の抑制，被災地産業および被災地全体の活性化に貢献することである。

第8章　被災地における人間関係のアプローチ

　インターンに参加した学生は，被災地を訪れる前は「復興はかなり進んでいるだろう」と想像する学生たちがほとんどであった。メディアなどで復興が進んでいるという話題が多く報道されるようになったこと，5年の月日が経てば被災地への関心が薄れつつあることが原因と思われる。そのため直接現地を訪れ，メディアなどで報道されていない現状を把握して，解決策を探ることが必要であるという思いから，木の屋石巻水産でのインターンを実施した。ここでは，缶詰の製造工程の説明を受けて学んだあとに，生産ラインに立って缶詰に具を詰める作業や計量作業を行った（図3）。そのほかにも，企業の社長や社員の方などから震災当

図3　被災企業でのインターン

図4　インターン活動報告会

時の状況から今日に至るまでのこと，商品のこだわりや今後の展開などを聞くことができた。また，現在の工場は震災前よりも規模を縮小して再建することができたが，工場で働く人をはじめ，石巻の人々の心はまだまだケアが必要だということなど，現地を訪れたからこそわかったことが多かった。

　また，石巻市には被災した店舗を集めてつくられた仮設の商店街である「石巻立町復興ふれあい商店街」がある。ここには，水産加工販売店，海産物店，家電販売店，理髪店，衣料品販売店，化粧品販売店，パン製造販売店，青果店など，さまざまな商店が入居している。この商店街は2011年12月から営業を開始し，当初は1年間の期限付きでの営業だったが2度の延長措置を取り，2016年10月末まで営業を続けた。15店1事業所が最後までこの商店街で営業していたが，このうち2店が廃業の考えを示し，残りの商店は市中心部などに移転した。この商店街でインターンを行った学生は，商店の店主の話として「大震災がなければ，多くの人に出会うことができなかった。あなたともです。辛いこともたくさんあるけど，震災前以上に多くの出会いがあったことに感謝です」という言葉に心を打たれたという。インターンの最終日には，企業や商店街で学んだことについて現地で発表会を実施した。インターンを終えて大学に戻ってからは，被災企業を応援することやインターンでの体験を広く情報発信するための方法などについて検討を行い，地域交流のイベントなどでインターン先の企業が製造した商品の販売などを行った。

第3節　宮城県石巻市の被災企業との人間関係づくり

〈事例2　情報発信と復興支援丼の開発〉

被災企業でのインターン後には，自分たちが被災地のためにできることを考え，まずは石巻の現状を伝えるために大学で「インターン活動報告会」を実施した（図4）。この報告会の受講者は約1,000人の学生である。ここでは，インターンでの活動内容を伝えたうえで，①現地まで行かなくても被災地の商品を購入することでも支援になること，②たとえ小さなことでも被災地のために行動することを考えてほしいこと，③人もまちも深い傷を負った震災の事実を忘れず，それを語り継いでいくことも支援になること，④被災地で笑顔を絶やさず頑張る人々の姿を見て，少しのことでくよくよしてはいられない！と思ったこと，などを報告した。

図5　復興支援丼

また，被災企業が製造した商品を使用して復興支援丼を考案した（図5）。これは，石巻港で水揚げされたサバ，鯨の大和煮，カレイのしょうゆエンガワ煮込みなどいずれか1つと，ハーブ入りの餌で養殖された銀鮭を組み合わせた二色丼とした。また，ウナギのたれをご飯にかけ，さらには辛みの効いた高菜炒めを添えることにより全体の味を引き立てる豪快な丼とした。

千葉商科大学には，キャンパス内の食堂スペースで学生が飲食店を出店・経営する「学生ベンチャー食堂」がある。この食堂にて，二色丼の組み合わせは日替わりとし，期間限定，数量限定で販売を行った。この食堂は一般客の利用も可能である。販売にあたっての告知方法は，インターン活動報告会での告知，大学Webページでの告知，学内の62ヵ所に設置してあるキャンパスディスプレイで告知を行った。販売期間中，食堂の開店前から復興支援丼を求めて列をつくる学生もいて，発売から7分で完売する日もあった。復興支援丼を食べるだけでも，復興支援に貢献しているということが伝わったと思う。

この復興支援丼の販売は新聞にも掲載され，それにより一般の人にも復興支援活動についての情報発信を行うことができた。

（勅使河原　隆行）

引用文献

(1) 石巻市（2016）『東日本大震災からの復興──最大の被災都市から世界の復興モデル都市石巻を目指して』p. 1.
(2) 農林水産省（2016）『aff［あふ］』2016年3月号，pp. 6-7.

参考文献

株式会社木の屋石巻水産Webページ（http://kinoya.co.jp/）（2016年12月6日閲覧）

第 9 章

人間関係士

本学会は，社会の最小の単位である家庭，それをとりまく地域・社会，人間関係の育成に携わる保育・教育と心理，人間関係の援助にかかわる医療・福祉などさまざまな領域において，そして人間関係を媒介に経済成果を求める企業，広くは社会全体において，自ら人間関係を営み，関係を育もうと実践されているすべての人の基盤となり，支援する組織として社会の一翼を担いたいと希求する学術団体である。

人間関係というフィールドはどこにでもある開かれた場であり，どの人にも共通するテーマである。異なるフィールドで活躍する者がともに集い，「人間関係」という共通・普遍のテーマを学び合い，語り合う場を創造しようという，本学会の理念を具現化した事業が「人間関係士」といえる。

本章では本学会認定資格「人間関係士」がどのような資格で，その目指すものは何かについて述べる。地域社会で活躍する多くの方が人間関係士に関心をもたれ，相互に研鑽を積まれるとともに，創造性ある豊かな人間関係の構築と展開をめざす「人間関係士」の資格を取得されることを期待する。

第9章　人間関係士

第1節　「人間関係士」とは

> 【キーワード】
> 人間関係士，人間関係士資格の社会的意義，人間関係力，人間関係士の役割，人間関係士の活動

1　「人間関係士」資格の社会的意義

　家庭や地域社会，企業など人間関係の各フィールドにおいて，人間関係の希薄化・複雑化などが進展し，さまざまな問題が山積している。このような現代社会において，その各フィールドで発生しているさまざまな人間関係の問題にアプローチし，支援・援助できる専門職者が求められている。

　しかしながら，「人間関係」は科学的研究としての領域が広範囲で，ひとつの専門性として確立しづらいことが大きな壁となっている。そのため，各フィールドに共通する「人間関係」をテーマとして共に集い学ぶことができる研修の場がないまま，その実践と研究については各フィールド内で個々の研鑽と努力に負っているのが現状であろう。各フィールドでその実践者として活躍している人材が社会的に評価され，さらに個々に得られた知見を「人間関係」という科学的な枠組みの中で統合していくことが今後の課題となっている。また，教育・心理・医療・福祉・産業などの個々の専門職者間を繋ぐことができる「人間関係」にかかわる新たな専門職者の育成が期待されている。

　本学会では「人と人との出会いを育み，繋ぎ，よりよい人間関係の構築のために適切な手助けができる理論，技法，実践にかかわる専門性」を「人間関係力」と定義し，その専門性を備えた人を「人間関係士」と名付け，資格認定を行う。「人間関係士」は人間関係の基礎理論と実践技法を学び，それぞれのフィールドで実践したいと希望するすべての人が対象者となる。また，「人間関係士」資格は個人や集団の人間関係的指導及び支援に努力している人々の社会的地位の認知を目的として策定されたものであり，その専門職者の研修・研鑽の場を創造し，スキルアップが図られるための事業を展開していくこともそのねらいとするところである。

2　人間関係力

　「人間関係士」に求められる「人間関係力」とは，以下の特性をさす。
　①人と人，個人と集団をつなぎ発展させる力（媒介力）
　②個人と個人，個人と集団，集団と集団との関係を共に育み，充実させ，展開する力

（創造・発展力）

③人間関係の問題解決を調整し，支援する力（回復・調整・再生力）

④個人・集団・社会の関係性を理解し，その連携を促進し，協働する力（連携・協働力）

⑤人間関係を取り巻く全体状況を多面的に認識し，洞察する力　（全体認識・洞察力）

⑥他者を受容し，共感できる力（他者受容・共感力）

⑦自分自身を受け入れ，生きる意味を問い続ける力（自己受容力）

3　人間関係士

　「人間関係士」とは，人間関係及び集団関係の発展・調整・回復のための知識（理論）と技能（方法）と実際（実践）について研鑽が積み重ねられ，その専門性が身に付けられていると学会が認定した者である。本学会が認定する「人間関係士」は，具体的には次のような特色を有することが認められた者ということができる。

①人間関係に関する知識的学習・研究をすすめていること。

②信頼ある豊かな人間関係や集団を創造するために，開発的・媒介的・形成的・調整的・育成的役割を果たし，実践的活動を続けていること。

③人間関係の構築に活用できる人間関係の科学的基礎理論やコミュニケーション技法，人間関係スキルを修得していること。

④人間に関する深い理解・洞察を踏まえて，自らを含めた人間存在や人間観，自己責任のあり方を追求していること。

4　人間関係士の役割

　人間関係士は現代社会における個人や集団などの人間関係を支援するさまざまなフィールドにおいて，その専門的な知識や技法により，よりよい人間関係を構築していくことを目標とする。そのために，今ある人間関係を大切にしながら，その人間関係をより創造的に展開していく役割を担っている。したがって，この創造的活動には互いに他を尊重し，他の人々とともに協働していくことが重要になる。それには，「共に考え」「共に創る」在り方が望まれる。人間関係士は，自らの能力と資質の向上，すなわち人間関係力の向上のために切磋琢磨する研鑽の中でこそ，役割の遂行が可能となる。人間関係士が果たすべき社会的な役割機能の基本モデルを図1に示す。

　各フィールドにおいて果たすべき役割について，具体的には以下があげられる。「人間関係士」は，これらのすべてではなくても，その中のどれか1つ以上を社会的な活動として実践できる専門職として機能することが求められる。

第9章　人間関係士

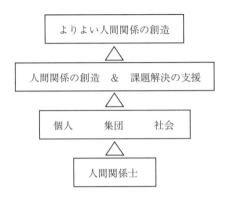

図1　人間関係士が果たすべき社会的な役割機能の基本モデル

(1) 人間関係構築と展開のためのスキルアップ活動
　　良好な人間関係構築のための人間関係のトレーニングや研修，人間関係の指導者養成を行う。
(2) 相談活動
　　悩みや問題をかかえる人や集団に対して，解消・解決に向けた援助を行う。
(3) コンサルテーション活動
　　個人や組織・機関に対し，人間関係構築と展開能力向上のためのプラン作成や他の関係者や機関などとの連携のための働きかけや助言を行う。
(4) 教育・学習支援活動
　　集団・組織に対し，人間関係に関する学習的・教育的機会の設定やプログラミング支援・協力を行う。
(5) 提言・提案活動
　　さまざまな生活の場における望ましい人間関係の創造について提案・助言・支援を行う。

5　人間関係士が活躍する領域や分野

　人間関係士は，人間関係が存在するところや人間関係の創造が求められるすべての場で活動する。人間関係士の活躍が期待される領域や分野を以下に示す。以下は単独活動領域のみではなく，関連しあった活動領域でもあり，その個々の領域を繋ぎ，より良い連携・協働が図られるような役割も人間関係士には期待される。また，各領域や分野内の組織において職場内関係の調整や発展にも寄与することが期待される。
　①家庭（子ども子育て支援・児童家庭支援にかかわる福祉など）
　②保育・学校・教育関係機関（保育相談・教育相談・障害児支援など）

③企業（人材育成・福利厚生・企業内カウンセリング・異業種連携・顧客対応など）

④地域社会（地域交流・地域活性化事業・異世代交流事業・生涯学習活動・研修など）

⑤医療関係機関（医療専門職者間の連携・他専門機関との連携・地域との連携など）

⑥福祉関係機関（福祉専門職者と他専門職者との連携・対象者支援のサポートなど）

⑦矯正関係機関（支援対象者と支援員との関係調整・支援員のサポート・外部機関との連携など）

⑧司法関係機関（司法専門職者間の連携・他専門機関との連携・地域との連携など）

⑨行政関係機関（地域住民と職員との関係調整・トラブルや交渉などのサポート・地域や他機関との連携など）

⑩国際交流関係機関（異文化交流支援・国際交流事業支援など）

⑪本学会が推薦する各種研修会（講師として参画する）

⑫その他

（杉本 太平）

おわりに

　いついかなる時代，そしてあらゆる地域においても生きとし生けるものは群れをなし，生活を営んできています。われわれ人類も同じことで，群れることを本性として家族，仲間，地域のなかで，そして集団や組織を形成し維持する過程で，よりよく生き文化の創造と発展につなげてきました。したがって，今日の集団の構成単位としての家族・学校・企業をはじめとする組織ならびに地域社会における人間関係とコミュニケーションが，社会と文化の生成と展開をもたらしてきたと考えることができます。少子化や核家族化などにより人間関係についての経験と理解が乏しくなり，孤立や攻撃的行動となりやすくなり，さまざまな現象や問題の原因ともなっています。

　この『人間関係ハンドブック』は，このような人間関係の諸現象理解の一助となり，かつは，その問題解決への姿勢とスキルの獲得を意図し，人間関係の調和と利他的行動の解発に寄与しようとするものであり，加えて日本人間関係学会が企画・運営する「人間関係士」養成を期しての基本的視座と実践的態度の養成をもその目的として著された集大成の書であります。

　その「人間関係士」資格の設立と運営には，本日本人間関係学会を創設された茨木俊夫初代本学会会長，そして本学会会長として人間関係士資格事業の実現に奔走された佐藤啓子元会長と上原貴夫前会長および小山望理事長の受け継がれた使命感，ならびに資格制度の確立と運営に取り組んでこられた川村幸夫学会事務局長，山田正明会員，杉本太平資格委員会委員長，三好明夫研修委員会委員長をはじめとする本学会会員各位の努力の積み重ねがあることを記しておきたいと存じます。

　しかしながら，「人間関係士」資格は途半ばにありますので，今後もより魅力と実践性に富む資格内容と制度とすべく検討し，さらに邁進してまいりたいと考えております。

　つきましては，関心をお持ちの皆様からの本書に対するご指摘とご意見を賜ることを願いつつ，出版に至るまでご尽力頂きました福村出版の宮下基幸代表取締役社長と編集部の保科慎太郎様並びに榎本統太様，そして日本人間関係学会の執筆ご担当の会員の皆様に厚く御礼を申し上げる次第です。

　　　　　　　　　　　　　　　　　　　　　　　　　　　　　編集委員会を代表して
　　　　　　　　　　　　　　　　　一般社団法人日本人間関係学会副理事長　　早坂 三郎

索 引

英数字

1次プロセス 239
2次プロセス 239
5つの領域 90
6W1H 211
AA（アルコーホーリクス・アノ
　ニマス）157
ABC理論 235
Ｐ／Ｐ学習 115

あ 行

愛玩動物 196
アイデンティティ 76
アイデンティティ拡散 56
アイロニー 34
アウトリーチ 122, 213
芥川龍之介 34
アクティブラーニング 103,
　105, 110
アセスメント面接 220
アディクション 156
アニマルセラピー 196
あららぎフェスタ 63
アンダスン，S. 34
安心安全な学級 94
生きがい 66
イクジイ 86
育児・介護休業制度 187
イクバア 86
石巻市水産物地方卸売市場石
　巻売場 262
石巻立町復興ふれあい商店街 264

いじめ 217
依存（症）156
一時保護 165
イネイブリング 158
居場所 58
異文化体験 28
インクルーシブ 92
インクルーシブ教育 134
インクルージョン 92
インターン 263
インテーク面接 220
ヴァーチャル・リアリティ 33
ウエイティング・モード 213
受身型の学習 114
内なる力 41
エッジ 240
エリクソン，E. H. 76
エリクソン，M. 238
エリクソン催眠 238
おまんじゅうモデル 238
親子関係 54, 98
親子の絆 54
親の介護 56
オルポート，G. W. 46

か 行

介護者 188
介護離職 188
カウンセリング 47, 218, 220
格差 20
仮想現実 →ヴァーチャル・
　リアリティ
家族関係 54
家族の支援 152

家族の存在 151
可塑性 72
カタルシス効果 227
学校システム 100
カップルカウンセリング 56
神谷美恵子 67
空の巣症候群 55
関係学 248
関係状況療法 248
神田橋條治 238
疑似体験 33
木の屋石巻水産 263
基本的人権 12
キャリア教育 110
教育達成度 100
共感 17
共感的態度 79
共感的理解 225
共生社会 137
協働 180
虚構世界 33
国木田独歩 34
クライエント中心療法 224
グリーフケア 174
グリム童話 28
グループアプローチ 248
グループワーク 201
グローバル化 23
グロテスク 34
慶州ナザレ園 180
傾聴 18, 224
好意の返報性 60
公共の福祉 15

行動・心理症状 143
幸福学 68
校務分掌 100
高齢期におけるボランティア
　活動 86
高齢者 37, 178
高齢者介護 178
高齢者対策基本法 87
故郷の家 178
個人主義 218
個人の尊厳 12
子育て 120
子育てサポート 36
孤独感 106
孤独死 21, 40
子どもの人権 190
子どもの貧困 124
子供の貧困対策に関する大綱
　126
コミュニケーション 16, 22,
　58, 107, 216, 255
コミュニケーション能力 111
コミュニティ 22, 192, 200
コミュニティづくり 204
コミュニティの再生 184
孤立化 120
コンサルテーション 220
コンテイニング 230
コンパニオンアニマル 196
コンフロンテーション 158

さ 行

災害 200
サイコドラマ 242, 248

在日コリアン 178
作業検査法 221
雑談 58
サラマンカ宣言 92
産官学地域連携 110
産業カウンセリング 58
三者協議会 105
さんむ田んぼアートプロジェ
　クト 62
シーキング・モード 213
支援格差 255
支援活動 254
自我同一性　→アイデンティ
　ティ
自己一致 225
自己客観視 46
自己決定権 14
自己主張 59
自己受容 46, 227
自己成長 218, 224
自己責任 218
自己理解 48, 227
自主避難者 64
自助グループ 159
自治会 200
質問紙法 221
シティズンシップ教育 103
児童虐待 164
自動思考 232, 233
死にゆく人の心理過程 171
自発性 242
自分の気持ち・他者の気持ち
　95
嗜癖 156

社会化 76, 98
社会資源 193, 200
社会人としての基礎力 112
社会性の発達 72
社会的促進と抑制 25
社会的入院 147
社会的比較 16, 50
社会の一員 94
社会福祉援助 213
社会福祉協議会 202
社会福祉法人 160
就業構造基本調査 188
自由権 12
集団の構成と機能 24
終末期 154
熟年離婚 56
主権者教育 102
主張的自己呈示 61
主要死因 168
障害者権利条約 132
障害者差別解消法 92, 132
障害者総合支援法 132
障害者の権利に関する条約 92
承認 144
情報発信 262
情報モラルの指導手引書 100
職業意識 110
女性の教育プログラム 130
女性の社会進出 184
人権調整 15
人生の満足度 66
人生の満足度測定尺度 68
身体障害者補助犬法 196
信頼関係 54, 131

275

心理アセスメント 220

心理的危機 56

スクールソーシャルワーカー 126

ストレス 59, 217

ストレングス 85

スピード社会 217

生活課題 193

生活の「個人化」 184

生活の支援 126

生活の質 186

性教育 130

成熟した人間 46

精神的成熟 77

精神分析的心理療法 221

世代間交流プログラム 36

世代間の断絶 36

セルフコントロール 48

選挙権年齢 103

相互理解 80

双方向型講義法 108

ソーシャルメディア 99

ソーシャルワーク 213

た 行

ターミナルケア 168

退院促進 147

対象関係論 228

対人魅力 51

態度の類似性 61

第二次性徴 76

第二の誕生 76

対話心理療法 238

他者理解 33, 49

ダブルケアサポート 138

ダブルケアラー 138

多文化共生 178

多様性 35

地域 37

地域移行 147

地域活性化 62, 65

地域支援活動 161, 196, 211, 212

地域資源 212

地域社会 81

地域社会の崩壊 184

地域住民 200

地域福祉 65, 202

地域包括ケアシステム 169

地域連携 150

チーム基盤型学習法 108

知の構成者・創造者 115

地方創生 62

チャップリン 66

中核症状 142

長期インターンシップ 110

町内会 205

直面化 158

追加教育 100

ツーループ学習 117

ディーセントワーク 187

ディーナー，R. B. 68

適格者主義 102

伝統行事 38

投影 228

投影同一化 230

投影法 221

動物介在活動 196

動物介在療法 196

土佐の教育改革 104

取り入れ 229

な 行

仲間関係 98

仲間っていいね 96

日常生活圏域 200

日本ケアラー連盟 190

人間関係 16, 66, 107, 212

人間関係士 268

人間関係士の活動 270

人間関係士の役割 269

人間関係調整能力 107

人間関係づくり 48

人間関係の希薄化 184

人間関係力 268

人間的成長 77

人間の存在価値 67

妊娠適齢期 128

認知 232

認知行動療法 221, 232

認知症 142

認知症サポーター 145

ネグレクト 166

ネットワーク構築 37

能動的な学習 114

ノーマライゼーション 92

は 行

パーソンセンタードアプローチ 221

励ましあい 109

ピア・カウンセリング 46

276

東日本大震災 258
悲嘆のプロセス 174
ひとり親世帯 190
一人暮らし高齢者 192, 260
表情 73
開かれた学校づくり 104
福祉支援 160
ふくしま子ども支援センター 64
復興支援活動 262, 263
復興支援丼 265
不登校 217
不妊 128
不妊予防教育 130
部分対象 229
プロセス・ワーク 238
文化性 179
分断 255
ペット 196
保育所保育指針 90
防犯パトロール活動 197
母語返り 179
補助自我 243
ボランティアセンター 203
ボランティアの概念 86

ま 行

まちづくり 200
学びあい 109
ままカフェ 64
マンション管理組合 207
見立て 220
宮城県石巻市 262
宮沢賢治 67

民主的育成 98
ミンデル, A. 238
無意識 228
無縁社会 205
昔話 39, 41
武者小路実篤 67
無条件の肯定的関心 225
妄想分裂ポジション 229
目的と手段 53

や 行

役割期待 81
ヤングケアラー 188
歪んだ思考 233
養護教諭 125
幼稚園教育要領 90
幼保連携型認定こども園教育・保育要領 90
幼老複合施設 86
抑うつポジション 229

ら 行

ライフサイクル 128
ライフスタイルの充実 36
ライフスタイルの多様化 184
ライフステージ 187
ライフプランニング 130
卵子の成り立ち 130
卵子の老化 128
乱用 156
リーダーシップ 26
離脱症状 156
利他的行動 40
リプロダクティブ・ヘルス／

ライツ 129
ルソー, J. J. 76
レジリアンス 40
老々介護 188
ロールプレイング 242
ロールリバーサル 245
ロジャーズ, C. 224
ロフツ, N. 35
論理療法 235

わ 行

ワーク・ライフ・バランス 130, 188
ワンループ学習 117

執筆者一覧

氏名	所属	担当
市川 寛子（いちかわ ひろこ）	東京理科大学	第3章第1節
今村 武（いまむら たけし）	東京理科大学	第1章第5節
馬橋 和恵（うまはし かずえ）	前桐生大学	第5章第3節
占部 愼一（うらべ しんいち）	帝京平成大学	第4章第7節
大坂 鉄子（おおさか てつこ）	東北医科薬科大学若林病院	第5章第8節
小原 伸子（おばら のぶこ）	国際学院埼玉短期大学	第2章第3節
小山 望（おやま のぞみ）	監修者	第5章第4節, 第6章第6節, 第7章第5節, 第7章第7節, 第8章第1節
加藤 誠之（かとう まさゆき）	高知大学	第4章第4節
釜野 鉄平（かまの てっぺい）	聖カタリナ大学	第6章第5節
河合 高鋭（かわい たかとし）	鶴見大学短期大学部	第4章第1節, 第8章第1節
川村 幸夫（かわむら ゆきお）	東京理科大学	第1章第6節
栗山 昭子（くりやま あきこ）	HANA保育園	第1章第7節
香﨑 智郁代（こうざき ちかよ）	九州ルーテル学院大学	第5章第1節
佐々木 美恵（ささき みえ）	埼玉学園大学	第7章第4節
佐藤 貴志（さとう たかし）	特定医療法人北勢会	第5章第7節
杉本 太平（すぎもと たいへい）	宇都宮共和大学	第7章第8節, 第9章第1節
杉本 龍子（すぎもと りゅうこ）	前目白大学	第5章第12節
杉山 雅宏（すぎやま まさひろ）	東北医科薬科大学	第2章第1節, 第2章第3節, 第2章第4節, 第3章第2節, 第4章第5節, 第7章第1節, 第7章第3節
鈴木 郁子（すずき いくこ）	東北医科薬科大学若林病院	第5章第8節
武井 明美（たけい あけみ）	人間関係士	第5章第11節, 第8章第1節
田中 典子（たなか のりこ）	スクールカウンセラー	第4章第3節
田中 康雄（たなか やすお）	浦和大学	第5章第11節, 第6章第3節
谷川 和昭（たにかわ かずあき）	関西福祉大学	第2章第6節, 第6章第7節
趙 敏廷（ちょう みんじょん）	岡山県立大学	第5章第14節
勅使河原 隆行（てしがわら たかゆき）	千葉商科大学	第2章第5節, 第8章第3節
富田 悠生（とみた ゆうき）	青山学院大学	第7章第2節
仲田 勝美（なかだ まさみ）	岡崎女子大学	第3章第4節
永野 典詞（ながの てんじ）	九州ルーテル学院大学	第3章第3節, 第6章第4節
濱島 淑恵（はましま よしえ）	日本女子大学	第6章第1節, 第6章第2節
早坂 三郎（はやさか さぶろう）	監修者	第1章第2節, 第1章第4節, 第1章第8節, 第2章第2節
福田 聖子（ふくた せいこ）	山梨県中央市立三村小学校	第4章第2節
福森 高洋（ふくもり たかひろ）	江戸川大学総合福祉専門学校	第5章第9節, 第7章第6節
藤川 君江（ふじかわ きみえ）	金城大学	第8章第2節
藤田 毅（ふじた たけし）	太平洋学園高等学校	第4章第4節
布施 雅子（ふせ まさこ）	環太平洋大学東京キャリアセンター	第4章第6節
宮﨑 由紀子（みやざき ゆきこ）	西日本教育医療専門学校	第5章第2節
三好 明夫（みよし あきお）	京都ノートルダム女子大学	第5章第5節
森 千佐子（もり ちさこ）	佐野短期大学	第5章第6節, 第5章第13節
山中 康平（やまなか こうへい）	社会福祉法人新生福祉会	第5章第10節
山本 克司（やまもと かつし）	聖カタリナ大学	第1章第1節
吉田 輝美（よしだ てるみ）	昭和女子大学	第1章第3節

監修者

小山 望

埼玉学園大学大学院心理学研究科教授，博士（社会福祉学）。筑波大学大学院心身障害学研究科博士課程修了。臨床心理士，人間関係士。主な編著書に『インクルーシブ保育っていいね──一人ひとりが大切にされる保育をめざして』（編著，福村出版，2013年），『わかりやすい臨床心理学入門』（編著，福村出版，2009年），『人間関係がよくわかる心理学』（編著，福村出版，2008年）など。

早坂 三郎

甲子園短期大学教授。修士（教育学）。人間関係士。主な著書に『現代のエスプリ第448号「人間関係の回復と創造」』（分担，至文堂，2004年），「カウンセリングマインドによる社会化をめざして」（特定医療法人北勢会北勢病院50周年記念誌，2010年），「内なる力への支援」（甲子園短期大学紀要34，2016年）など。

人間関係ハンドブック

2017年 3月10日　初版第1刷発行

監修者	小山 望・早坂 三郎
編　者	一般社団法人日本人間関係学会
発行者	石井 昭男
発行所	福村出版株式会社
	〒113-0034　東京都文京区湯島2-14-11
	電話　03-5812-9702／ファクス　03-5812-9705
	http://www.fukumura.co.jp
装　丁	青山 鮎
印刷・製本	シナノ印刷株式会社

© 2017 Nozomi Oyama, Saburo Hayasaka, Japan Association of Human Relations
Printed in Japan
ISBN978-4-571-20084-7

定価はカバーに表示してあります。
落丁本・乱丁本はお取り替えいたします。

福村出版◆好評図書

小山 望 編著
人間関係がよくわかる心理学
◎2,200円　　ISBN978-4-571-20073-1　C3011

科学的学問としての心理学に基づき，トピック，キーワードをもとにやさしく解説した人間関係の心理学書。

亀島信也 監修／亀島信也・最上多美子・中込和幸・西元直美・高岸治人 著
進化とこころの科学で学ぶ 人間関係の心理学
◎2,000円　　ISBN978-4-571-20078-6　C3011

こころがヒトの行動をいかに規定しているか，人間関係の深い理解を目指し，最新の研究内容を交えて解説する。

橋本創一・横田圭司・小島道生・田口禎子 編著
人間関係でちょっと困った人& 発達障害のある人のためのサポートレシピ53
●本人と周囲がおこなうソーシャルスキルトレーニング
◎1,900円　　ISBN978-4-571-42042-9　C0036

タイプ別に分け，豊富な事例から本人と周囲ができる解決策を提示。人間関係でお困りの方におすすめの1冊。

小山 望 編著
わかりやすい臨床心理学入門
◎2,300円　　ISBN978-4-571-24038-6　C3011

臨床心理学を学ぶ人やカウンセリングなどを必要とする人々を対象に，理論と実践を平易に解説した入門書。

J.ヒューウィット＝テイラー 著／遠藤公久・小川里美・佐藤珠美・清水まき・鈴木清史・德永 哲・新沼 剛・橋本真貴子・堀井聡子・本田多美枝・増田公香 訳
入門 臨床事例で学ぶ看護の研究
●目的・方法・応用から評価まで
◎2,800円　　ISBN978-4-571-50012-1　C3047

看護における臨床現場の研究，その目的・方法の基本から事例に基づいた応用・評価までをわかりやすく解説。

E.W.マコーミック 著／古川 聡 訳
認知分析療法(CAT)による 自己変革のためのマインドフルネス
●あなたはなぜ「わな」や「ジレンマ」にはまってしまうのか?
◎4,500円　　ISBN978-4-571-24058-4　C3011

後ろ向き志向の人生に苛まれる人が「自分を変える」ための「気づき」を視覚的に理解する認知分析療法の実践。

小山 望・太田俊己・加藤和成・河合高鋭 編著
インクルーシブ保育っていいね
●一人ひとりが大切にされる保育をめざして
◎2,200円　　ISBN978-4-571-12121-0　C3037

障がいのある・なしに関係なく，すべての子どものニーズに応えるインクルーシブ保育の考え方と実践を述べる。

藤森立男・矢守克也 編著
復興と支援の災害心理学
●大震災から「なに」を学ぶか
◎2,400円　　ISBN978-4-571-25041-5　C3011

過去に起きた数々の大震災から，心の復興・コミュニティの復興・社会と文化の復興と支援の可能性を学ぶ。

望月 昭・サトウタツヤ・中村 正・武藤 崇 編
対 人 援 助 学 の 可 能 性
●「助ける科学」の創造と展開
◎2,100円　　ISBN978-4-571-25038-5　C3011

障害者，高齢者，犯罪加害者への援助理論を実践記録から検証。心理・福祉・社会学に跨る「対人援助学」を探る。

◎価格は本体価格です。